国家社科基金
后期资助项目

新时代
中国共产党青年工作理论
创新研究

王延隆 / 著

社会科学文献出版社
SOCIAL SCIENCES ACADEMIC PRESS (CHINA)

图书在版编目(CIP)数据

新时代中国共产党青年工作理论创新研究 / 王延隆著. -- 北京：社会科学文献出版社，2025.2.
ISBN 978-7-5228-4637-8

Ⅰ.D26

中国国家版本馆 CIP 数据核字第 20258HW947 号

国家社科基金后期资助项目
新时代中国共产党青年工作理论创新研究

著　者 / 王延隆

出 版 人 / 冀祥德
责任编辑 / 吕霞云
文稿编辑 / 茹佳宁
责任印制 / 岳　阳

出　　版 / 社会科学文献出版社·马克思主义分社（010）59367126
　　　　　 地址：北京市北三环中路甲 29 号院华龙大厦　邮编：100029
　　　　　 网址：www.ssap.com.cn
发　　行 / 社会科学文献出版社（010）59367028
印　　装 / 三河市龙林印务有限公司

规　　格 / 开　本：787mm×1092mm　1/16
　　　　　 印　张：16.25　字　数：256 千字
版　　次 / 2025 年 2 月第 1 版　2025 年 2 月第 1 次印刷
书　　号 / ISBN 978-7-5228-4637-8
定　　价 / 128.00 元

读者服务电话：4008918866

版权所有 翻印必究

国家社科基金后期资助项目
出版说明

  后期资助项目是国家社科基金设立的一类重要项目，旨在鼓励广大社科研究者潜心治学，支持基础研究多出优秀成果。它是经过严格评审，从接近完成的科研成果中遴选立项的。为扩大后期资助项目的影响，更好地推动学术发展，促进成果转化，全国哲学社会科学工作办公室按照"统一设计、统一标识、统一版式、形成系列"的总体要求，组织出版国家社科基金后期资助项目成果。

全国哲学社会科学工作办公室

目 录

绪　论 …………………………………………………………………… 1

第一章　新时代中国共产党青年工作理论创新的思想基础 ………… 15
  第一节　思想渊源：遵循马克思主义青年观的整体逻辑 ……… 15
  第二节　思想宝库：继承和发展中国共产党青年工作理论的
      思想精华 …………………………………………………… 32
  第三节　文化资源：同中华优秀传统文化相结合 ……………… 45

第二章　新时代中国共产党青年工作理论创新的现实条件 ………… 50
  第一节　新时代历史条件下青年工作的新背景 ………………… 50
  第二节　"两个大局"背景下青年工作的新方位 ……………… 54
  第三节　新时代青年工作领域的新挑战 ………………………… 65

第三章　新时代中国共产党青年工作理论内容创新 ………………… 90
  第一节　"目标论"：引导青年成长为堪当民族复兴大任的
      时代新人 …………………………………………………… 90
  第二节　"主体论"：强化青年教育和发展的实践主体 ……… 101
  第三节　"方法论"：运用现代化的教育理念培养时代新人 … 110

第四章　新时代中国共产党青年工作理论品质创新 ………………… 119
  第一节　以人民为中心：党性和人民性的统一 ………………… 119
  第二节　以发展为归宿：政治性和社会性的统一 ……………… 124
  第三节　以协同为理念：系统性和整体性的统一 ……………… 130
  第四节　以开放为手段：民族性和世界性的统一 ……………… 138

第五章　新时代中国共产党青年工作实践方略创新 ………………… 145
  第一节　新时代中国共产党青年工作的实践导向创新 ………… 145
  第二节　新时代中国共产党青年工作的实践功能创新 ………… 178
  第三节　新时代中国共产党青年工作的实践方法创新 ………… 187

第六章　新时代中国共产党青年工作理论创新的世界意义 …… 214

第一节　建构青年主体自觉：提供世界青年把握历史主动的中国方案 …… 214

第二节　培育青年集体精神：提供世界青年有序社会化的中国方案 …… 219

第三节　建立青年交流机制：提供中国与世界超越文明冲突的窗口 …… 222

第四节　加强构建青年发展方案：为构建人类命运共同体贡献中国青年的新智识 …… 225

第五节　改革青年政治组织：提供世界青年社会组织建设的中国方案 …… 231

结　语 …… 240

参考文献 …… 242

绪　论

中国共产党自成立日起就与青年紧密联系在一起，并将青年工作视为一项重要的工作内容，在实践中逐步形成了中国共产党青年工作理论。党的十八大以来，习近平总书记围绕"培养什么样的青年"和"建设什么样的共青团"作出了许多重要论述，作为完整的思想体系，它回答了新时代青年工作的地位作用、目标任务、职责使命、实践要求等问题，是中国共产党青年工作理论的最新成果。

一　选题缘由与研究意义

（一）选题缘由

马克思指出："全部人类历史的第一个前提无疑是有生命的个人的存在。"① 这种生命个体的生产和再生产，构成唯物史观的基础。马克思"再生产"理论蕴含着人的"再生产"和物质的再生产，也就是通过人类自身的不断再繁衍和物质资料的再生产，维持人类社会的发展。任何一个社会都要依靠青年，因为青年是这个社会"再生产"的中坚力量，与政党延续和社会发展息息相关。青年是引领人类走向繁荣未来、推动社会变革的希望。青年已成为各国发展要素的核心。当前包括我国在内的许多国家都将发展青年纳入自身国家发展战略。

从历史的维度来看，唯有研究历史变迁中的中国青年与社会，才能更加清晰地理解青年在社会发展中应有的地位和作用。在研究历史变迁中人与社会的关系时，我们必须深入人所处的现实生活，正如马克思所说的："我们的出发点是从事实际活动的人，而且从他们的现实生活过程中还可以描绘出这一生活过程在意识形态上的反射和反响的发展。"② 近代以来，我国人民的生活环境已发生了全面而深刻的变化，这种生活环境包括政治

---

① 《马克思恩格斯选集》第1卷，人民出版社，2012，第146页。
② 《马克思恩格斯选集》第1卷，人民出版社，2012，第152页。

体制、经济条件、社会结构和文化事业等，变动着的人的生活环境无时无刻不在影响着人们的社会行为和思想观念。青年作为对社会变化感知最敏锐、意识最强烈的社会群体，是研究人与社会互动关系的典型视角。

五四运动是中国走向现代的开端，此后的一百多年间，青年运动快速发展。中国青年运动在中国共产党领导下分为两个阶段。一是党领导人民为夺取全国政权而奋斗的青年运动时期（1921~1949年）。在近代以来开启的现代化进程中，"青年人被深刻地政治化了，这种政治化是他们成长过程的重要组成部分"①。在特殊的历史阶段下，各种政治力量都在争夺青年，以实现政治利益和社会目标。中国共产党成立后，中国青年运动进入了新的一个历史起点，中国共青团在党的领导下逐渐成长为具有组织战斗力和政治自觉的重要社会政治力量，在抗日救亡、解放战争中发挥了重要作用。二是党掌握政权并长期执政的青年运动时期（1949年至今）。从战争年代到和平建设年代，从新民主主义革命到社会主义革命和建设，从半殖民地半封建到人民当家作主，中国共产党和中国青年经历了历史性跨越。近代以来的历史进程清晰地显示了社会结构的跃迁，并且党也需要青年组织起来，成为社会变革的重要力量。

随着经济的快速增长和经济结构的转化，青年自身成长的物质需求和精神需求也在不断增长，青年成为社会扩大消费的重要力量。正是这种"欲望更替动力"，催生了青年新的成长需求，并使青年在满足需求的过程中发展了自己的个性，在拉动经济内需的过程中实现了个体的成长。"全面持续的经济发展和进步是极为重要的，这种持续愈长，各种群体和阶层对于新的现代环境的积极适应程度也就愈大。"② 随着市场经济的进一步发展和开放，青年在成为一种重要的经济创造力的同时，也成为重要的消费力量。现代社会已经成为由青年主导和引领的社会，无论是创造还是消费都已成了青年的世界。新时代的青年成长于社会快速发展时期，他们呈现出的面貌和诉求以及与社会的关系相较于改革开放以前的青年，是有所不同的。

中国共产党自成立之日起就与青年密不可分。党成立之初，其成员主

---

① 〔美〕戴维·E.阿普特：《现代化的政治》，陈尧译，上海人民出版社，2011，第55页。
② 〔美〕艾森斯塔德：《现代化：抗拒与变迁》，张旅平等译，中国人民大学出版社，1988，第179页。

要是社会中的青年才俊。青年一直都是中国共产党的坚实依靠和争取对象。在实现"两个一百年"奋斗目标的历史进程中,青年将在国家发展中扮演什么样的角色,承担什么样的使命?这是党的青年工作要思考的重要问题。也就是:"新时代中国共产党如何看待青年、如何要求青年、如何发展青年;如何把握青年运动主题和方向;为谁培养青年、培养什么样的青年、如何培养青年;构建什么样的青年发展政策。"[1] 这四个大问题是新时代中国共产党在开展青年工作时必须思考的问题。"青年人的问题之所以显得很重要,在很大程度上是因为它们体现了整个社会的症候"[2],因此要在社会政治结构中深入研究青年群体的行为方式、文化特质和集体创造。

青年工作是党的优良传统和政治优势,始终是党的思想政治工作的中心。党的十八大以来,以习近平同志为核心的党中央高度重视青年工作的传承、发展与创新,围绕"为谁培养青年,培养什么样的青年,如何培养青年"等问题作出了许多重要论述,有力回答了新时代青年工作的性质与特征、地位与作用、目标与任务、职责与使命、内容与要求等,形成了新时代中国共产党青年工作理论。基于青年工作的历史性、时代性、独特性,从理论创新的视角研究青年工作,无疑是一个值得学界关注的课题。在当前世界百年未有之大变局中,"变化"是常态,新形势新任务以及青年发展的新特点,决定了党必然对青年培养和发展提出更新、更高的要求。

当前我国正处于社会加速转型时期,社会各种矛盾和风险因素有所增加。与此同时,青年的思想方式、价值观念呈现自由、多样和多元的特性,其行为方式也呈现出多变、差异和流动的特征,特别是"Z世代"[3]青年。他们处在网络自媒体时代,喜欢新鲜事物,也容易受新鲜事物的影响。互联网社会既提高了青年的社会参与程度,同时也提高了各种社会思潮、多元价值对青年思想和行为的影响程度。这种发展态势既表明青年在国

---

[1] 《用新时代中国特色社会主义思想铸魂育人 贯彻党的教育方针落实立德树人根本任务》,《人民日报》2019年3月19日。
[2] Stuart Hall and Paddy Whannel, *The Popular Arts*(Boston: Beacon Press, 1967), p. 274.
[3] "Z世代"指的是1995~2009年出生的一代人。他们成长在国家发展最迅速、综合实力增长最快的时代,互联网的普及让他们在少年时代就有更广阔的国际视野,对参与政治的热情度更高。他们在社交媒体及各种舆论空间中的发声对社会观念甚至国家政策制定产生着深刻影响,并且在社会中扮演着越来越重要的角色。

家、政党、社会发展中的作用愈加明显，也凸显了青年在社会化的过程中出现的一系列问题。针对这些问题，本书旨在通过研究新时代中国共产党青年工作理论，系统总结中国共产党青年工作理论在新时代条件下的新发展，回应发展中的中国青年面临的各种问题和挑战，从而更好地发挥并运用科学的青年工作理论指导当代青年事业的发展。

（二）研究意义

透视百年甚至千年的中国历史进程，我们可以看到，青年在变革社会中一直占据着重要地位。近代以前的中国青年一直没有作为一种独立的社会力量出现。尤其是在封建社会，青年被传统伦理道德束缚在家庭之中，同工人、农民、妇女以及其他被压迫的阶级一样，他们所有的不满在社会上并不会被注意，因为他们没有形成一种统一的力量。当这些群体的情绪被组织动员起来，进而转化成为一种社会运动时，就会对社会产生巨大影响。在复杂的社会变革中，最大限度地关注青年、争取青年、赢得青年、培养青年，构建一个与现代化社会相适应、能够得到大多数青年普遍认同且具有强大整合力的价值体系，对执政党来说，意义重大。本书全面地梳理了新时代中国共产党青年工作理论，总结了这一理论体系的形成、特点和丰富内涵，并探讨了该理论的理论意义与实践价值。

1. 理论意义

青年工作归根结底是培养社会主义新人的工作。中国共产党在不同历史时期关于无产阶级革命新人、社会主义新人、"四有新人"等的论述不断丰富和发展。本书通过对不同历史时期中国共产党关于培养新人的论述进行逻辑比较，明晰各个时期理论阐述的时代条件、特征，深刻探究新时代中国共产党青年工作理论的历史渊源，揭示培育时代新人的现实依据。

一是丰富马克思主义的青年观。与时代发展紧密结合的、在实践中生长的中国化时代化的马克思主义正在不断丰富马克思主义理论本身。新时代中国共产党青年工作理论坚持以马克思主义基本原理为指导，同时又契合本民族文化特质，继承和发展了马克思、恩格斯、列宁等马克思主义经典作家的青年观，在我国青年工作的实际中赋予其新时代意义。在马克思主义青年观中国化的过程中，党始终坚持"以我为主、为我所用"的基本原则，在不同的历史条件下，深入研究青年对社会、对党的作用和功能，深刻揭示青年工作的规律。通过阐述新时代中国共产党青年工作理论的历史方位、历史贡献、时代价值和理论特质，本书力图进一步深化对青年发展规律的认识，实现青年工作理论与实践的有机结合。

二是推动中国共产党青年工作理论创新。结合新时代条件下的新变化，阐释新时代中国共产党青年工作理论的独特性、创造性和时代性特征，深入梳理中国共产党青年工作理论的发展脉络，有助于从新的视角推进其理论创新与实践运用。同时，将青年的政治引领放在党的政治建设的大背景下进行研究，探索我国青年发展和青年运动的内在规律，把握新时代政治引领在我国青年发展和青年运动中的重要作用，并分析这一理论产生的时代背景，有助于推动新时代党的青年工作理论的创新。本书在探求如何应对发展中的中国青年面临的各种问题与挑战的基础上，以"价值逻辑和现实逻辑"为主线，对中国共产党青年工作理论的探析及提出的一系列观点，有助于拓展现有研究的问题视域和理论空间，助推新时代中国共产党青年工作的学理阐释和经验总结，并为其体系构建提供理论借鉴，为新时代中国共产党的青年工作实践提供启示。

三是深入学习阐释习近平新时代中国特色社会主义思想。新时代中国共产党青年工作理论是哲学社会科学的重要理论研究课题。青年工作是习近平新时代中国特色社会主义思想的一个视角。新时代青年工作贯穿习近平新时代中国特色社会主义思想。但目前学界无论哪个学科，对二者内在契合性、对接性问题的直接关注都比较少，这是该研究方向的薄弱环节。本书将在研究思维和研究视野上有所拓展。另外，虽然当前学者、学界在新时代中国共产党青年工作理论方面的研究比较多，而且研究数量呈增加趋势，但高质量的研究成果不多，博士学位论文也不多。对新时代中国共产党青年工作理论中的教育观、意识形态观、创新创业观、青年成长观、价值观等方面内容进行分门别类地专题化研究较多，缺少整体性的视角。基于当前研究的不足，从整体性和系统性思维出发进行研究，是本书的研究取向。特别是在"新时代中国共产党青年工作理论创新的世界意义"章节中，我们注重整体性把握、前瞻性分析、学理性提炼，以彰显中国方案的世界意义。

2. 实践价值

当今世界正处于百年未有之大变局，中国特色社会主义道路、理论、制度和文化所处的国际环境以及面临的诸多问题,需要中国特色社会主义哲学社会科学研究为其提供历史依据、理论支撑、思想借鉴。我们需要把握新时代中国共产党青年工作理论的现实问题与逻辑关系,厘清时代新人与社会主义核心价值观的价值主体之间的逻辑关系,以更好地把握青年工作的实践主体、重点和方向。

一是有助于加强党的执政能力建设。一个政党的执政能力体现在能够保持自我革新,并有力推动社会革新。这两个方面都需要政党能够培育可靠的接班人,这关系到政党的可持续发展,也是其执政能力的重要体现。"政党延续在接班人政治中处于基础性地位,这就决定着保证接班人政治得以发展,就必须做好政党延续的工作。"[①] 中国共产党青年工作理论的发展创新不仅关系到党的现实执政能力,还关系到未来的执政能力及其持续性、发展性。中国共产党青年工作理论的发展,总是与党的发展同步,与时代发展同步。在不同的历史时期,面对不同工作重点,党的理论的关注点也不尽相同。新时代中国共产党青年工作理论立足现实问题与逻辑关系,立足当代发展和历史逻辑。整体性地看待、认识和把握这一理论,能够降低党的组织成本,更好地培养投身中国特色社会主义伟大实践的青年生力军。

二是为解决当代青年问题提供参考。进入新时代,我国社会主要矛盾发生了深刻变化。把握青年发展中的主要矛盾,分析青年与社会的关系,是其中非常重要的一个分析维度。意识形态领域斗争具有长期性、艰巨性、复杂性,这给中国青年思想和青年运动带来了深刻影响和挑战。阐明青年与党、团的关系,提高政治引领在青年发展中的重要性,能够为解决当代青年问题提供参考。目前,网络化、经济全球化的发展,特别是中西方文化交流的日益频繁,对青年的思想意识和行为模式产生了深刻影响。深入研究新时代中国共产党青年工作理论,把握好指导方向,依靠国家机构、政党及共青团组织,自上而下地把青年力量组织起来,形成统一领导和集中管理,让青年积极参与到国家建设和发展中,有助于在青年与国家的互动发展中解决当代青年发展面临的问题。

---

① 郑长忠:《组织资本与政党延续——中国共青团政治功能的一个考察视角》,博士学位论文,复旦大学,2005。

三是为当代青年发展政策的制定提供科学依据。新时代中国共产党青年工作理论涉及青年意识形态工作、思想政治教育工作和共青团工作等多个方面，而青年政策的制定是复杂的系统工程，习近平总书记多次强调要运用系统思维推进国家治理。本书运用系统认识论的方法，旨在科学把握新时代中国共产党青年工作理论的系统思维特点，这有利于我国在制定、实施青年发展政策时树立起整体观念和系统观念，统筹推进当代青年事业发展。作为新时代青年工作的指导思想，中国共产党青年工作理论是检验我国青年发展政策可行性、科学性的理论武器。阐释这一理论的整体性、科学性和实践性，可以为检验我国青年发展政策可行性、科学性提供理论依据。

二 相关研究动态

（一）国外研究动态

国外学者对青年的研究领域广泛，历史悠久，涉及青年教育学、青年社会学、青年文化学、青年政治学等多方面。从德国作家歌德（Goethe）1774年创作《少年维特之烦恼》开始，青年的研究日益受到社会的关注。主要的研究视角有以下几个方面。一是心理学模式。其中包括青年个体心理和社会心理。主要代表人物有：斯普兰格、艾里克森、斯坦利·霍尔等；主要代表观点有：华生的"行为主义观"、勒温的"生活空间论"、班杜拉的"观察学习论"等。这些观点主要从教育学、心理学的视角对青年进行研究。二是文化人类学模式。美国学者米德是20世纪从文化人类学出发研究青年发展的先行者。他提出"青年亚文化""文化代沟"理论，并认为在代际关系上存在三种类型的文化，分别是后喻文化、前喻文化、并存文化[①]，从代际文化差异的角度来分析青年现象。三是社会学模式。青年学是社会学下的一个分支。1975年，罗马尼亚学者马赫列尔（Fred Mahler）出版《青年问题和青年学》，提出了青年学的学科概念。青年学研究不仅试图克服单学科研究的分散性，

---

① 〔美〕米德：《文化与承诺：一项有关代沟问题的研究》，周晓虹、周怡译，河北人民出版社，1987，第27页。

而且试图超越多学科研究与跨学科研究的界限。① 这种研究取向侧重把握社会与青年的互动关系，研究青年的社会化以及社会对青年的角色期待等。W·阿达姆斯基提出了青年学研究的社会学和青年学基础。国外有关青年学研究不断深入，推动了青年学沿着学科化的方向发展，为我国青年学学科的探索发展提供了可借鉴的成果和经验。从国际惯例看，习惯把青年学作为社会学下面的分支进行建设。我国高校根据教育体制和学科建设实际，主张从马克思主义理论、政治学、社会学等多学科交叉的角度来进行学科建设。中国青年政治学院在国内较早提出进行青年学学科建设，并在该领域积累了丰硕的研究成果。

青年作为社会中的特殊群体，历来受到马克思主义经典作家的重视。如马克思所言："人的本质不是单个人所固有的抽象物，在其现实性上，它是一切社会关系的总和。"② 青年群体独特的自然属性和社会属性决定了他们的社会地位。历史和实践证明，青年是衡量一个社会发展和进步的重要标志。如果青年在社会中受到重视并且获得快速发展，那么这个社会就会展现出好的发展前景和活力。同时，在一个剧烈变化的社会中，青年也会成为社会变革的重要力量。马克思恩格斯很早就提出青年在工人运动中的积极推动作用，并且重视青年一代的培养教育工作。马克思恩格斯认为："工人阶级中比较先进的那部分人则完全懂得，他们阶级的未来，因而也是人类的未来，完全取决于新一代工人的成长。"③ 青年象征着未来，作为一种现实的存在，他们在剧烈的社会变革中，最具创造力，具有敢于挑战原有制度框架的冲动和能力。要保持一个国家生命力旺盛，实现社会发展的重大跨越或变革，必然需要青年的积极参与。"从某种意义上可以说，真正建立共产主义社会的任务正是要由青年来担负。"④ 马克思主义创始人对青年历史地位和作用的科学认识，奠定了马克思主义青年观的基本理论视野。

由于社会制度的差异，尚未有资料显示国外学者对新时代中国共产

---

① 〔罗马尼亚〕马赫列尔：《青年问题和青年学》，陆象淦译，社会科学文献出版社，1986，第283页。
② 《马克思恩格斯文集》第1卷，人民出版社，2009，第501页。
③ 《马克思恩格斯全集》第21卷，人民出版社，2003，第270页。
④ 《列宁选集》第4卷，人民出版社，2012，第281页。

党青年工作理论进行直接研究。国外的一些学者和政治人物认为，习近平新时代中国特色社会主义思想中关于青年发展的论述和观点，对青年成长成才具有重要指导意义。美国丹佛大学赵穗生教授指出，习近平的青年教育思想立足青年发展诉求和意愿，为当代青年发展指明了前进的道路和方向。尼泊尔总统拉姆·巴兰·亚达夫（Ram Baran Yadav）认为，习近平提出的青年要面向世界、要有命运共同体意识的重要论述对于全世界青年具有重要指导价值。他们就习近平新时代中国特色社会主义思想对青年产生的重要影响和现实意义给予了积极评价。韩国专家琴喜渊（Keum. Hieyeon）从政党政治的角度对中国共产党培养和发展青年进行研究，这些对习近平新时代中国特色社会主义思想特别是其中关于青年发展的论述的考察和分析，对于研究新时代中国青年发展具有一定借鉴意义。

（二）国内相关研究动态

从马克思主义发展史的角度看，青年观是自成体系的理论。近年来，国内外学者围绕这个主题进行了较多研究，主要集中在以下几个方面。

其一，习近平与青年相关主题的研究。国内学者从思想政治教育工作、意识形态工作和共青团工作等方面进行研究，尽管不同学者在研究过程中的表述不统一，但主要内容大体上都是围绕以下几个方面展开的。一是以中央团校为代表的共青团系统，围绕"习近平总书记关于青年工作的重要思想"进行研究。倪邦文从整体理论架构上进行了分析和阐述，指出习近平总书记关于青年工作的重要思想"构成了一个相互联系、逻辑严密的整体"[①]。王学俭、阿剑波、石瑛、柳礼泉、方年根等人从教育、成才、修德、创新创业等角度研究新时代中国共产党青年工作理论。王学俭、阿剑波从青年教育的角度出发，指出这一思想"为当代青年教育理论奠定坚实基础，也为当代青年教育实践指明新方向"[②]。习近平与青年相关主题的研究涉及内容广，目前主要集中于对各条战线、各个领域的研究。这些研究内容彼此联系，聚焦青年，构成一个整体的系统。

---

① 倪邦文：《科学内涵、时代价值与理论品格——论习近平总书记关于青年工作的重要思想》，《中国青年社会科学》2018年第5期。
② 王学俭、阿剑波：《习近平新时代青年教育思想及其价值旨归》，《思想教育研究》2018年第8期。

只有看到习近平与青年相关主题的研究是一个系统,青年工作是一个整体系统,以系统观念来认识新时代中国共产党青年工作理论,才能构建起一个全新的理论视野。

其二,新时代中国共产党青年工作理论的理论来源研究。深刻把握新时代中国共产党青年工作理论的理论来源,是研究这一思想的基础,这关系到这一思想理论的历史方位和根本性质。中国共产党青年工作理论与新时代中国共产党青年工作理论存在什么样的关系?它与马克思主义青年观又存在什么样的关系?目前学界研究比较多的是西南大学的师生团队。黄蓉生主持了国家社科基金重大项目"中国共产党与青年研究",比较系统地梳理了中国共产党青年工作理论的发展脉络和内涵。从发展史的角度看,国内学者多数指出,新时代中国共产党青年工作理论主要是对马克思主义经典作家青年观的继承与发展。顾友仁指出,这一理论"直接得益于马克思主义、不断丰富的中国化马克思主义以及中华优秀传统文化之精华的思想滋养和价值引领"①,指明了新时代中国共产党青年工作理论源于马克思主义经典作家青年观,是对其的创新和发展。马克思恩格斯关于如何看待青年的历史地位的论述,为中国共产党认识青年、教育青年、赢得青年提供了方法论指引。中国共产党从成立之初就高度重视青年。列宁创建了俄国青年团,并且对青年工作进行多年经验探索,提出一系列重要论断,这对中国共产党领导创建共青团具有直接的指导和借鉴作用。这些都构成了中国共产党青年工作理论的来源。同时,也有学者指出,中国传统文化中有关青年思想的积极因素是重要的思想渊源②,中国的传统文化对中国青年的成长影响很大,对中国共产党认识青年、制定党的青年工作方针政策的影响也很大。

理论传统、制度变迁和文化基因构成本书学理探究的分析框架。新时代的中国青年群体在思想、行为上发生了深刻变化。从变化中的社会视角看,现实实践赋予了新时代中国共产党青年工作理论以时代特质。社会变革一方面构成了观念多元化的现实基础,各种多元社会价值观念开始扩散、渗透,使社会发展产生更多的不确定性;另一方面,随着利

---

① 顾友仁:《当代中国青年成才观——基于习近平总书记关于当代中国青年成才系列重要论述的维度》,《社会科学家》2015 年第 4 期。

② 刘帅、刘建华:《习近平青年思想的逻辑体系述论》,《当代青年研究》2018 年第 1 期。

益诉求、生活方式和社会关系日益多元化和复杂化,社会发展和青年发展也具有越来越多的可能性。从实际情况来看,无论是在革命年代冲锋陷阵、抛洒热血,在社会主义建设时期上山下乡、辛苦劳作,还是在改革开放时期创新创业、攻克难关,青年都呈现出较强的社会适应力和快速学习力,能够快速掌握和运用社会变革中的新知识、新技能,适应并推动社会变革。对于新时代中国共产党青年工作理论来源的研究,既要有历史视角,从历史演变中找出规律和启示,也要建立逻辑上的关联。

其三,新时代中国共产党青年工作理论的内容研究。学界重视这一理论基本内容的研究,主要是根据习近平总书记与青年有关的讲话进行梳理和归类。一些学者认为新时代中国共产党青年工作理论的内容主要是围绕习近平总书记对青年特点与作用、青年教育、青年成长成才、青年工作等的论述。黄蓉生认为,"习近平总书记对青年特点、青年地位与作用、青年教育、青年成长成才、青年工作等的论述"① 构成了这一理论的基本框架。一些学者从认识论、实践论、价值论等方面进行研究。巨生良认为,习近平总书记关于青年工作的重要思想"以青年的历史地位和时代使命为逻辑起点,科学分析和正确对待青年与青年工作"②,这是其作为理论的存在基础,也是唯物主义认识论的表现。有学者从方法论视角对青年教育、青年成长成才和青年工作进行解读,提出该理论的主要视域。韩喜平、周颖从青年的责任意识和担当精神、价值观、基层实践以及青年的国际沟通交往等方面来把握习近平总书记关于青年工作的重要思想的理论内涵③,这是一种实践论的视角。殷媛、楚国清、唐樵等人对青年群体进行分类,针对"青年英才""青年干部""青年大学生"等不同对象进行研究。如唐樵、黄蓉生从青年干部的视角概括了"青年干部是实现中国梦的重要力量,青年干部要有坚定的理想信念、树立正确的政绩观、敢于担当、做清正廉洁的表率"④,阐述了在实践中青年干部如何学习贯彻习近平总书记重要讲话精神。这方面的研究融合了

---

① 黄蓉生、石海君:《党的十八大以来习近平青年论述浅析》,《思想教育研究》2016年第8期。
② 巨生良:《习近平青年工作思想的逻辑体系与科学内涵》,《西北师范大学学报》(社会科学版) 2018年6期。
③ 韩喜平、周颖:《习近平关于青年成长思想研究》,《思想教育研究》2016年第3期。
④ 唐樵、黄蓉生:《习近平青年干部思想及其当代价值》,《探索》2017年第1期。

党的十八大以来习近平总书记在组织工作会议上的讲话等内容，克服了传统意义上新时代中国共产党青年工作理论偏重对青年大学生群体的研究的局限，扩大了理论研究的视域。

其四，新时代中国共产党青年工作理论的比较研究。一些学者对新时代中国共产党青年工作理论与中国共产党历届领导人的青年工作思想之间的关系进行比较分析，从而辨明该理论的本质属性和理论特色。汪莙霞认为，习近平总书记关于青年教育的重要思想是对毛泽东青年教育思想的创新发展，其创新之处在于："青年教育在重要性上强调要使青年成为中外文化交流的桥梁，在目标上强调要使青年成为新时代创新创业的主力军，在方法上强调要加强优秀传统文化教育等。"① 邓希泉研究了习近平总书记关于青年工作的重要思想内在结构之间的关系，指出，"要处理好习近平总书记关于青年工作的重要思想和党中央关于青年工作思想、习近平青年发展观之间的关系，习近平总书记关于青年工作的重要思想和党的十八大以来的文本与早期文本之间的关系，青年工作和共青团工作之间的关系"②。有学者基于对理论来源和历史演进的分析，对毛泽东、邓小平、江泽民、胡锦涛的青年思想进行了比较研究，这些研究主要聚焦于理论内容上的区别。伍安春就中国共产党历届领导人的青年思想的形成与发展进行分析，厘清中国马克思主义青年思想的演变机制，找出其中的"不变"和"变化"③。有关这个主题的比较研究，既有对理论来源的比较研究，也有对中国共产党历届领导人青年思想的比较研究。既有纵向的整体理论脉络的梳理，又有对习近平总书记不同时期关于青年工作的重要思想的梳理，也有对党的十八大以来新时代中国共产党青年工作理论形成的时代背景、现实条件等的分析。这些成果为本书研究提供了一定的思想资源和理论借鉴。总的来说，目前对这方面的研究，成果不够丰富，学术观点比较一致。

其五，对新时代中国共产党青年工作理论的现实启示研究。理论最

---

① 汪莙霞：《习近平对毛泽东青年教育思想的继承与发展》，《遵义师范学院学报》2020年第2期。
② 吴明：《新时代培养什么样的青年、怎样培养青年》，中国新闻网，https：//www.chinanews.com/gn/8590961.shtml。
③ 伍安春：《当代中国马克思主义青年观研究》，博士学位论文，电子科技大学，2019。

终要回归实践并指导实践，现实启示研究在目前学术成果中占据比较大的比重，主要是对高校思想政治理论课教师、辅导员、团干部等群体在大学生思想政治教育、德育、共青团工作等方面进行的实践的研究。比如，杨增崒、袁凤娇指出："习近平幸福观对当代青年树立正确的人生观、实现自我价值和生活幸福具有重要的启迪意义。"① 还有学者对习近平总书记关于"幸福都是奋斗出来的"等论述的基本要义、特性进行研究分析，进而指出其对青年成长的启示。柳礼泉、陈方芳提出，新时代青年教育的实现路径是"多方联动、合力育人"②，对从共青团、青年模范、教师、领导干部和青年自身五个主体层面贯彻习近平总书记关于青年教育的重要论述进行了论析。张静、郭洪水从思想政治教育角度进行研究，认为"习近平青年观对青年理想信念的培育、青年的学习和工作及青年的全面成才具有重大启示"③。还有学者从新时代青年工作中有关群团组织存在的比较突出的问题入手进行研究。经过梳理后主要存在以下问题。一是群团组织存在"机关化、行政化、贵族化、娱乐化"现象。习近平总书记在中央党的群团工作会议上指出了共青团组织存在的这一现象，中央巡视组在巡视团中央时，将"四化"问题作为主要问题反馈给团中央。二是群团工作的方式方法存在误区。群团组织既要自觉接受党的领导，又不能完全对照党政部门运作，这导致群团组织自身的特点不鲜明。一些群团组织存在"等、靠、要"的心理，缺乏工作主动性和相对独立性。三是群团组织聚焦青年工作主责主业不够。落实党交给共青团的任务不够到位，动员青年建功新时代力度不够，联系青年、服务青年和引领青年的能力和水平有待提高。不少学者对这些问题进行研究分析并且提出改革对策等。但是缺乏对这些问题本质的认识，缺少从实践与理论的双向互动角度作出审视。本书从治理创新的角度进行研究，既研究问题，又结合治理体系和治理能力现代化的目标，深刻领会新时代中国共产党青年工作理论与实践的关系，形成理论与实践的互动研究。

---

① 杨增崒、袁凤娇：《论习近平幸福观的基本要义、特性及其对青年的启示》，《思想理论教育导刊》2018年第8期。
② 柳礼泉、陈方芳：《党的十八大以来习近平青年教育思想论析》，《学习论坛》2016年第7期。
③ 张静、郭洪水：《习近平青年观的思想政治教育启示》，《中学政治教学参考》2019年第9期。

综上所述，相关领域的研究注重思想性、学术性和应用性，体现了应有的致思方向和我国学界的研究特点，其中既有宏阔之论，亦有空泛之说。主要不足如下。一是理论来源研究趋向同质化。现有的研究成果显示，大多数学者的研究是以习近平总书记相关重要讲话、批示、贺信等为基础，从不同的角度和体系对其进行梳理总结，建构新时代中国共产党青年工作理论的理论体系。研究成果以论断或观点居多，缺少对这些观点进行背景和逻辑理路方面的分析，研究成果趋于同质化。二是多侧重分门别类地研究，整体性研究不足。当下诸多研究缺少系统而整体的论述，多是对一些零散观点进行整理、归纳和概括，高水平的、有价值的理论成果少。特别是对习近平总书记与青年密切相关的思想的研究不足。相关研究融入新时代中国共产党青年工作理论体系比较少。三是研究思路方法比较单一，高质量的理论成果不多。较多注重文本梳理，较少对新时代青年发展的时代背景、社会发展趋势和中国共产党的青年工作理论演变进行历史分析和比较分析。哲学、社会学、管理学视角下的研究比较少，比如在研究新时代中国共产党青年工作理论的思想基础时，较少从人的主体性、人的自由全面发展、人与社会关系等视角出发研究其哲学基础。基于以上的文献梳理，本书结合当前的研究现状和不足，坚持系统观念，既从理论逻辑、历史逻辑和现实逻辑三个层面深刻把握理论形成的条件，又注重横向和纵向相结合进行理论梳理，力图对新时代中国共产党青年工作理论相关研究进行总结，提升研究质效。

第一章　新时代中国共产党青年工作理论创新的思想基础

第一节　思想渊源：遵循马克思主义青年观的整体逻辑

新时代中国共产党青年工作理论的理论逻辑，首先要从分析其逻辑起点入手。所谓逻辑起点，是对复杂理论从具体到抽象、从问题到实质的简单概括。它是"既要求最简单的抽象，又要求适度的抽象。一个重要尺度就是，要自身包含贯穿这一领域的普遍的、基本的矛盾，不能越过这一界限而陷入单义性"①。青年主体性是新时代中国共产党青年工作理论的逻辑起点，是对当代中国青年发展所立足的客观现实和所要解决的突出问题的概括。在主体性的逻辑起点上，聚焦青年主题，新时代中国共产党青年工作理论实现从青年到青年理论、青年政策、青年发展等范畴之间的转化，从而形成系统完整、逻辑严密的理论体系。

一　认识青年是马克思主义青年观的逻辑前提

马克思早期和晚期对人的本质的理解是统一的，然而不同时期的侧重点有所不同。青年马克思侧重把人当作"异化"的动物，即人的本质与存在相背离；成年马克思则把人视为历史性的社会经济动物，从政治经济学的视角研究阶级社会中的人，更多地提及"剥削""商品拜物教"等概念。马克思恩格斯对人的科学认识构成了新时代中国共产党青年工作理论的哲学基础。从科学认识人的本质到科学认识青年的本质，是理解新时代中国共产党青年工作理论的逻辑起点。新时代中国共产党青年工作理论围绕青年发展的主题，体现了鲜明的唯物主义立场。马克思主义政党坚持以历史唯物主义作为认识世界的根本原则，在马克思主义中

---

①　王东：《辩证法科学体系的"列宁构想"》，中国社会科学出版社，1989，第321页。

国化实践中表现为中国共产党"实事求是"的精神。就青年观来说,坚持"实事求是"意味着要结合中国青年实际,遵循青年特质和成长规律,在科学认识青年的特质、历史使命、发展规律的基础上产生具有中国特色的青年理论成果。2018年,王沪宁正式提出"习近平总书记关于青年工作的重要思想"①,这是基于新时代的历史条件和发展背景,对新时代中国共产党青年工作理论的科学概括,始终贯穿着"实事求是"的思想路线。

(一) 从人的本体到青年本体

西方哲学将本体理解为最高的存在和事物的本质。在相当长的历史时期,西方哲学都没有把人作为本体,其所谓的本体实际上是"神本主义",而非"人本主义"。马克思论述人的本体问题是从对鲍威尔进行宗教批判和学习费尔巴哈的人本主义理论开始的。马克思指出:"人创造了宗教,而不是宗教创造人。就是说,宗教是还没有获得自身或已经再度丧失自身的人的自我意识和自我感觉。"② 马克思认为,对宗教的批判是一切批判的基础。在《〈黑格尔法哲学批判〉导言》中,马克思清晰地表明了"人类中心主义"的观点,认为宗教是人在现实世界中的反映,是人创造了宗教,从而用"人"取代"上帝"的中心地位和统摄作用。马克思对人的历史地位进行了科学地阐述,认为人是创造历史的主体,人类历史的起点首先是人的存在。

马克思主义唯物史观有一个前提,那就是"现实的个人"。19世纪40年代,德国兴起了一场对黑格尔"绝对精神"的哲学批判运动。马克思认为,黑格尔所谓世界精神是脱离自然的,不能进行生产活动,只能进行思维的讨论,即用抽象的精神劳动代替具体的物质活动。在黑格尔"绝对精神"哲学体系瓦解后,德国哲学又得出"神就是人"的结论,"人"被定义为"宗教的人"。马克思进一步批判这种"宗教的人",并提出"现实的个人",把个体存在作为历史的前提。马克思指出:"不是从口头说的、思考出来的、设想出来的、想象出来的人出发,去理解有

---

① 王沪宁:《乘新时代东风 放飞青春梦想——在中国共产主义青年团第十八次全国代表大会上的致词》,《中国共青团》2018年第7期。
② 《马克思恩格斯选集》第1卷,人民出版社,2012,第1页。

血有肉的人。我们的出发点是从事实际活动的人。"① 这种"有血有肉的人"就是"现实的个人",他们通过生活实践创造着历史。这种创造表明,人是有意识的,也是自由发挥的种类之物。"现实的个人"与动物的区别在于,人是自由的、有意识的,开创生活实践是为了追求独立、自由和自主,人不同于其他动物。人不仅积极创造自己,而且通过各种劳动创造世界。

马克思认为,作为"现实的个人","不过当然是处于既有的历史条件和关系范围之内的自己,而不是意识形态家们所理解的'纯粹'个人"②。人类发展历史也是人的自由发展的历史。世界的重心是人,也就是具体的、真实的、整体的人。通过对经验的学习,人在自身之上观察自己,克服局限性,将自然意识投射到人身上,从而把自己理解为一个特定的存在。对于外部世界来说,就是使外部世界成为一个自我而不是一个孤独的个体。因此,"现实的个人"绝不是孤独的个体,而是生活在特定社会关系中,处在社会整体系统之下的个体。马克思恩格斯关于"人的本质"的学说,从某种角度来说也是对青年本质的科学阐述。青年是属于特定年龄阶段的群体,认识青年的本质需从认识人的本质开始。对"青年思想"这一概念及其理论体系的研究,基本上是从探问"青年的本质与意义是什么"出发的,从而赋予青年一种应然的理想状态,进而从国家、政党、社会层面探寻促使这种理想状态实现的路径。

马克思恩格斯在与青年黑格尔派划清界限的过程中提出了人的本质观点,提出了"人是什么"的本质问题。在马克思恩格斯那里,劳动是人的根本属性,实践是人的本质,劳动和实践使人有了社会性。"人"是青年的上位概念,人的本质与青年的本质是一般与特殊、共性与个性的关系。③ 所以,劳动和实践是对青年本质作出的总体性概括,揭示了人的社会性和青年作为人的社会性。不仅人生产社会,社会也生产人,人类的活动都是社会性的。关于人的社会性本质,马克思既把人看成自然和社会意义上的个体的人,也看成历史和社会发展维度上的社会的人。

---

① 《马克思恩格斯选集》第 1 卷,人民出版社,2012,第 152 页。
② 《马克思恩格斯选集》第 1 卷,人民出版社,2012,第 199 页。
③ 伍复康:《论青年本质:从马克思主义人的本质理论出发》,《中国青年社会科学》2017 年第 4 期。

一滴水融入大海才会永不干涸，人的发展是群体发展的基本单元，群体发展是历史发展的动力，所以个体发展与群体发展、历史发展是统一的。在关注人的发展时，必须同时关注个体发展和群体发展两个层面，在从个体需求和个体困难方面制定发展政策时，也要从群体意识和群体进步角度明晰发展思路。

　　坚持人民主体性深刻体现了马克思主义哲学的政治智慧。马克思恩格斯在《德意志意识形态》《共产党宣言》《资本论》等著作中都阐述了"人民主体性"思想。中国共产党一贯主张"人民群众是历史的创造者"，这是历史唯物主义的基本观点，也是党为人民谋解放、谋发展的真实写照。习近平总书记指出："要坚持人民主体地位，顺应人民群众对美好生活的向往，不断实现好、维护好、发展好最广大人民根本利益。"①坚持人民主体地位，把人民作为推进事业发展的根本依靠力量和动力源泉，是新时代中国共产党青年工作理论的基本价值立场。党的十九大报告指出："人民是历史的创造者，是决定党和国家前途命运的根本力量。必须坚持人民主体地位。"②"人民主体性"思想在新时代中国共产党青年工作理论中得以充分彰显，青年主体地位是马克思主义"人民主体性"思想在青年工作领域的运用和深化。"人民对美好生活的向往就是我们的奋斗目标"是新时代对马克思主义人民主体性发展目标和发展逻辑的时代回应。人民对美好生活的向往，本就包括青年对美好生活的向往。

（二）从认识人的历史地位到认识青年的历史地位

　　西方传统哲学将人是认识的主体作为逻辑起点，据此提出人的认识论。普罗太戈拉斯、苏格拉底、康德都是以这样的理论线索提出"以人为本"的认识论。受西方传统哲学的影响，在马克思的全部学说中，"人本主义"是其理论特色。马克思在《关于费尔巴哈的提纲》中指出："费尔巴哈把宗教的本质归结于人的本质。但是，人的本质不是单个人所固有的抽象物，在其现实性上，它是一切社会关系的总和。"③这种人的社会性是人本主义的集中体现。马克思所指出的"蒲鲁东先生从社会的

---

① 《习近平谈治国理政》第 2 卷，外文出版社，2017，第 214 页。
② 《十九大以来重要文献选编》（上），中央文献出版社，2019，第 15 页。
③ 《马克思恩格斯选集》第 1 卷，人民出版社，1995，第 60 页。

角度进行的考察，把那些恰恰表示着一定的社会关系或经济的形式规定性的区别忽略掉，抽象掉了"①，正是在强调人的社会性。

马克思对人的社会性的认识基于对人的实践性的认识。人类赖以生存和发展的外在性、内在性和能力会被自身所开发利用，即通过劳动改变外在性，从而获得内在性和能力。人通过实践的、生产的活动，通过对无机的自然的改造，创造了人类文明。这种创造是有意识的，是人作为种类的产物。人之所以能够创造世界、改变世界，是因为在人的头脑中构想的各种图式能在实践中得以实现。人根据主观意识来改造自身所使用的自然界的材料的形式，使其操作方式符合规律，甚至人的主观意识也要符合这种规律的要求。列宁曾说："人的意识不仅反映客观世界，并且创造客观世界。"② 这里说的创造世界，是依据客观规律和认识水平改造世界。人的实践性体现在主观见之于客观的活动上。人因为自由的、有意识的实践，创造了社会。

人在发展过程中依靠自然并且能够独立于自然，使人的潜能自然地发挥出来，这是自我发展的本能。人固然可以通过人与人之间的关系，比如经济社会关系、语言交流活动等来反思自己，但人的自我反思也可以是他人形象的折射。马克思认为，人的发展是人化的过程，即使人越来越形成其个性，也可以理解为人"无异化—异化—异化的克服"三个阶段的过程。进入阶级社会以后，社会的分工、人的专业化和固定化，带来了人与其本质的异化和矛盾。为了使人们不再受现代资产阶级社会分工、剥削、异化的奴役，马克思提出了"人的解放"，强调个性的发挥必须以不妨碍他人的个体自由为前提，个体发展目标将是"每个人的自由发展是一切人的自由发展的条件"③，从而指明了人类理想社会的本质特征是自由人的联合体。

马克思恩格斯更多的是把青年作为社会革命和变革的重要力量来看待。马克思肯定并赞美青年，在其多个富有浪漫情怀的诗篇中表达了对青年、青春的热烈崇拜之情。"青年人，请你用出奇的演奏，来统治这沉

---

① 《马克思恩格斯全集》第32卷，人民出版社，1998，第176页。
② 《列宁全集》第55卷，人民出版社，2017，第182页。
③ 《马克思恩格斯选集》第1卷，人民出版社，2012，第422页。

默无言的大海。"① 通过对社会阶层和社会群体的分析，马克思从革命的角度找出了青年群体与社会变革的内在联系，指出青年是社会变革的核心力量。在《革命的西班牙》中，马克思认为，西班牙战争中最革命的部分是"来自一切阶层，包括来自没有受过中央政府的使人软化的影响的、摆脱了旧制度的桎梏的热情的勇往直前的爱国青年"②。青年之所以成为最具革命精神的群体，是因为他们有挣脱旧制度牢笼的强烈愿望，这推动着青年主动参与革命。另外，马克思以社会发展为视角，对青年觉醒与社会发展的关系进行了理性分析，指出青年是社会发展的希望，是"人民生命的源泉"。

恩格斯关于青年的历史地位、教育培养、历史使命等的观点与马克思基本一致。恩格斯在许多理论文章中都表达了这样的观点。他指出，在德国工人运动和革命中，"实现这一变革的将是德国的青年……德国的革命行动将从我们的工人当中开始"③。在恩格斯看来，青年群体基数大，且青年具有强大的革命精神，能够成为推动革命发展的强大力量。恩格斯还坚信社会发展状况受青年存在方式的制约，青年对整个社会的发展具有巨大的推动作用。恩格斯认为，青年早点担当重任对其成长是有好处的。1893 年，恩格斯在《致国际社会主义者大学生代表大会》中指出："希望你们的努力将成功地使大学生们意识到，正是应该从他们的行列中产生出这样一种脑力劳动无产阶级，他们负有使命同自己从事体力劳动的工人兄弟在一个队伍里肩并肩地在即将来临的革命中发挥重要作用。"④ 他清晰地界定了人民的主体范畴，包括青年大学生在内的从事脑力劳动的无产阶级也属于人民范畴，并且勉励大学生要投身无产阶级革命。马克思恩格斯将社会变革和发展的希望寄托于富有创造力和能动性的青年身上，他们认为青年富有良好的体力和智力，并且思想活跃、善于创新，一定会在推进社会变革和历史向前发展中发挥重要作用。

列宁深刻认识到青年的政治作用。他肯定了青年在社会革命和历史发展中的推动作用，深刻认识到青年对政党发展的重要性，强调一个积

---

① 《马克思恩格斯全集》第 40 卷，人民出版社，1982，第 612 页。
② 《马克思恩格斯全集》第 10 卷，人民出版社，1962，第 488 页。
③ 《马克思恩格斯全集》第 2 卷，人民出版社，1995，第 629 页。
④ 《马克思恩格斯选集》第 4 卷，人民出版社，1995，第 435 页。

极有为的政党应该致力于通过青年组织扩大党的影响力。他看到了青年在军事和政治上具有明显的身体优势和条件，这使得在革命和建设年代，青年成为各政党或政治集团竞相争取的对象。革命政党的根本任务是革故鼎新，是与旧的事物、旧的生产关系作斗争。青年具有崇高的革命理想和旺盛的革命斗志。与革命特点相吻合的自身特质，是他们成为革命队伍重要力量的鲜明标识。列宁判断青年必定会参加革命，要积极把青年吸收到革命队伍中来。他指出："我们是未来的党，而未来是属于青年的。我们是革新者的党，而总是青年更乐于跟着革新者走。"① 可以看出，列宁充分肯定了青年在无产阶级政党发展中不可或缺的作用，认为青年是推动党自身发展的重要力量。

马克思主义认为，人民群众创造历史，"人民，只有人民，才是创造世界历史的动力"②，充分肯定了人民群众在历史进程中的主观能动作用。唯有充分发挥主观能动性，才能更好地认识世界、改造世界。唯物史观研究社会发展的一般规律，将人的全面发展置于首位，其思想价值在于评价社会进步的标准是历史维度和价值维度的统一。中国共产党坚持"新发展理念""人类命运共同体理念"等，体现了在唯物史观指引下对发展的科学认识，体现了发展性和价值性的统一。换句话说，既要实现最大广度、最大深度的发展，又要坚持发展惠及全体人民的价值导向。新时代中国共产党青年工作理论的创新发展始终彰显着中国共产党代表青年、依靠青年和赢得青年，更好地实现和维护青年的根本利益这一宗旨。这一理论在实践中形成和发展，具有鲜明的实践性。习近平总书记高度重视理论与实践的统一，强调理论必须在实践中接受检验。这要求我们开展青年工作既要坚持哲学思维方法的指引和科学理论的指导，又要根据时代变化和实践发展，推进理论创新和实践创新的互动。

（三）从认识人的本质到认识青年的本质

认识人的本质，才能更好地认识青年的本质。马克思主义的人学思想为新时代中国共产党青年工作理论构建了哲学基础。马克思主义认为，人民群众才是历史的创造者。从历史的角度看，人既是历史发展的主体，

---

① 《列宁全集》第14卷，人民出版社，2017，第161页。
② 《毛泽东选集》第3卷，人民出版社，1991，第1031页。

也是自然和社会意义上的个体。人的发展是推进历史发展的重要基础。没有个体的发展，就不可能有人的群体的发展，自然也不会有历史的进步和发展。正如《共产党宣言》所指出的那样："每个人的自由发展是一切人的自由发展的条件。"① 这里的"人的自由发展"，既包含人类的整体发展，也包含每个个体的发展，是两者的辩证统一。这些观点奠定了马克思主义青年观中国化的哲学基础。

马克思对人的本质的揭示是认识青年本质的基础。青年是与社会关系相关联的现实存在，在青年成长发展过程中，其社会关系也在不断发展。从本质上讲，青年是正处于成长发展阶段的社会意义上的人。关于青年的社会属性，马克思主义认为，人只有在社会中才能发展成长，因此青年必须将自身的就业选择与能力、兴趣以及社会现实的需求相联系。马克思认为，青年的本质在于社会实践性，他将青年纳入社会历史视野中进行研究。马克思指出："既然人天生就是社会的生物，那他就只有在社会中方能发展自己的真实的天性，而对于他的天性的力量的判断，也不应当以单个个人的力量为准绳，而应当以整个社会的力量为准绳。"②马克思强调要从青年与社会的关系中把握青年的本质。马克思恩格斯对资本主义条件下人的发展的异化进行了批判，并指出未来社会应该是每个人的自由全面的发展。马克思所追求的全人类解放，不仅包括每个个体的解放，还包括作为类的人的群体的解放，既表现为个体的发展，也蕴含着整体的发展。

恩格斯以人类社会历史发展为着眼点论述人的自由。恩格斯确立的自然辩证观，可以用来解释人类社会的历史发展及其目的，从宇宙、自然界到人类社会与历史，都可以找到一个必然发生的规律，而这个规律是不以人的意志为转移的。在这个意义上，所谓自由与必然，指的是认识到自然界有其内在发展规律的必然性。在人类对这种必然性还没有完全了解之前，它只是以盲目的形式存在，这如同原始人对其所处的世界充满无知一样。当人们充分认识到社会和自然法则，认识到自然、社会和思维的发生和生成法则时，人的自由才真正实现。

---

① 《马克思恩格斯选集》第1卷，人民出版社，2012，第422页。
② 《马克思恩格斯全集》第2卷，人民出版社，1995，第167页。

青年既是现实的人，也是社会的重要组成。他们思维活跃、生产积极、社会活动频繁，青年个体的发展会反映到青年群体的发展上，成为人类整体发展的重要推进器和表现窗口。青年个体是最富活力和创造力的一分子，其成长发展将对一个时期的社会发展起到决定性的影响作用。正如社会学创始人奥古斯特·孔德（Auguste Comte）所强调的那样，在整个社会历史发展和文化变革的进程中，青年具有重要意义。因此，马克思主义自产生以来就蕴含着追求人的发展的价值逻辑，具体表现在人的个体、整体和历史的发展三个维度。这对中国共产党深刻把握青年个体发展、青年群体发展、社会历史发展三者之间的互动发展关系，具有重要的世界观和方法论意义。在人的发展的过程中需要经历人与社会互动发展的过程。在青年社会化过程中，社会是这一关系的主导者或主体，青年是这一关系中的行为对象或客体。社会总会从自身的需求和目的出发，对青年进行引导和教化，塑造能够满足社会需要的一代新人。在融入社会发展的同时，在对社会关系、社会文化等方面进行变革的过程中，青年认同自身的社会角色，是这个过程最为关键和实际的一环。

（四）从以人为本到以青年为本

马克思关于人的认识论、本体论没有停留在以"什么人"为本的问题上，而是进一步讨论以"人的什么"价值为本的问题，也就是关于人的价值论的问题。人本思想始终以发挥人的作用，使人实现自己的人生价值为目标，"以人为本"始终是人本思想的价值取向。人的价值就是实现人类的幸福和自身的完善。马克思的这些思想是通过对旧唯物主义的批判，在创立唯物史观和政治经济学批判的过程中形成的。

人与自然的接触、与群体的来往，是一个自我活动、自我意识、自我创造和自我解放的过程。人通过主动、自由的劳动，以及批判、革命的实践来扬弃异化与剥削，最终实现人的解放和自由全面发展。马克思指出："一旦人已经存在，人，作为人类历史的经常前提，也是人类历史的经常的产物和结果，而人只有作为自己本身的产物和结果才成为前提。"[1] 其中，"自己本身的产物和结果"特指人的感知和思想意识，按照认识事物的标准与法则，人不但创造了历史，自身也有了发展。

---

[1] 《马克思恩格斯全集》第26卷第3册，人民出版社，1974，第545页。

马克思在《政治经济学批判大纲》中指出:"社会不是由个人构成,而是表示这些个人彼此发生的那些联系和关系的总和。"① 这表明人的社会性,即人要在社会中才能够生活发展,这也是马克思严格定义"人天生是社会动物"的原因。这说明人不能独立于社会进行生产实践,必须通过集体生活成为社群动物,也就是说,人只有在社会中才能发展社会关系。人通过社会实践和生产活动,创造丰富的文明、文化、制度等,这是人的意识通过劳动创造的,或者说通过实践实现的。人的社会价值就是人在社会中通过自我创造和劳动实践实现的。马克思认为费尔巴哈从自然共性角度看待人的本质,这与作为人的生存方式的劳动、社会关系相矛盾,忽视了人的社会本性,违背社会现实。所以马克思强调,人的社会价值不能脱离社会关系。

哲学思维必须区分存在系统与表达系统之间的关系。在存在系统中,人们进行生活实践,创造历史;在表达系统中,人们形成"有益社会"或"负责任"的价值目标。唯物史观承认历史的主体是人,历史不过是追求自我目的的人的活动而已。中国特色社会主义发展的历程,不仅体现了人民群众是历史发展的主体,更凸显了青年作为历史发展的动力和主体的作用。从马克思主义青年观到中国共产党的青年工作理论,对青年的认识始终如一,始终是为保障青年自由全面发展这一最终目标的实现而不懈努力。党的十九大提出中国社会主要矛盾的变化是基于中国发展的现实,是"实事求是"路线在生产力与生产关系领域的体现。正如习近平总书记所强调的:"我们要牢牢把握我国发展的阶段性特征,牢牢把握人民群众对美好生活的向往,提出新的思路、新的战略、新的举措。"② 认真分析青年事业发展面临的问题是中国特色社会主义事业的组成部分,当前,青年事业发展依然存在发展向度、发展平衡、发展质量等方面的问题。新时代赋予当代青年重大的历史使命,这要求我们将青年个体发展与国家、社会发展联系起来,解决中国青年事业发展中出现的不充分、不均衡的问题。

关于如何看待青年和发展青年,中国传统哲学和马克思主义哲学各

---

① 《马克思恩格斯全集》第30卷,人民出版社,1995,第211页。
② 《习近平谈治国理政》第2卷,外文出版社,2017,第59页。

自在不同的学术传统、文本视域中有不同的呈现。哲学思维的理解目的在于运用。进入新时代，面对我国青年发展中出现的一些新情况和新问题，青年工作实践中面临的基本矛盾是"青年化"和"非青年化"的对立统一。青年的"非青年化"表现为社会变迁中青年发展的"异化"。哲学概念上的"异化"，是指主体在劳动实践过程中产生了客体，在之后的活动过程中客体脱离主体而存在，成为支配和控制主体的异己力量，表现为一种"非青年化"的现象。具体来说就是，"青年自身没有了对那种主旋律建构的青年概念的身份认同"①，显示出对意识形态社会角色及其使命感的否定。这是青年基于自身所承载的过重社会负担所表达出的对自身角色的厌倦。

新时代中国共产党青年工作理论是马克思主义青年观的中国化。结合新时代我国青年发展和文化发展的实际，习近平总书记将马克思主义理论当作指导青年工作的"批判的武器"，将之运用到青年工作中。任何一种青年思想都有其哲学基础，新时代中国共产党青年工作理论的哲学基础亦是以"何为人""何谓青年"为逻辑起点，进而厘清"理想的青年"的问题及其实现路径。中国共产党对青年的认识和评价始终坚持青年主体性原则，从把握人的主体性和主观能动性的角度来认识青年在社会发展中发挥的积极作用。国家、社会的发展有赖于每一个青年个体的作为。立足青年这一主体，习近平总书记强调"坚持以青年为本"②，正确发挥青年的主体作用，突出青年的主体性和能动性。

习近平总书记运用和发展人的"价值主体"思想，体现为将青年作为价值主体，充分认识青年的地位与作用，科学把握青年发展的方向与规律，准确判断青年教育和青年工作的问题与重点，在实践中培养青年的主体意识和主体能力。因此，在新时代中国共产党青年工作理论中，青年主体性是贯穿始终的一条主线。这体现在：要认识到青年在国家经济发展和社会主义现代化建设中所具备的创造性优势，清晰了解青年在社会发展中的本质地位和存在问题，这是认识青年主体性的前提；要准确把握青年发展的方向，认识到青年的全面发展是个体需要与社会价值

---

① 陈映芳：《"青年"与中国的社会变迁》，社会科学文献出版社，2007，第225页。
② 习近平：《论党的青年工作》，中央文献出版社，2022，第154页。

的统一；要把握青年成长规律，逐渐形成教育和培养青年的全方位育人机制。

二 信任青年是马克思主义青年观的逻辑内核

马克思恩格斯对青年的历史地位和作用的深刻阐明，无不彰显青年在马克思恩格斯心目中的重要地位。这是信任青年的基础。时代的性格主要是年轻人的性格，世界的未来会更多地取决于年轻人的表现，年轻人代表着社会发展的趋势，他们的性格就是时代的性格。同时，马克思恩格斯进一步提出："年轻人已经从黑格尔学校毕业了，一些从体系的躯壳中脱落的种子在年轻人心中茁壮地发芽了。这就是对现代赋予最大的信任，相信现代的命运不取决于畏惧斗争的瞻前顾后，不取决于老年人习以为常的平庸迟钝，而是取决于年轻人崇高奔放的激情。"① 从青年的性格和社会角色的形成，到青年的性格代表时代的性格，进而提出相信青年会肩负好现代的命运的论断，体现了马克思主义经典作家对青年高度的信任。科学认识青年，高度信任青年，成为马克思主义青年观的理论基础。马克思主义自诞生起，就在其理论体系中包含着信任青年的理论指向，重视青年的性格养成、角色塑造、职业发展，以及对时代发展方向的深刻影响。

列宁深刻把握青年的本质，认为青年是活力、生命力的代表，是政党、国家的未来。他在带领苏俄人民进行社会主义建设的过程中，将马克思主义青年观付诸实践，并在实践中丰富和发展马克思主义青年观。列宁充分信任青年并将之组织起来。列宁认为，在社会主义建设和发展阶段，青年是不可或缺的坚强力量。在十月革命以前，列宁就强调要充分发挥青年在革命队伍中的主力军作用。在布尔什维克党取得政权后，对于如何做好青年工作，列宁在实践中思考并采取了许多开创性的举措。列宁在俄国社会民主工党第二次代表大会上明确指出要把青年组织起来，使之为国家和社会发展服务。列宁指出："要更大胆、更广泛和更迅速地把年轻的战士吸收到我们各种各样的组织中来。要刻不容缓地为此建立

---

① 《马克思恩格斯全集》第2卷，人民出版社，2005，第305页。

数以百计的新组织。"① 通过建立青年团将青年凝聚起来，有效扩大组织覆盖面，推动青年在实践中实现自身全面发展，是列宁在青年工作中的创造。他创造性地提出打造青年团的实践构想，并且把青年团作为打造和培养青年共产主义者的学校。列宁指出："青年团的任务就是要这样来安排自己的实际活动：使团员青年在学习、组织、团结和斗争的过程中把他们自己和那些以他们为带头人的人都培养成共产主义者。"② 列宁指出，要利用好青年组织——俄国青年团对青年进行培养。"如果青年没有充分的独立性，他们既不能把自己锻炼成为优秀的社会主义者，也不能培养自己去引导社会主义运动前进。"③ 这些都充分表明列宁对独立的青年组织的高度信任，他提出俄国青年团"独立性"的概念，认为这种独立性对青年的教育和培养起到重要作用，对提高青年工作的主动性和自觉性也起到重要作用。

列宁对青年的信任体现在从接班人的角度给予定位，并在此基础上加以教育和培养。列宁重视青年学习和培养，并且非常重视社会实践，"共产主义青年团必须把自己的教育、训练和培养同工农的劳动结合起来"④。列宁认为，任何一个阶级都不能没有自己的知识分子，青年知识分子的首要目的是学习，通过学习和社会实践成长为真正的共产主义者。他教导青年要保持对知识的渴望，把握时机不断学习。1903 年，俄国社会民主工党出台决议提出，青年运动必须在布尔什维克党的领导下开展，强调要用革命的马克思主义理论教育青年。列宁认为，青年要认真学习马列主义，不仅限于理论学习，更要善于将知识融入生活、实践。他强调学习既要注意方法，更要注重思考、应用。

列宁创立"青年共产国际"以推进青年工作。1919 年，第三国际领导下的青年共产国际在柏林秘密成立，这是列宁亲自指导的国际青年的联合组织。1922 年，列宁参加青年共产国际第三次代表大会，他要求青年共产国际要担负起培养世界青年的重任。青年共产国际成立后，在世界多个国家设立支部，最多时曾有 56 个国家加入。在列宁的亲自指导

---

① 《列宁全集》第 9 卷，人民出版社，2017，第 286 页。
② 《列宁全集》第 39 卷，人民出版社，2017，第 337~338 页。
③ 《列宁全集》第 28 卷，人民出版社，2017，第 288 页。
④ 《列宁全集》第 39 卷，人民出版社，2017，第 345 页。

下，青年共产国际对世界共产主义运动和共青团工作起了积极作用。青年共产国际从成立之初就明确要求青年团组织要"培养有觉悟的无产阶级战士和共产主义社会未来的建设者"①。青年共产国际对中国社会主义青年团的成立进行了具体指导和帮助，委派青年共产国际代表达林来中国直接帮助。1922年，中国社会主义青年团在中国共产党领导下正式成立。在党的领导和共青团直接推动下，中国青年在全国范围内被组织起来参与社会革命和政治革命。国民革命战争时期，中国共青团在中国共产党的领导下，贯彻统一战线方针，团结各界青年群体投入革命当中。抗日战争时期，青年共产国际决定要建立世界青年反法西斯统一战线，并且提出改造各国共青团的主张。青年共产国际在第六次国际代表大会上指出，"这些组织的门户应当向工人阶级、农民、学生和其他真心实意愿参加这些组织的工作和发展这些组织的青年人敞开"，以建立"新型的、真正群众性的组织"②。同时指示中国共青团要团结好最广大的青年群体，激发青年的民族凝聚力，使其积极投入抗战斗争中。总的来看，青年共产国际对中国共青团组织建设和青年运动发展具有一定指导作用。

中华优秀传统文化中蕴含"性本善"的人性假设。《三字经》提出"人之初，性本善"，孟子也主张"人性善"。信任青年建立在人性本善的前提下，中国共产党信任青年有着深厚的历史文化传统。中华优秀传统文化认为青年具有初心善意，是可以通过教育、培养和引导成为变革社会的中坚力量的。青年是人民群众的重要组成部分，相信青年、依靠青年、发动青年历来是党的重要工作方法和原则。在我国青年工作、青年运动和青年政策制定的过程中，都体现了这种信任青年的价值立场。不仅"相信青年"，而且"赋权青年"，赋权中国共青团。中国共产党相信共青团，在党章中明确了党和共青团的关系。政府充分信任共青团组织，明确了中国共青团协助政府管理青年事务的职责，形成了中国特色的青年工作机制。新时代共青团将更好地充当我国青年发展政策协调者的角色。

---

① 共青团中央青运史研究室、中国社会科学院现代史研究室：《青年共产国际与中国青年运动》，中国青年出版社，1985，第14页。

② 共青团中央青运史研究室、中国社会科学院现代史研究室：《青年共产国际与中国青年运动》，中国青年出版社，1985，第105页。

习近平总书记在指导共青团建设和青年工作中,对在新的历史征程上共青团作用的发挥及其实现路径有过深刻的论述,清晰地描绘了共青团自身建设和改革发展的路线图。习近平总书记关于青年和共青团工作的一系列重要论述,对共青团作为群团组织厘清自身的历史方位,找准短板、发挥应有作用具有重要意义。

三 发展青年是马克思主义青年观的逻辑归宿

发展青年是新时代中国共产党青年工作理论的目标和归宿。青年发展既是自然人的发展,也是社会人的发展。《共产党宣言》明确提出了要实现个体自由全面发展的目标。同时,《共产党宣言》揭露了资产阶级教育将人训练成机器的实质,或者说资产阶级社会的教育带有明显的剥削性和压迫性。生产力的发展改变了传统旧式的家庭关系,但资产阶级所强调的"家庭和教育、父母和子女的亲密关系",其本质仍是资产阶级条件下人的畸形发展的体现。正如马克思所说:"资产者唯恐失去的那种教育,对绝大多数人来说是把人训练成机器。"① 西方工业的发展,使青年无法避免地、被动地参与到社会分工和社会劳动中去。马克思特别强调要对青年工人加以保护,并将促进青年工人的全面发展视为工人阶级代表应该承担的社会责任。在揭示人的全面发展路径时,马克思深刻指明了资产阶级旧式教育的本质,他强调要加强青年的思想教育和共产主义教育,教育要与生产实际相结合。马克思指出:"从工厂制度中萌发出了未来教育的幼芽,未来教育对所有已满一定年龄的儿童来说,就是生产劳动同智育和体育相结合,它不仅是提高社会生产的一种方法,而且是造就全面发展的人的唯一方法。"② 这肯定了在当时社会生产条件下,生产制度与教育制度相结合是教育的有效方法。

社会革命旨在消灭落后的生产关系和社会分工,最终实现人的全面发展。通过废除私有制,消除旧的阶级对立、社会分工和阶级压迫,实现生产力的高度发展,最终实现马克思所说的"使社会全体成员的才能得到全面发展"③。反映到青年群体上,马克思恩格斯认为,资本主义社

---

① 《马克思恩格斯文集》第2卷,人民出版社,2009,第48页。
② 《马克思恩格斯文集》第5卷,人民出版社,2009,第556~557页。
③ 《马克思恩格斯文集》第1卷,人民出版社,2009,第689页。

会剥削的本质限制了青年发展的空间、扼杀了青年发展的自由，使青年丧失了自我发展和全面成长的权利。因此，要实现青年的自由全面发展，需要从社会根本性变革入手，给予青年物质和精神上的保障，使其在理论熏陶和实践锤炼中全面发展自己。在中国特色社会主义制度条件下，中国青年的发展有自身的逻辑，这种逻辑在我国青年个体和整体取得飞速发展的实践中得以验证，在全世界具有很强的引领性和示范性。认识把握青年发展的中国模式尤其要强调历史和道德相统一的价值标准。历史与逻辑的统一、发展标准和政治标准的统一是马克思主义的重要认识方法，也应是正确评价青年发展的重要原则。

人是"自然属性"和"社会属性"的统一体。这意味着人既是生物学意义上的人，又是社会学意义上的人。同时，人的发展体现为阶段性，也就是说经历了从出生到发展再到衰老最后到死亡的每个环节。在青年这一阶段，人处于发展的上升时期。从社会属性来看，青年是社会化的人，会受到教育、婚姻、爱情、职业等多种社会关系的影响。[1] 马克思在青年职业选择、恋爱、婚姻等方面的论述比较多。一是在青年的职业观方面，马克思为青年树立了典范，他曾说道："我们在选择职业时所应遵循的主要指针，是人类的幸福和我们的自我完善。"[2] 这一表述既表明青年时期的马克思有着远大的精神抱负，也表明马克思在青年时代择业的价值旨趣。二是在爱情观方面，面对自己的女儿劳拉·马克思和法国工人运动领袖保尔·拉法格的恋爱，马克思作为父亲，通过许多书信告诫年轻人对待爱情要懂得"真正的爱情是表现在恋人对他的偶像采取含蓄、谦恭甚至羞涩的态度，而绝不是表现在随意流露热情和过早的亲昵"[3]。三是在婚姻观方面，青年在结婚前应该"成为一个成熟的人"。每个青年都会经历恋爱和婚姻，青年容易激动和轻率，因此他告诫青年要慎重对待恋爱和婚姻，做好恋爱和婚姻心理和现实条件的准备。年轻人往往谈理想比较多，对现实条件则比较忽视，这也提醒青年人要努力

---

[1] 王延隆：《习近平总书记关于青年工作重要思想的整体性研究——纪念五四运动100周年重要讲话的学习与理解》，《中国青年研究》2019年第7期。
[2] 中国共产主义青年团中央团校：《马克思恩格斯列宁斯大林论青年》，中国青年出版社，1980，第70页。
[3] 中国共产主义青年团中央团校：《马克思恩格斯列宁斯大林论青年》，中国青年出版社，1980，第20页。

为恋爱和婚姻创造条件。这些关于青年成长的思想，直到今天对当代青年依然具有很强的指导价值。

马克思主义青年观涵盖了青年特质、主体性、理想信念、职业选择、婚姻恋爱等。这些基本观点之所以深刻影响全世界青年发展，是因为其科学性和可行性。正如阿尔都塞所言："马克思之所以成为马克思，就是因为他建立了历史理论及意识形态和科学之间的历史差别的哲学。"① 马克思在批判形而上学和唯心主义青年观的基础上，将青年纳入社会历史的范畴，重视青年主体性和作用的发挥。中国共产党重视和发展青年是有着马克思主义传统的。审视世界社会主义 500 年的历史，当前我国仍处于马克思所指明的历史时代，人类社会发展必然要遵循马克思所指明的"两个必然"的总趋势。

青年的发展本质上是人的发展。不同社会环境下坚持什么样的青年培养标准以及由此形成什么样的青年发展样态，不同政党之间是不同的。归根结底有两条标准，一是政治标准，二是价值标准。青年培养的政治标准，在一定层面上体现为坚持社会主义。社会主义是当代中国的纲领旗帜、发展道路和基本制度，也是青年培养的基本政治原则和框架规范，中国共产党青年培养标准的"本质属性是社会主义的"。中国共产党青年发展政策的不断完善与健全，反过来又使青年能够普遍地形成按社会规范思考和行动的能力，把社会发展的客观需要、党的事业的发展需要内化为个人的心理动因，从而产生一种按社会要求、党的事业发展需求和青年发展规律来行动的内驱力，促进自身发展。

认识青年、信任青年、发展青年是新时代中国共产党青年工作理论的逻辑主线，这一理论在马克思主义哲学唯物史观和辩证法的指导下，吸收中国传统哲学的文化内涵，对马克思主义青年观进行中国化时代化的发展与继承。其中，科学认识青年是逻辑起点，这符合中国共产党"发展为了青年、发展依靠青年、发展成果由青年共享"的实践逻辑。新时代中国共产党青年工作理论着眼于中华民族伟大复兴战略全局，科学把握青年与社会、历史与现实、中国与世界的辩证关系，形成了一系

---

① 〔法〕阿尔都塞，巴里巴尔：《读〈资本论〉》，李其庆等译，中央编译出版社，2008，第 5~7 页。

列新理论新思想新论断，深刻阐述了党培养青年的方向性问题和方法论问题，把中国共产党对青年工作规律的认识和对青年发展思想的把握提升到了历史新高度。

第二节　思想宝库：继承和发展中国共产党青年工作理论的思想精华

一　新民主主义革命时期中国共产党青年工作理论

中国共产党创始人之一的陈独秀认为，对中国国民的思想改造，应该首先从青年开始。作为新文化运动的旗手，陈独秀非常关注青年的思想教育，他创办《新青年》杂志时就明确提出："《青年杂志》以青年教育为的。"① 他领导的新文化运动和五四运动，打破了青年固有的腐朽的思想禁锢，倡导"新青年"，主张新青年应先有思想革命，再有社会改造。这为青年接受新思想奠定了基础。早期青年团的重要领导恽代英曾说："自从看了《新青年》渐渐的醒悟过来，真是像在黑暗的地方见了曙光一样。"② 应该说，在早期的党和青年团的创建和革命斗争中，陈独秀无愧为青年导师，引领无数青年走上革命道路。

陈独秀用"新鲜细胞之于人身"来形容青年对社会的意义。他认为，青年是历史的主要承担者，新青年应该去除腐朽的做官发财思想，拥有信仰的青年才是真正的新青年，才是国家和民族的希望。"作为国家命运的担当者，青年必须担负起使命；与此相适应，青年还必须具备多种能力，即自主而非奴隶的，进步而非保守的，进取而非退隐的，世界而非锁国的，实利而非虚文的，科学而非想象的。"③ 他给予了青年很高的期望，认为中国的前途在新青年，先有新青年，才能有新中国。陈独秀在《敬告青年》一文中指出，要以民主和科学为武器，从改造国民性入手，造就新一代青年，提出了衡量这种"敢于自觉勇于奋斗之青年"的六条标准。他主张用其所崇尚的资产阶级民主思想和科学理性精神来

---

① 陈独秀：《陈独秀文章选编》（上），生活·读书·新知三联书店，1984，第127页。
② 武昌中华大学新声社：《致编辑》，《新青年》1919年第3期。
③ 陈独秀：《敬告青年》，《青年杂志》1915年第1期。

反对封建专制和蒙昧主义，改造国民，再造青春之中国。①

基于对青年的历史地位和作用的科学认识，陈独秀在建党初期就考虑要把青年组织起来作为党的后备力量。他认为，应该将社会中的青年有组织地集中起来，使其投入社会的各个阶层和岗位，切实有效地做出自身的贡献，此时的陈独秀已在思考应该如何统整全国的社会主义青年团。1921年，陈独秀签署《中国共产党中央局通告》，要求各级党组织密切关注青年运动。② 1922年，陈独秀出席青年团第一次全国代表大会，并作了《马克思主义的两大精神》的讲话，他希望青年们发挥马克思实际运动的精神，把马克思学说当作社会革命的原动力，指明社会主义青年团要坚持马克思主义的基本方向，始终围绕党的决策展开工作。在建党早期，中国共产党的主要创始人非常清晰社会主义青年团的历史使命以及作为青年团必须持有的马克思主义立场、观点和方法。

中国共产党和中国社会主义青年团先后在1921年、1922年成立，在早期的革命斗争中，党团是不分家的。1922年党的二大《关于少年运动问题的决议案》、1923年党的三大《青年运动决议案》、1924年党的四大《对于青年运动之决议案》，中国共产党早期的全国代表大会密集研究青年运动和青年运动问题，并且形成决议，这充分说明，在建党早期，青年运动和青年工作是党的一项重要工作。对于党团关系，团的纲领中也明确规定，中国社会主义青年团完全接受中国共产党的政治主张。党要实行对团的绝对领导。"大革命时期，当时的党、团都处于幼年时期，虽然有了相对明确的党团关系规定，当时在实际工作中很难保证得到完全地落实。"③ 陈独秀作为党的主要负责人，对理顺党团关系起着顶层设计者的作用。1924年的《对于青年运动之议决案》明确了党对团实行政治领导的绝对性，正确处理党团关系关键在实践，确立了党团关系的基本原则。1925年团的第三次全国代表大会对党的四大《对于青年运动之议决案》进行了讨论和审议，接受了党的主张，使团在政治上和党保持了高度的一致。

陈独秀对建党早期马克思主义在中国的传播，对进步青年的思想引

---

① 肖贵清：《陈独秀政治思想研究》，博士学位论文，东北师范大学，2004。
② 潘询：《青年在中国革命、改革和建设中的作用研究》，人民出版社，2016，第12页。
③ 郑洸、叶学丽：《中国共产党与中国共青团关系史略》，中共党史出版社，2015，第34页。

领和凝聚起到了重要作用。陈独秀和瞿秋白以辩证法为理论武器参加了当时的"科学与人生观"论战。陈独秀发表的《〈科学与人生观〉序》《答张君劢及梁任公》《答适之》以及瞿秋白发表的《自由世界与必然世界》《实验主义与革命哲学》等文章，不仅批驳了张君劢、梁启超、胡适等人对马克思主义哲学的污蔑与攻击，还宣传了唯物史观和辩证法。瞿秋白在投身革命工作之余还在上海大学任教，系统地编译了马克思主义理论的教材，传播马克思主义理论。作为中国无产阶级革命领导权理论的首倡者，他在课堂上直接向青年讲授争取革命的"领导权"。

瞿秋白对唯物史观与辩证唯物主义进行了分析、阐释和传播，这对辩证法传到中国具有重要作用。通过对辩证唯物主义理论的详细分析，瞿秋白从自然界、人类社会、历史发展的唯物论出发，形成了完整的知识体系，从而为中国共产党人提供了正确世界观与认识论的指引。瞿秋白对辩证法的阐释和运用对早期中国共产党科学看待自然规律、社会规律和思维规律起到重要的指引作用。

瞿秋白是中国无产阶级革命的领导权理论的首倡者，大力倡导党的宣传工作，通过工厂小报、群众报纸、传单和集会等多种形式宣传发动青年参与革命斗争。他在早期党的宣传中特别强调党的领导和面向群众的原则。要坚持实事求是，多宣传与青年切身利益相关的信息，工厂小报要发挥好引导青年参与革命斗争的鼓舞作用。针对宣传工作存在的误区，瞿秋白强调，"中央机关报上的政治鼓动，没有鼓动性"，"偏重于多闻多见学博才高之表现居多，而鼓动青年群众，刺激青年群众太少"①。这些观点对当时的宣传工作具有重要的指导意义。他认为，党要领导好青年团走上青年化道路。他认为，存在"青年团在历史上始终成为第二党的情形，工作上没有真正切实的青年工作——没有形成青年的，共产主义的，无产阶级的群众团体"②。建党早期，年幼的中国共产党在处理党团关系上还没有有效的经验，党团在很多时候是一起工作的，以至于青年团有成为"第二党"的倾向。瞿秋白认为，青年团"不能以吸收先进的青工为满足，它应当吸收更广泛的青工群众来参加团的组

---

① 《瞿秋白文集（政治理论编）》第4卷，人民出版社，1993，第542页。
② 《瞿秋白文集（政治理论编）》第7卷，人民出版社，1991，第25页。

织"①。青年团的工作应该是走真正意义上的青年化道路，把最大范围的青年群众团结到党的周围。这些观点实际上就是发挥青年团的政治站位和群众组织的属性，对当今的共青团改革依然具有重要的指导价值。

毛泽东非常重视青年运动的政治性，重视青年在革命斗争中的重要作用。毛泽东指出："'五四'以来，中国青年们起了什么作用呢？起了某种先锋队的作用……什么叫做先锋队的作用？就是带头作用，就是站在革命队伍的前头。"② 他非常认可青年是社会革命过程中的重要部分，对青年寄予了厚望。1937年，毛泽东指出："要造就一大批人，这些人是革命的先锋队。这些人具有政治远见。这些人充满着斗争精神和牺牲精神。这些人是胸襟怀坦白的，忠真诚的，积极的，与正直的。"③ 革命年代的青年成长目标是成为积极进取、不畏困难、富有奉献和斗争精神的有为青年。毛泽东提出党要用坚定的政治方向引导青年，使青年成为革命和建设中立场坚定、不怕牺牲的可靠力量。1939年，毛泽东阐述了革命年代中国青年运动的政治方向问题，"延安的青年运动的方向，就是全国的青年运动的方向。为什么？因为他们的政治方向是正确的"④。毛泽东强调青年运动方向的政治性，给新时代的中国青年运动以深刻启示。纵观新中国成立以来青年运动的发展轨迹，脱离党、失去政治引领的青年运动注定会失败。

陈独秀、瞿秋白、李大钊、恽代英、张太雷等党的早期领导人在马克思主义理论的指导下，认识到中国青年是最具潜在革命性的有生力量。其中，李大钊认识到青年思想的改造，是中华民族的希望所在，并提出"青春中华"的主张。中国共产党早期领导人在革命斗争实践中积累了开展青年运动的经验，他们的思想主张和实践经验丰富了中国共产党青年工作理论，为中国共产党青年工作理论的初步形成奠定了基础。

---

① 《瞿秋白文集（政治理论编）》第7卷，人民出版社，1991，第567页。
② 《毛泽东选集》第2卷，人民出版社，1991，第565页。
③ 《毛泽东年谱（1893~1949）（修订本）》（中），中央文献出版社，2013，第34页。
④ 《毛泽东选集》第2卷，人民出版社，1991，第568页。

二 社会主义革命和建设时期中国共产党青年工作理论

在长期的社会主义革命和建设过程中,以毛泽东同志为主要代表的中国共产党人致力于将马克思主义青年观中国化。毛泽东青年思想的形成和发展分为两个阶段,以党取得执政地位为界。两个阶段共同的特点就是对青年的重视和关爱。

在抗日战争初期,毛泽东在《中国青年的任务》中指出:"贫苦学生有免费入学之权。"① 毛泽东提出青年教育权,无疑体现了对青年的关爱。在抗日战争期间,毛泽东提出青年的两项任务的观点,分别是一般任务和特殊任务。其中,特殊任务就是"争取自身的特殊利益,例如改良教育与学习,在学习中有参加救亡运动的权利,有组织学生与青年团体及组织救亡团体的权利,十八岁以上的青年有选举与被选举权,贫苦学生有免费入学之权"②。抗日战争爆发后,抗日救亡上升为党和国家的主要任务,这一时期党领导的青年工作的重心是动员青年形成抗日民族统一战线,这是一般任务。特殊任务则强调了对青年的关爱。1957年,毛泽东在向青年学生讲话时强调:"世界是属于你们的。中国的前途是属于你们的。"③ 青年是决定未来国家和政党前途命运的重要力量。新中国成立后,中国共产党逐渐形成了重视青年、关爱青年的政治传统。

新中国成立以后,毛泽东着眼于青年发展和党的事业发展,提出青年成长目标。他不仅以辩证的思维看待青年,还以发展的眼光看待青年。毛泽东号召青年要积极发扬奋斗精神,时刻保持刻苦钻研的学习态度。毛泽东曾经告诫青年要学习知识,特别是学习自然科学知识,追求真学问。同时要坚定理想信念,共产主义目标的实现离不开青年对共产主义事业孜孜不倦地追求。毛泽东重视青年教育,尤其重视对青年在意识形态领域的教育。针对知识分子和青年中存在的不关心政治的情况,他批评道:"除了学习专业之外,在思想上要有所进步,政治上也要有所进步,这就需要学习马克思主义,学习时事政治。没有正确的政治观点,

---

① 《毛泽东文集》第2卷,人民出版社,1993,第135页。
② 《毛泽东文集》第2卷,人民出版社,1993,第135页。
③ 《毛泽东年谱(一九四九——一九七六)》第3卷,中央文献出版社,2013,第250页。

就等于没有灵魂。"① 在党的八届三中全会上,毛泽东指出:"我们各行各业的干部都要努力精通技术和业务,使自己成为内行,又红又专。"②"又红又专"自此成为新中国成立初期青年干部成长的重要标准。在青年人才的成长目标上,1953年,毛泽东在会见青年团代表时提出了"身体好、学习好、工作好"③的青年成长目标。

新中国成立初期,我国实行计划经济体制和单位社会体制,构建了高度组织化的单位社会,社会成员从传统共同体化生存形态向现代单位化生存形态转变。作为社会成员的青年被组织分配到社会的基层单位之中,单位以及所在单位的党团组织成为组织青年的主导性力量。这一历史时期,在青年与社会的互动关系中占据主导的是国家对青年的政治动员。这种一元化的模式,强调政府对社会全面的管理。计划经济体制和单位社会体制的建立,推动了中国青年从传统形态向现代形态的第一次大转型和大发展。共青团是组织动员青年的核心力量,党通过加强对共青团的领导,组织和发动青年参与社会运动,自上而下地把青年力量组织起来。1955年毛泽东发出"绿化祖国"的号召后,青年成为主力军。对此,胡耀邦指出:"毫无疑问,不是别人,主要的正是我们这一代青年。我们的党一直把我国青年看作是建设祖国的一支巨大的突击力量。"④ 在党的领导下,青年积极参与抗美援朝、土地革命、恢复国民经济,积极投身国家建设。

新中国成立后,如何更好地发挥青年团的作用、如何正确看待党和团的关系、如何进一步加强党对团的领导的问题显得更加迫切。1952年,毛泽东两次主持中央会议讨论青年团工作,提出了两个重大命题:一是党委如何领导青年团;二是青年团应如何工作。在青年团二大上,毛泽东接见大会主席团时作了重要讲话,深刻阐述了青年团的群团属性,深刻回答了如何加强党对团的领导,以及青年团如何工作的问题。1953年,根据毛泽东的讲话精神,中共中央下发了《关于加强党对青年团的

---

① 《毛泽东文集》第7卷,人民出版社,1996,第226页。
② 《毛泽东文集》第7卷,人民出版社,1996,第309页。
③ 《毛泽东年谱(一九四九——一九七六)》第2卷,中央文献出版社,2013,第124页。
④ 胡耀邦:《青年们!把绿化祖国的任务担当起来——在陕西、甘肃、山西、内蒙古、河南五省(自治区)青年造林大会上的报告》,《新黄河》1956年第4期。

领导给各级党委的指示》，重点就强化党对青年团的领导，更好地培养青年一代提出明确要求。毛泽东对中国青年运动方向的思考、对青年的成长目标的深刻阐述、对青年发展的关心关爱，既发展了中国共产党早期的青年思想，又着眼于新中国社会主义建设的现实需要、着眼于为党的事业培养"接班人"，使党的青年工作有了更明确的指针，在科学的指导思想的指引下，团的工作走上健康发展的道路。

三 改革开放和社会主义现代化建设新时期中国共产党青年工作理论

改革开放是我国现代史上伟大的变革，是推动国家发展、民族复兴、社会进步意义上的"伟大革命"。邓小平对中国青年运动的方向性有了更加深刻地把握，认为应当信任青年，但不能放任青年，要坚持关心关爱与严格要求相统一。通过对青年运动历史经验的总结，邓小平认为，要实事求是地看待青年，指出青年总体是好的，是积极向上的，是有生气的。邓小平坚持一分为二看待青年，体现了辩证法的思维，这些观点更多的是来自现实中对青年的观察。实际上，恩格斯较早就提出青年性格和气质上存在缺陷，如缺少实践经验、急躁冒进等。

邓小平把青年作为社会主义建设的先锋队看待。随着改革开放的推进，20世纪80年代资产阶级自由化思潮对青年思想造成很大影响。改革开放国门初开，党的理论准备和改革准备还有不足和不适应的情况，邓小平指出："十年来我们的最大失误是在教育方面，对青年的政治思想教育抓得不够，教育发展不够。"[①] 通过总结历史经验，邓小平指出："我们要用历史教育青年，教育人民。"[②] 他意识到在改革开放新时期，更加不能放松对青年的教育和引导，要将教育青年融入社会主义现代化建设中，培养具有前瞻意识和责任意识的现代化人才，主动面对世界带给我们的机遇与挑战。他还强调要加强意识形态领域的拨乱反正，使青年正确认识历史，引导他们正确对待马克思主义，坚定理想信念。中国共产党历来非常重视青年的历史观教育。习近平总书记多次强调要在青年中开展"四史"教育，就是要让青年树立正确的党史观，要将科学的

---

① 《邓小平文选》第3卷，人民出版社，1993，第287页。
② 《邓小平文选》第3卷，人民出版社，1993，第206页。

历史观教育融入青年工作的全过程,这些都是一脉相承的。

党的十一届三中全会以后,邓小平认真总结了青年工作的历史经验和共青团发展长期存在的一系列问题,强调通过改革加强党对共青团的领导。党的十二大修改党章,专门新增了"党与共产主义青年团的关系"章节,重申了党的双重领导的体制机制。党的十二届二中全会通过《中共中央关于整党的决定》对共青团提出了组织学习的要求。中国共产主义青年团十一届二中全会提出开展为期两年的以学习整党文件为内容的教育活动,并在学习教育活动中积极推动基层团组织建设。农村实行联产承包责任制以后,针对农村基层团组织出现的松散瘫痪的现象,党中央整党指导委员会要求把农村共青团建设作为整党工作的重要内容,并得到了各级地方整党领导部门的重视和支持,进一步建立健全了基层团的组织设置,解决了团的经费和干部配备等问题。

面临"文革"之后干部老龄化、党员干部队伍"青黄不接",党员干部队伍的知识、精力、专业结构不能适应社会主义现代化建设需要等问题,邓小平着眼于党员干部的代际更替和事业兴旺,要求"必须打破常规去发现、选拔和培养杰出的人才"[1],提拔和培养年轻干部,把培养和选拔接班人作为"当务之急"。邓小平曾明确提出,年龄不应该成为阻碍选拔年轻干部的因素,要敢于让青年人去实践。邓小平主张在政治体制和经济体制改革的过程中"大胆起用中青年干部"[2]。在邓小平的大力倡导下,党在干部队伍选拔和培养方面逐渐向"革命化、年轻化、知识化、专业化"方向转变。一方面,坚持大胆起用年轻人;另一方面,对年轻干部提出严格的政治要求,要求老同志支持年轻干部的成长。邓小平坚持从实际出发,反对本本主义,科学认识"怎样培养青年干部",注重在实践中锻炼青年干部能力。他指出:"把年轻人提起来,放到重要岗位,管的业务宽了,见识就广了,就能更好地发挥作用。"[3]邓小平对年轻干部的重视和培养,对改革开放以后我国干部正常更替、整体结构优化起到了关键作用,有力确保了改革开放进程中党的事业后继有人。

---

[1] 《邓小平文选》第2卷,人民出版社,1994,第95页。
[2] 《邓小平文选》第3卷,人民出版社,1993,第92页。
[3] 《邓小平文选》第1卷,人民出版社,1994,第291页。

在青年干部和青年人才发展标准上，邓小平为适应新形势的需要，进一步发展了毛泽东"德才兼备、又红又专"的青年成长目标。从我国社会主义初级阶段国情和国家建设的实际出发，提出年轻人要做"有理想、有道德、有文化、有纪律"① 的"四有新人"的成长目标，强调青年要坚持将个人利益与国家利益相结合，成为全面发展的新一代青年。邓小平说，"现在有一部分青年有忽视政治的倾向，全党必须看到这个问题的严重性"②，要切实关注青年成长面临的政治方向问题。同时，他强调抓教育要从娃娃抓起，明确了"四有新人"的培养起点，"学校应该永远把坚定正确的政治方向放在第一位"③。同时，邓小平敏锐地意识到科技人才对改革开放和国家发展的重要作用，提出"科学技术是第一生产力"④，注重科教兴国、科教育才，大力选拔和培养青年科技骨干。只有这样才能适应现代化发展需要，才能不断提高社会科技水平。从毛泽东的"又红又专"到邓小平的"四有新人"，党不断丰富和发展培育社会主义建设者的标准。

改革开放后社会多样性、开放性和自主性日益增强。青年更能够适应社会变革，也更早走出单位化特征，体现出原子化倾向，生活方式和行为方式的多样性也更加凸显，这就促使了青年生存形态发生大转型。同时，共青团过去形成的运行机制遇到了前所未有的挑战，包括团的内部工作机制问题、团组织不同程度上的行政化倾向、先进性和群众性不足等。基于此，根据邓小平的指示，1987年共青团启动体制改革。1988年，中共中央书记处原则同意《关于共青团体制改革的基本设想》，通过确立试点，团的体制改革逐步全面展开、多层推进，取得积极成效。

20世纪80年代末，国际政治局势发生了重大变化。邓小平告诫中央负责同志，要总结经验，聚精会神抓党的建设。进入21世纪，在国际风云变幻和改革开放的新形势下，江泽民提出"三个代表"重要思想，围绕青年工作，他提出在党的建设中青年"发挥怎样的作用、怎样发挥作用"的时代命题，将青年纳入党的建设的理论范畴，对21世纪中国青

---

① 《邓小平文选》第3卷，人民出版社，1993，第190页。
② 《邓小平文选》第2卷，人民出版社，1994，第262页。
③ 《邓小平文选》第2卷，人民出版社，1994，第104页。
④ 《邓小平文选》第3卷，人民出版社，1993，第274页。

年的历史地位以及成长发展进行谋划。围绕"怎样培养青年""为谁培养青年",江泽民从社会主义事业和国家民族的发展出发,提出培养社会主义"建设者和接班人"的要求。江泽民科学分析了青年和党的关系、共青团和国家的关系,提出共青团、中国青年和中国青年运动要坚持"永远跟党走"的政治路线。江泽民重视青年地位和作用的发挥,指出信任青年是发挥其作用的前提,展现了对青年的尊重和关怀。他还强调青年是社会发展建设的重要基石,"社会主义现代化的宏伟事业需要你们去建设,中华民族的伟大复兴将在你们手中实现"[1]。改革开放时期,青年肩负着社会主义现代化建设的重任,以江泽民同志为主要代表的中国共产党人将青年定位为"各条战线的生力军"。进入信息化时代,网络成为年轻人交往的重要方式,不仅改变了青年人的生活方式,也对青年人的思想观念和价值取向产生了冲击。所以江泽民提出了青年工作的要求,"对青年,我们不但要满怀希望,对青年人充满信心,同时还要严格把控发展方向,正确指引"[2]。要切实关注青年意识形态的发展态势,为青年答疑解惑。在改革开放背景下,一方面注重营造有利于青年发展的良好社会环境,另一方面也强调要营造安定团结的政治局面,如果出现社会动乱,"一切都无从谈起"[3]。这表明党对青年不仅有关怀,同时也有明确的底线,那就是安全稳定底线不容触碰。

江泽民对青年的成长路径和发展目标有重要的论述,他进一步发展了邓小平关于"科学技术是第一生产力"的观点。科教兴国战略明确了教育是青年人才培养的根本路径。为了适应社会主义市场经济发展要求,江泽民提出了"人才资源是第一资源"[4]的科学论断,主张实施科教兴国战略和素质教育,大力培养高素质的创新型青年人才。江泽民认识到实践对教育青年的重要性,因此他强调,"知识只有付之实践,才能焕发出无穷的威力。青年要善于创新,善于实践,善于把所学的知识运用到改造客观世界和主观世界的活动中去,在实践中继续求得真知、增长才

---

[1] 《江泽民文选》第3卷,人民出版社,2006,第299页。
[2] 共青团中央、中共中央文献研究室:《毛泽东邓小平江泽民论青少年和青少年工作》,中国青年出版社,2003,第240页。
[3] 《江泽民文选》第1卷,人民出版社,2006,第59页。
[4] 《江泽民文选》第3卷,人民出版社,2006,第319页。

干"①。江泽民同时提出"努力造就'有理想、有道德、有文化、有纪律'的，德育、智育、体育、美育等全面发展的社会主义事业建设者和接班人"②的青年发展目标，强调青年发展中的"美育"，为21世纪青年培养目标增添了科学合理的内容。江泽民重视青年教育，同时主张将青年的思想政治教育作为重点推进。1998年，在北京大学百年华诞庆祝大会上，江泽民提出："坚持学习科学文化与加强思想修养的统一，坚持学习书本知识与投身社会实践的统一，坚持实现自身价值与服务祖国人民的统一，坚持树立远大理想与进行艰苦奋斗的统一。"③ 当今，青年群体的思想是多样的、价值观是多元的，党和国家需要密切关注青年的心理特点和发展诉求，及时强化对青年的思想指引。这种良好的青年发展观念有利于更好地适应新形势下青年的发展需要，从而推进青年工作的有效开展。

党的十七大确立科学发展观为党的指导思想，科学发展观围绕青年在实现科学发展中"发挥怎样的作用、怎样发挥作用"进行了一系列论述。在对青年历史地位的论述上，胡锦涛曾经指出："青年是改革开放和现代化建设的一支重要力量，现在他们是各行各业的生力军，到下个世纪就将成为主力军。"④ 在庆祝中国共产党成立90周年大会上，胡锦涛对党和青年关系进行了深刻的论述。他指出："我们党的队伍里始终活跃着怀抱崇高理想、充满奋斗激情的青年人，这是我们党历经九十年风雨而依然保持蓬勃生机的一个重要保证。"⑤ 换句话说，从历史发展逻辑阐明了中国共产党与中国青年的关系，中国共产党自诞生起就离不开青年，青年是中国共产党未来事业发展的重要力量，这肯定了青年是党的事业永葆生机活力的人才源泉。

胡锦涛以科学发展观为理论基石发展了党的青年思想，将科学发展观的基本要求融入青年工作中。在青年发展目标上，胡锦涛提出了"四个新一代"的要求，也就是青年要努力成为"理想远大、信念坚定的新

---

① 《江泽民文选》第3卷，人民出版社，2006，第484页。
② 《江泽民文选》第2卷，人民出版社，2006，第332页。
③ 《江泽民文选》第3卷，人民出版社，2006，第483页。
④ 《胡锦涛文选》第3卷，人民出版社，2016，第543页。
⑤ 《在庆祝中国共产党成立90周年大会上的讲话》，人民出版社，2011，第28页。

一代，品德高尚、意志顽强的新一代，视野开阔、知识丰富的新一代、开拓进取、艰苦创业的新一代"①，积极投身于社会主义现代化建设当中。胡锦涛还指出，国家发展、社会发展与青年发展不可分割、相互促进。从国际视野看，他指出："文化、教育和青年交流是中美两国人民增进相互了解和友谊的重要桥梁，也是推动中美关系健康稳定发展的重要力量。"② 由此可见，随着对外开放的深入，中国与世界的交往的扩大，青年将在国际交流上发挥着重要的作用。因此，青年最能代表中国，培养好的青年不仅关系到国家发展，还关系到国际声誉。

以胡锦涛同志为总书记的党中央牢记"和平与发展"的时代主题，通过加强青年思想政治教育，大力发展教育、体育等事业，积极培养和发展青年，努力推动青年事业的发展。随着改革开放的深入，互联网技术飞速发展，胡锦涛注意到青年思想也发生了深刻变化，依照我国青年实际情况，不断加强和发展对青年群体的思想政治教育。站在时代浪潮上，青年人要严于律己，要有意识地培养自己的创新能力，树立崇高的理想信念，时刻将个人发展与社会发展相统一。2004年，高校大学生思想政治教育的一个具有里程碑意义的文件出台，《关于进一步加强和改进大学生思想政治教育的意见》就新的历史条件下加强大学生思想政治教育作出了总体部署，特别对高校辅导员队伍建设提出了明确的要求。另外，2007年，在团中央实施的"青年马克思主义者培养工程"的规划中，"青年思想道德"是位于发展要求首位的。这凸显了培养意志坚定、思想忠诚、政治可靠的青年人是这一时期党中央加强青年思想政治工作的重点任务。

要紧紧围绕党的中心任务开展工作，进一步发扬"党有号召，团有行动"的优良传统，团结和组织动员青年进行社会主义建设，实现党的事业目标，这样才有源源不断的青年人才被培养出来，参与到国家和社会建设的各行各业中去。共青团工作要善于创新，要深入实际、广泛联系青年，巩固和扩大党的青年执政基础，使共青团工作符合党的要求和团的性质。

胡锦涛把党的定位和工作任务与不断巩固和扩大青年群众基础联系起来，他认为："回顾我们党九十年的发展历程，我们有一个共同的感

---

① 《胡锦涛向中国青年群英会致信》，中国政府网，https://www.gov.cn/ldhd/2007-05/04/content_605581.htm。

② 《十六大以来重要文献选编》（下），中央文献出版社，2008，第432页。

觉,这就是,我们党从成立之日起,就始终代表广大青年、赢得广大青年、依靠广大青年。"① 历史的经验启示就是,党的执政地位来自人民群众的拥护,青年群众是人民群众的重要组成部分,党的青年工作要让青年成为联系广大人民群众的桥梁纽带,巩固党的青年群众基础。在国情、世情发生变化的新形势下,胡锦涛认识到青年的思想状况总体是好的,但不良价值观念和错误社会思潮对青年思想的影响是深刻的,对青年工作提出了严峻的挑战。面对新形势,必须做好工作,引领好青年。

中国共产党的青年思想伴随着党的诞生,历经百年的理论创新和实践检验,形成了许多具有重大现实意义的理论成果。在历史演进的不同阶段,有着不同的时代背景和历史任务,不同历史时期产生不同的青年理论。正所谓"每一代都利用以前各代遗留下来的材料、资金和生产力;由于这个缘故,每一代一方面在完全改变了的环境下继续从事所继承的活动,另一方面又通过完全改变了的活动来变更旧的环境"②。党的青年思想也是如此,它来源于产生理论的那个时代,又会转换为具有时代气息的青年政策、青年观点。梳理中国共产党从建党以来的青年思想,有一个共同的特点,那就是始终毫不动摇地坚持以马克思主义为指导,坚持与时俱进,把青年工作纳入党的重要工作,把青年事业纳入国家的整体布局。对青年的重视和关爱体现出马克思主义青年观一贯的立场。在革命年代,注重从社会青年群体中吸纳更多的青年参与革命;在建设年代,注重从社会青年群体中吸纳更多的优秀青年参与国家建设。

把握中国共产党青年工作理论形成、发展和演进的历史逻辑,是理解新时代中国共产党青年工作理论的认识论基础。中国共产党几代领导人的青年思想,是一脉相承、与时俱进的。中国共产党青年工作理论在不同历史时期表现出不同的时代特点:新中国成立后,从执政党的角度,毛泽东基于党的事业后继有人,谋划如何让青年成为社会主义建设的可靠力量,实现了青年工作从局部走向整体;面对改革开放新时期,邓小平在推动政治体制改革的历史进程中推进共青团的体制改革,完成了青年工作重心由革命到建设的转变;江泽民在市场经济条件下全面创

---

① 《胡锦涛文选》第3卷,人民出版社,2016,第543页。
② 《马克思恩格斯文集》第1卷,人民出版社,2009,第540页。

新了党的青年思想，在加强党的建设中发展了青年思想；胡锦涛把科学发展观引入青年工作，充分发挥共青团在培养社会主义"建设者和接班人"方面的重要作用。

梳理建党以来中国共产党青年工作理论发展的历史脉络，党在实践探索中建立起了符合基本国情、具有中国特色的青年工作体系，逐步实现了与马克思主义相融合、与时代背景相结合的青年培养目标。从中国共产党青年工作理论的萌芽、形成到全面执政后青年工作理论逐步完善，党始终把青年思想培育放在突出的位置，适应了当代青年使命任务的要求和时代发展的需求。总体来说，不同阶段、不同时期青年发展培育的重点和任务是有差别的，但在其发展中总结和保存的经验具有承接性和借鉴性。要结合一定历史条件下青年思想教育存在的主要问题和主要矛盾，从理论内涵到实践工作的总体把握出发，充分体现中国共产党对其青年工作理论的科学把握和正确判断。

第三节　文化资源：同中华优秀传统文化相结合

习近平总书记指出："抛弃传统、丢掉根本，就等于割断了自己的精神命脉。"① 习近平总书记关于青年工作的重要思想产生的土壤是经历5000年文化浸润的中华大地，历史传承下来的包括儒家经典在内的传统文化，早已从学习的"对象物"转换为一种青年生命的"潜存系统"，植入青年的文化基因，成为青年生活世界的重要组成部分，也就是说，传统文化早已成为一种生活体，成为青年日常生活当中的"潜存文化"，成为中华民族的"潜在记忆"，这种"潜存文化"和"潜在记忆"构成了习近平总书记关于青年工作的重要思想的传统文化渊源。

一　传统文化中的青年寓意

在中国历代文献中，对青年、少年、青春等有很多记载。《韩非子·内储说上》中就有"郑少年相率为盗，处于萑泽"，提到的少年寓意青年。儒家经典《论语》中提到"后生可畏，焉知来者之不如今也"，韩

---

① 《习近平谈治国理政》，外文出版社，2014，第164页。

愈的《柳子厚墓志铭》提到"虽少年,已自成人,能取进士第,崭然见头角",这些都是形容青年年轻有为、才华出众的表述。唐代《全唐诗》"青年俱未达"一句较早提出"青年"两字。此后,特别是宋元时期"爱尔青年气独豪""王客女,春花面璞,玉躯青年"开始在文献中较多出现,反映了古人对青年的赞美,同时"青年概念出现了诸如理想、爱国、希望、志向、学习、爱情等近现代社会理念的萌芽"①。

中华民族是具有伟大梦想精神的民族。夸父逐日、精卫填海等中国神话故事反映了中国人的梦想精神。这些神话故事、梦想的主角有着青壮年的意蕴,这种敢于梦想、敢于行动的精神气质是中国传统文化中对理想青年形态的认知雏形。青年既是一种年龄上的称呼,更是一种社会对理想青年形态的期望。"青年无可畏"一类诗词都反映了古人不仅将青年定位为一种生理形态,更体现为一种社会形态,将青年与立志、爱国等社会特征结合起来进行描述。清代中晚期特别是鸦片战争以来,随着青年群体的壮大,以及社会变革、革命斗争对青年提出的社会需求,政治集团和社会普遍认识到青年的主体性及其对社会发展的重要意义。

从古文献对青春概念的阐述到把青春作为个体生理周期的认识,再到青年群体主体性认识的形成,体现了一种传统社会语境下青年寓意的逐步深化。到了晚清时期,青年与理想信念和社会责任结合起来,"明确了对理想社会、理想人生的追求,为中国历史的青年概念与中国近现代社会的青年理念之间的过渡,架起了青年从个体性质到社会性质的近代化的桥梁"②。正如梁启超在《少年中国说》中提到的"青年兴则国家兴",无疑体现了近代以来对青年认识的大跨越。进入新时代,习近平总书记不仅重视青年的社会角色,更加关心青年群体的发展和肩负的历史使命。在党的十九大报告中,习近平同志指出:"青年兴则国家兴,青年强则国家强,青年一代有理想、有本领、有担当,国家就有前途,民族就有希望。"③ 不仅赋予了青年神圣的历史使命,而且强调了随着"一带

---

① 谢昌逵:《中国历史中的青年》,《中国青年研究》2010年第8期。
② 吴端:《青年与少年:从古代文献的分析到当代研究的展望》,《当代青年研究》2007年第10期。
③ 习近平:《决胜全面建成小康社会 夺取新时代中国特色社会主义伟大胜利——在中国共产党第十九次全国代表大会上的报告》,人民出版社,2017,第70页。

一路"倡议的实施，对青年本质、地位、作用的认识将更具有全球意义。习近平总书记指出，"中国的未来属于年轻一代，欧洲的未来属于年轻一代，世界的未来属于年轻一代"①，从区域到世界、从特殊到普遍，深刻揭示了各国青年在本国和世界发展中的历史责任，中国青年的发展也正为世界青年的发展贡献力量，提供青年发展的模式借鉴。

二 传统文化中的政治哲学

中华优秀传统文化中蕴含着丰富的政治哲学和理论资源。2014 年，习近平总书记出席孔子诞辰纪念大会时指出，"包括儒家思想在内的中国优秀传统文化中蕴藏着解决当代人类面临的难题的重要启示"②。传统文化中许多道德理念和政治哲学是解决当前人类面临的共同问题的思维工具。中华优秀传统文化中蕴含朴素的政治哲学和价值观，比如"天下为公、大同世界""以民为本、安民富民乐民""为政以德、政者正也""求同存异、和而不同"，对社会治理和理顺国际关系起到重要借鉴作用。正如习近平总书记所说："对传统文化中适合于调理社会关系和鼓励人们向上向善的内容，我们要结合时代条件加以继承和发扬，赋予其新的涵义。"③

我国历史文献中对青年赞美和期许的论述不多。受中国传统政治哲学中"三纲五常"的规制，中国历史上对青年的认识还是粗浅的，青年在"父为子纲"的框架下处事。儒家经典中少有肯定青年的论述，较多的是从孝悌方面对青年进行教育引导的论述。甚至对青年采取否定的、不信任的态度。如明朝的程登吉在《幼学琼林》中指出，"口尚乳臭，谓世人年少无知"；《北史·邢峦传》指出，"萧深藻是裙屐少年，未拾政务"；等等。

"和"的定义在儒家理论中主要指"调和"。"和"既可以视为是人际关系调和的目的，也可以看作一种组织文化、社会文化的理想状态。传统政治哲学中追求"和"与"斗"的统一。"中和"思想影响了中国

---

① 习近平：《论党的青年工作》，中央文献出版社，2022，第 62 页。
② 习近平：《在纪念孔子诞辰 2565 周年国际学术研讨会暨国际儒学联合会第五届会员大会开幕会上的讲话》，《人民日报》2014 年 9 月 24 日。
③ 习近平：《在纪念孔子诞辰 2565 周年国际学术研讨会暨国际儒学联合会第五届会员大会开幕会上的讲话》，《人民日报》2014 年 9 月 24 日。

几千年，是中国人处理人与人、人与社会基本关系的重要原则，也构成了我们最有特色的民族性格。然而"中"不是"凡事折中"，"和"不是"一团和气"。《礼记·中庸》讲："君子和而不流。"这表明古人讲究"和"是目的，而不是随波逐流。"和"本身就包含了"和"与"斗"两个方面，传统文化中的"和"不是排斥"斗"的方面。矛盾和斗争是事物发展的根本动力，古人讲究阴阳和合互动，就是强调"和"与"斗"的相互转化。

辩证法主张对立统一。事物有了这个本体后，才能有从量变到质变的可能，产生质变后的事物才能否定自身原来的状态，向另一个新的形式过渡。物质自身不断辩证地发展与否定自身，进而宇宙、自然、社会才会不断地从初级向更高的形式过渡。而中国传统哲学中的五行学说，体现为一种系统性的思维方式，即紧密联系世间万物内部存在的各要素，在此基础上相互作用，形成一个彼此制约、紧密联系的整体系统。《易经》蕴含深刻的辩证思维。"阴"与"阳"二者虽为对立，但又是阴阳对转、相反相成、互相转化的对立统一的关系。《周易·系辞上》提出"一阴一阳之谓道"，即对此最好之解释。整体系统生中有克、克中有立，相互制约又相互转化，是相对稳定的动态系统。五行中的任一因素，都与其他因素构成相生相克的关系。《易经》、五行学说等中国传统哲学的精髓，均蕴含系统思维。

三 传统文化中的道德规范

中华优秀传统文化因其悠久的历史、丰富的内涵以及对中华民族的适用性、独特性，在中华大地上传承数千年。中华文明是目前世界上唯一没有中断的文明。其中，传统文化中的道德规范对中国人影响深远。传统文化重视仁义礼智信、伦理道德、家国文化，重视道德规范、道德实践、道德传承，这是中华文明具有顽强生命力的重要原因。党的十九大报告强调要"深入挖掘中华优秀传统文化蕴含的思想观念、人文精神、道德规范"[①]。中华优秀传统文化中的家国思想、民本德治、自强不息等

---

① 习近平：《决胜全面建成小康社会 夺取新时代中国特色社会主义伟大胜利——在中国共产党第十九次全国代表大会上的报告》，人民出版社，2017，第42页。

道德观念和人文精神，孕育了富有鲜明民族特色和民族性格的中国人民。

传统儒家思想推崇理想人格，儒家"全人观"就是对这种理想人格的哲学表达。保有自身的理想人格，以道德养成要求自己，同时勇于参与到现实社会和生活世界之中。仁义礼智信长期以来成为古人的基本要求和道德准则，体现对人道德修养的推崇。习近平总书记重视青年的道德养成，强调广大青年要坚持自身理想与社会理想、自身价值与社会价值的有机统一。古代孔子周游列国无论成败皆不灰心，时时刻刻皆追求"克己复礼为仁"的理想。不论是"动态的游说帝王"，还是"静态的著书立说"，都被其视为开拓新文明的可行方式。孟子遵循"治亦进，乱亦进"的原则，以"思天下之民"自处，视百姓之苦"若己推而内之沟中"，自任以天下之重。王阳明在《致良知》中提到的"良知"意味着道德意识规范。也就是说，良知要成为每个人默认的自觉，要"视天下犹一家，中国犹一人"般地以天下兴亡为己任。

传统文化使现实的"人"具有充足的道德实践动力。《尚书》中记载的"功崇惟志，业广惟勤"启示当代人想要取得崇高的成就，必须有远大的志向，唯有如此，才能完成伟大的事业。《论语》指出，"君子耻其言而过其行"，青年想行君子之风，不能在口头上夸夸其谈，应该注重言行一致、脚踏实地。儒学经典《中庸》中的"和"观念是实践理论之最高境界，《中庸》提到，"喜怒哀乐之未发谓之中，发而皆中节谓之和"，即启示我们要以"和"观念作为青年的情感表达与自我身心内外和谐的最终目标。儒家将"知天"视为"知人"的前提，既符合哲学"追求整体观"的原则，又同时避免了使所论的"人"成为"文字"观念下的"文字人"，忽略真正生于"大自然背景下"的"活泼的""生生不息"之人。换句话说，通过"生生不息"定义的"人"必须与大自然结合，从而定位"人"的内在性，使"人"具有充足的道德实践动力。儒家理想的"人"被称为"圣人"。传统文化中的道德实践以"配义与道""集义而生"为目标，同时立志为达到既能"心勿忘"，又能"勿助长"的境界而不休止的努力。

第二章　新时代中国共产党青年工作理论创新的现实条件

第一节　新时代历史条件下青年工作的新背景

一　中国特色社会主义进入新时代

时代是理论创新的现实基点。任何党的创新理论都是时代的产物。一切党的理论创新无不是对时代重大问题的深刻回应和系统解答。马克思恩格斯曾经说过:"问题却是公开的、无所顾忌的、支配一切个人的时代之声。问题是时代的格言,是表现时代自己内心状态的最实际的呼声。"①每个时代总有属于自己的问题,中国的马克思主义者总是通过准确地把握并解决时代问题,反映一定时代实际的生产生活状况,从而使自己的思想不断与时俱进。实践证明,中国共产党的理论创新是一定能够与时俱进,随着历史发展而不断发展的,因而也一定能够应乎天理、顺乎人文、合乎人民之需要。与之相适应,中国共产党的青年工作理论创新必须关切新时代背景下青年工作出现的新现象、面临的新问题。

具体地说,中国特色社会主义进入新时代,对中国共产党的青年工作也提出了新的更高要求。表现在以下几方面。第一,新时代党和国家对青年有了新的期待。回顾波澜壮阔的百年党史,不难发现,有志青年始终是勇担历史使命的"先锋队"。五四运动时期的北大青年拉开了新民主主义革命的历史帷幕,自此,中国的革命斗争有了无产阶级的领导,从而转化为了世界无产阶级革命的一部分。在五四运动中,青年以先锋队的姿态出场,促进了马克思主义在中国大地的广泛传播,掀起了中国近代以来最广泛的爱国主义运动。历史和现实也一再证明,青年人作为

---

① 《马克思恩格斯全集》第 1 卷,人民出版社,1995,第 203 页。

社会中最活跃的力量,有理想、有担当,当他们自觉承担起国家富强的责任时,国家和民族就有前途和希望。习近平总书记曾经饱含期待地指出:"青年兴则国家兴,青年强则国家强。青年一代有理想、有本领、有担当,国家就有前途,民族就有希望。"① 号召广大新时代中国青年勇做实现中华民族伟大复兴的先锋力量。"要做担当中华民族复兴大任的时代新人",要增强做中国人的志气、骨气、底气,不负党和国家的殷切期盼。在庆祝中国共产党成立100周年大会上,青年代表在天安门广场上所许下的"请党放心,强国有我"的铮铮誓言,正是一代青年对党和人民期盼的真诚回应。简而言之,新时代党和国家的新期待是指引新时代青年发展的基本方向。

第二,新时代青年本身具有新特点。青年是朝气蓬勃的代名词,也是全社会最富有活力、最具有创造性的群体。周恩来曾经说过,青年在思想上不仅"能够接受新鲜事物",而且"接受新鲜事物较快"②,这揭示了青年人的突出特点。党的队伍中始终活跃着怀有崇高理想、充满奋斗精神的青年人,这是我们党历经百年风雨而始终充满生机活力的一个重要原因。同样,中国特色社会主义进入新时代,青年也展现出了与以往历史时期的许多不同之处。一是青年的自我表达能力更强。在技术赋能、互联网技术迅速发展的背景下,青年无疑是数字时代、智能时代的弄潮儿、"土著民"。青年认识建构的方式必然具有数字时代的突出特点。二是新时代青年工作方式具有新发展。以网络推动的数字化为主要特征的时代正在推动青年工作方式由传统到现代的迭代。数字时代是一个创新时代。中国工程院院士吴建平认为:"不光互联网本身是年轻人创新的结果,由互联网带来的数字经济也是年轻人创新的结果……"③ 青年本身已经成为数字时代的创新者。联合国教科文组织还为此撰写了一份报告:《社交媒体与数字时代的青年极端主义》(Social Media and Youth Radicalization in the Digital Age)。青年人正在日益深入地使用社交媒体以获取信息、保持社会联系、展开娱乐消费活动等。而数字社交媒体往往

---

① 《习近平谈治国理政》第3卷,外文出版社,2020,第54页。
② 《周恩来谈人生》,中国青年出版社,1995,第189页。
③ 于洪君、史志钦主编《2021年"一带一路"青年发展报告》,人民出版社,2022,第132页。

能够激发情绪，引发圈层关注和议题讨论，形成不在场的共同情绪，具有网络搭便车式的普遍参与性，影响着网络空间的公平正义。青年的经济、社会、文化资源无不形塑着他们的日常体验，而这些体验又反过来影响着其对政治的认知和参与行为。美国政治学家维巴和巴特尔兹都发现收入水平与个人的政策偏向之间具有显著关联。居于社会经济地位底层的青年更可能对政府产生不信任；同时，他们在网络科技接入、数字素养、公民素养等方面均处于弱势。打造清朗的网络空间，必须高度警惕这些具有时代特点的新问题。

二　世界正在重新认识中国

随着中国经济、社会、文化、政治、外交等方面整体性发展和变化，时至今日，作为世界第二大经济体的中国已经有着巨大的影响力，国际社会对我国的关注前所未有。在中国特色社会主义进入新时代这样的历史方位之下，中国与世界各国的交往也迈入了新的阶段，这为世界重新走近中国、了解中国、认识中国带来了历史机遇。拥有5000年源远流长的民族文化的东方大国越来越被世界重新认识和理解。正如马克思曾经所讲的那样，随着资本主义世界的发展，社会联系的便捷性和必然性必然促进"民族史成为世界史的一部分"，民族的也必然将具有世界意义。伴随着国家综合实力的上升，中国迫切需要对外讲好中国故事、传播好中国声音，展现立体、真实、全面的中国，"让世界认识一个立体多彩的中国"①。

习近平总书记曾指出："当今世界是开放的世界，当今中国是开放的中国。中国和世界的关系正在发生历史性变化，中国需要更好了解世界，世界需要更好了解中国。"② 一方面，中国共产党越来越深刻认识到人类历史发展的规律、社会发展的规律、共产党执政的规律，并积极掌握历史主动，不断发扬历史主动精神，勇于推进理论创新，提出"人类命运共同体"理念，把握大国发展中的话语权，向世界展示自我的自觉性显著增强。另一方面，在万物互联的背景下，国家之间联系的日益密切也使得其他世界大国纷纷主动地走近中国、了解中国、认识中国。可以说，

---

① 《习近平书信选集》第1卷，中央文献出版社，2022，第107页。
② 《习近平书信选集》第1卷，中央文献出版社，2022，第107页。

人类日益发展成为具有共同利益的"人类命运共同体"。中国与世界相互影响。这样的历史背景为青年发展自我、表达自我、建构自我提供了不同于以往时代的突出时空条件。青年认识世界的时空日益复杂,而中国青年必然需要以立足中国、放眼天下的胸怀,在世界潮流的风云变幻中筑牢理想信念的根基。

三 社会思想和社会意识正在发生深刻变化

随着国家发展和社会建设等方面取得巨大进步,青年工作的外在条件和环境不断改善。新时代以来,中国共产党领导人民取得历史性成就、实现历史性变革,有力增进了青年对中国共产党的认同。青年普遍拥护中国共产党的领导,普遍更加坚定理想信念。这集中表现在以下几个方面。

一是高度认可党治国理政取得的巨大成效。新时代以来,党在治国理政中的一系列措施及取得的成效,得到青年高度认可。尤其是在正风反腐、环境治理、脱贫攻坚等方面的巨大成就,极大增强了广大青年对党的认同和拥护。

二是高度认同党的理论创新成果。习近平新时代中国特色社会主义思想科学回答了一系列重大时代课题,开辟了马克思主义中国化时代化的新境界,为推动党和国家事业取得历史性成就、发生历史性变革提供了科学指导。广大青年高度认同党的理论创新成果,自觉以习近平新时代中国特色社会主义思想武装头脑。广大青年用党的创新理论统一思想、统一行动,不断夯实永远跟党走、奋进新征程的共同思想基础。

三是高度认同中国特色社会主义道路。广大青年通过亲身实践和国际比较,在思想交锋中进一步坚定了走中国特色社会主义道路的信心。

四是对党的情感和认同更加深厚。在青年中开展的党史、新中国史、改革开放史和社会主义发展史教育取得扎实成效。认识是认同的基础,没有深刻的历史认知很难建立深刻的历史认同。与此相对,没有正确的历史观则容易滑入历史虚无主义的陷阱。广大青年通过学习,增强了对党的政治认同、情感认同和拥护爱戴。新时代青年主动了解、积极学习党的历史,从历史维度把握党的方针、政策的演变和发展,加深了对新时代党的执政理念的理解和认同。积极向党组织和团组织靠拢,也体现了广大青年对党的政治认同。

在大国竞争的复杂环境下,意识形态斗争日趋激烈,敌对势力通过意识形态渗透来争夺青年的手段层出不穷,随着传播圈层化、分众化与小众化,各种形式的讨论组和网络群成为意识形态斗争渗透的新空间,给青年引领工作造成了障碍,增加了变数。

第二节 "两个大局"背景下青年工作的新方位

习近平总书记对青年本质的认识涉及三个层次:一是中国青年;二是中国青年组织;三是中国青年运动。认识青年的本质,是认识中国青年的基础,也是马克思主义青年观在新时代的理论表达。党的十九大以来,习近平总书记提出"中华民族伟大复兴战略全局"和"世界百年未有之大变局"这"两个大局"的理论命题。"两个大局"是新时代青年工作的时代背景,也是科学认识新时代青年工作的根本出发点,青年工作要始终围绕这"两个大局"展开。

一 "两个大局"背景下培养什么样的青年

党的十九大报告首次提出"培养担当民族复兴大任的时代新人"[①]这一重大战略任务。其后,习近平总书记围绕这一议题在讲话、文章、回信等中发表一系列重要论述。通过考察习近平总书记在若干场合关于"时代新人"的表述,如"担当民族复兴大任的时代新人"[②]"走在时代前列的奋进者、开拓者、奉献者"[③]"青年一代有理想、有本领、有担当"[④]"德智体美劳全面发展的社会主义建设者和接班人"[⑤]等,分析习近平总书记提出这些概念的场合和对象,可以看出时代新人的主体指向是青年。有学者指出:"如果说'新时代'是我国发展的新历史方位,是中国特色社会主义发展的新时代空间,那么'时代新人'则是我国发展新历史

---

① 《十九大以来重要文献选编》(上),中央文献出版社,2019,第30页。
② 习近平:《论党的青年工作》,中央文献出版社,2022,第166页。
③ 习近平:《论党的青年工作》,中央文献出版社,2022,第70页。
④ 习近平:《论党的青年工作》,中央文献出版社,2022,第146页。
⑤ 习近平:《论党的青年工作》,中央文献出版社,2022,第186页。

阶段的新力量,是中国特色社会主义事业的新主体。"① 毋庸置疑,青年的成长目标是成为"担当民族复兴大任的时代新人"。

习近平总书记站在国家和民族复兴的高度,对青年的地位和作用提出系统论断,高度肯定了青年的历史地位和历史作用。党的十八大报告、十九大报告分别用专门的独立段落阐述青年的时代价值和对国家未来的战略意义,体现出新时代党和国家对青年及青年工作寄予的厚望。习近平总书记强调:"每一代青年都有自己的际遇和机缘,都要在自己所处的时代条件下谋划人生、创造历史。青年是标志时代的最灵敏的晴雨表,时代的责任赋予青年,时代的光荣属于青年。"② 每一代青年都担负着时代赋予的责任和使命。进入新时代,青年实现对美好生活的向往需要付出不懈努力和奋斗,中国青年要始终将个人发展融入国家和时代发展的历史进程,融入"两个一百年"奋斗目标,发挥青年在心理、生理、性格上的优势,在推动构建"人类命运共同体"的进程中为全世界青年以及青年事业发展贡献中国方案。在纪念五四运动一百周年大会上,习近平总书记系统回顾了一百年来中国青年的历史地位和作用,高度肯定了中国青年在党领导的革命、建设、改革伟大历史进程中发挥的重要作用,并肯定了未来青年对国家、社会的建设性价值和意义。

习近平总书记提出"两个大局",一是实现中华民族伟大复兴的战略全局,青年要将自身发展融入时代发展大局。历史反复证明,青年一直是人类种族繁衍和文化延续的主体,社会的发展离不开青年的参与。马克思指出:"每一个单个的人,只有作为这个共同体的一个肢体,作为这个共同体的成员,才能把自己看成所有者或占有者。"③ 在追求个人自由全面发展的过程中,将个人发展融入国家和民族发展事业,在参与集体生活和公共生活中接受教育和培养,对青年来说尤为重要。从历史发展的基本规律出发,青年应明确自身的地位和历史使命,将个人理想融入社会理想中,将个人前途与国家命运相结合,只有将个人融入社会进步的事业中,才能实现真正的人生价值。实现中华民族伟大复兴是当代中国的时代主题,青年个体的发展、青年与社会的互动关系、青年与政

---

① 刘建军:《论"时代新人"的科学内涵》,《思想理论教育》2019年第2期。
② 习近平:《论党的青年工作》,中央文献出版社,2022,第70页。
③ 《马克思恩格斯选集》第2卷,人民出版社,2012,第726页。

党的互动关系都应围绕这个时代主题展开。

二是在"世界百年未有之大变局"下,青年发展的外部环境发生了深刻的变化。随着中国日益发展壮大,中国崛起面临的风险明显增加。青年发展的风险虽然存在,但是具有全局性意义。改革开放40多年以来,我国经济社会各项事业取得了快速发展,归根结底在于青年群体保持稳定。稳定是发展的前提。

马克思指出:"社会——不管其形式如何——是什么呢?是人们交互活动的产物。"① 也就是说,作为个体的人的社会化离不开与社群的互动,只有在互动中才能获得人性。"一个人的发展取决于和他直接或间接进行交往的其他一切人的发展。"② 换言之,青年的发展离不开社会群体,离不开与社会的交往互动,社会群体是青年全面发展的环境。青年作为社会群体中的一分子,能够促进其他社会群体的发展,在与其他社会群体的互动交往中发展自身。青年与社会的互动发展随着中国社会主要矛盾的变化而呈现不同的模式,经历了从互动发展不平衡不充分到互动发展相对平衡充分的过程。在不同社会形态和历史条件下,青年受到统治阶级和社会大众的关注程度不同,发挥的作用自然也不同。对于青年群体是否拥有统一的群众组织并形成青年运动,从而进一步影响和改变社会,每个社会的情形各不相同。从人的历史发展来看,青年在社会中的重要性在不同的历史阶段表现出一定的差异。每一代的青年都被贴上了历史的标签,他们如何发展,发展得怎么样,取决于这个社会的结构和政党的引导。

所有青年的生理发展大体一样,但个体心理发展深受外在环境的影响。在经济发展好、工业化程度高、都市化阶段发达的社会环境下,文化形态的复杂性、多元价值观念的共存性,会使青年经历"狂风暴雨"般的发展。在社会发展的作用下,其行为具有明显的社会特征:在知识方面,青年时期是个人接受新知识的黄金时期,也是选择知识并加以综合归纳的起点;在人生态度方面,青年时期是从理想主义向现实主义过渡的时期;在接受社会期望方面,青年时期是一个接受社会期望及化解

---

① 《马克思恩格斯选集》第4卷,人民出版社,2012,第408页。
② 《马克思恩格斯全集》第3卷,人民出版社,1960,第515页。

各种期望冲突的转折点；在社会角色的扮演方面，青年时期是一个从扮演一般社会角色转变到扮演分化社会角色的过程；在人群关系方面，青年时期是从以前偏向于"我对我的关系"，逐渐发展到"我对国家和社会的关系以及国家和社会对我的关系"的阶段。

创新思维是人类进行物质资料生产的"精神能源"。中国古代文化蕴含着"苟日新，日日新"的朴素创新思想。近现代科学技术的发展表明，创新是一个国家发展的核心动力。现代青年作为创新创业的主力军，其根本特质就是创新。在"两个大局"中，青年是重要的参与主体，也是"百年未有之大变局"的重要变量。青年群体在社会中保持稳定，青年具备创新思维，很好地参与中华民族伟大复兴战略全局，这些都是非常重要的。创新思维要求青年创新发展，主动肩负历史使命和创新使命。广大青年要"在创新创业中展示才华、服务社会"①，永葆改革创新精神。

培养时代新人是实现中华民族伟大复兴的基础工程。实现"两个一百年"奋斗目标归根结底要靠最具活力和创造力的青年人才队伍。青年人才队伍是民族复兴的主体力量。在"培养担当民族复兴大任的时代新人"的重要论断中，"担当民族复兴大任"被明确为新时代青年的培养目标。当前，国家将更加重视创新驱动在国家经济社会发展中的引擎作用。时代新人必须立足国家战略重点，在战略、科技等方面努力提升创新能力，在国际竞争中保持核心竞争力。要树立中国特色青年人才发展的道路自信和逻辑自信，坚持党的领导和人民利益至上，敢于较真碰硬，努力攻克中国特色社会主义现代化建设和科技体系建设中的一系列难题，为全世界发展贡献中国智慧和中国方案。

二 "两个大局"背景下建设什么样的共青团

青年的发展需要社会和青年组织的科学引领。社会环境之所以能够影响人，源于人的可塑性。人在现实社会的交往和实践中，实现个体的社会化，同时将个人主观能动创造的产物共享于整个社会，完成对社会环境的改变和重建，实现人与社会的双向互动。要通过发挥教育的自觉性和主动性作用，有意识地控制环境中的不利因素，实现各类环境因素的协调发展，

---

① 习近平：《论党的青年工作》，中央文献出版社，2022，第49页。

按照人的发展的客观规律和需求，对环境作出取舍，对人的发展作出积极的引导，实现个人与社会之间的稳健平衡发展，培养真正意义上的人。

中国共青团是一个政治性组织，是基于党的工作和政治需要成立的，旨在广泛吸纳和动员青年。共青团的本质就是党领导下的青年群众组织。自共青团1922年成立以来，党团关系经历了不同的历史变迁，从建党之初的党团不分家，到保持团的相对独立性，再到党对团的政治引领等。随着我国行政管理体制改革步伐不断加快，社会组织越来越多地参与和承接了原先由政府完成的社会事务，特别是在社会管理和公共服务领域。1999年，胡锦涛在纪念五四运动八十周年大会上明确提出，共青团的职责之一就是"协助政府管理好青年事务"[①]。2003年，共青团十五大首次把"积极协助政府管理青年事务"[②]写入共青团章程。在全团及全社会都已经达成共识的情况下，共青团继续协助政府管理青年事务。以满足青年身心健康、个人成长、事业发展、社会参与和权利表达等需求为主要内容，以青年为骨干，面向青年开展工作，这都属于共青团协助政府管理青年事务的范畴。共青团作为代表青年利益和发展诉求的先进青年组织，要高度关注新形势下青年自组织的发展，将青年自组织纳入工作视域，引导其往正确的方向发展。青年自组织发展得好，能够成为共青团做好青年工作的有益补充，成为满足青年发展成长性需求的有效载体。

"党领导团"是由历史逻辑和实践逻辑决定的。在党团关系的发展历史中，总体上，团与党在政治立场上是统一的，党对团的领导是党的政治传统。党管青年是处理党团关系的根本原则，是具有中国特色的青年工作的制度成果和经验启示。共青团要当好党的助手和后备军，必须把握三个关键重点。一是明确共青团的根本任务是培养社会主义建设者和接班人。要让青年相信共青团、参与共青团、拥护共青团，在共青团的组织体系内对青年进行教育培养，使青年获得成长和发展。二是明确共青团的政治责任是巩固和扩大党执政的青年群众基础。习近平总书记首次提出"政治责任"的概念，进一步强化了党对青年的政治嘱托。共青团要完成好引导和教育青年跟党走的根本任务，巩固好党的青年群众

---

① 《胡锦涛文选》第1卷，人民出版社，2016，第369页。
② 《十六大以来重要文献选编》（上），中央文献出版社，2005，第385页。

基础。因此,共青团必须强化群团组织属性,不能走"机关化、行政化"的路子,团的工作必须扎根于广大团员青年之中。只有这样,才能让共青团的工作、共青团干部在广大青年中具有影响力和号召力,发挥好党联系青年的桥梁和纽带作用。在实践中,共青团要克服为了迎合少数青年的需求和诉求而产生的"团跟着青年走"的错误导向,避免工作偏离重心。三是明确共青团青年工作的着力点,同时必须加强对青年的政治引领。习近平总书记对共青团和青年的政治方向作出明确要求:党旗所向就是团旗所向,要加强对青年的理论武装,坚定正确的政治方向,强化对青年的政治引领。

随着网络社会的兴起和青年成长需求的多样化,各类青年社会组织得到快速发展,这里面很多都是以自组织形态存在的青年自组织。"和过去相比,共青团在青年工作领域将面临来自青年社会组织越来越明显的竞争,想要保持在青年工作格局中核心地位的工作也面临越来越多的挑战。"[①] 青年社会组织获得了快速发展,这些社会组织独立于党、团组织之外,在青年群体中起到了一定引导作用。如果任由各类青年社会组织发展,任由其游离于共青团的组织之外,这些组织一旦发生指导方向上的偏差,将出现与党争夺青年群众的危险,会严重危及党的青年群众基础。对于青年社会组织,共青团要正确、科学地看待,既要视其为青年事务方面的合作伙伴,同时也要看到其竞争性的一面;既要加强对青年社会组织的活动开展、发展趋势、总体态势的掌握,加强对其进行引导的能力建设,也要扮演好同心圆和引领者的角色,发挥好引领和发展青年社会组织的作用。

对此,2014年,中国共产主义青年团十七届二中全会通过的《全面深化改革进程中共青团五年发展纲要》中专门对青年社会组织工作作出了重点部署,主要有两点。一是要大力扶持和培育青年社会组织,建立完善的工作机制。青年社会组织为青年提供了社交机会,同时为青年组织了丰富业余生活的活动,还帮助青年解决了一些现实及心理问题。二是要把握共青团与青年社会组织的关系,让共青团在青年社会参与中发挥"枢纽作

---

① 郑洸、叶学丽:《中国共产党与中国共青团关系史略》,中共党史出版社,2015,第375页。

用"。所谓枢纽,就是更加紧密地联系青年。共青团联系青年有两条路径,一是过去传统意义上通过组织体系直接联系青年,也就是面对"个体化"的青年。二是在当前新的时代条件下,面对已经"组织化"的青年,共青团要实现的是"两条腿"走路。也就是,一方面要进一步巩固和扩大组织体系,提高联系青年的有效性,扩大覆盖面;另一方面要构建"从共青团组织到青年社会组织,再由青年社会组织到青年"的新型共青团联系青年的模式,保持共青团对青年和青年社会组织的影响力、凝聚力和引领力。

习近平总书记从我国青年运动的历史演进和现实背景出发,深刻阐述了新时代共青团的根本原则、根本任务、政治责任和组织保障,为新时代共青团工作指明了方向,提供了基本遵循。共青团要在保持相对独立性的同时,自觉接受党的领导;这是一个实践命题。从2016年中央巡视组巡视共青团中央的情况来看,团系统党的建设功能弱化是一个比较突出的问题。习近平总书记要求团中央书记处要落实全面从严治党主体责任,切实推进从严治团,在政治建设、团干部队伍建设、团员队伍建设上做到"三个严"。共青团改革是加强共青团政治性、先进性、群众性建设的根本途径。政府赋权与社会组织增能是辩证统一的关系,政府赋权是为了更好地提升社会组织能力,而社会组织能力的提升反过来会进一步推动政府赋权。① 对共青团而言,从权力和效能两个维度来看,要保持共青团"权"与"能"的辩证统一,"有位"和"有为"的统一。改革的主体是共青团,共青团要克服"机关化、行政化、贵族化、娱乐化"倾向,提高服务能力和工作效能,回归政治性、先进性、群众性的本质。共青团工作应紧紧围绕党和国家工作大局,为党和国家的事业源源不断地输送优秀青年。因此,共青团的"战场"就在青年中间,青年在哪里,团的组织也必须在哪里。习近平总书记明确提出:"包括青年在内的广大人民群众是我们党的执政基础。共青团作为党和政府联系青年的桥梁和纽带,必须密切联系青年、有效吸引青年、广泛团结青年,把最大多数青年紧紧凝聚在党的周围。"② 这表明,一方面,正确看待青年,将其视为人民群众的重要组成部分,关系到党的执政基础;另一方面,通过团的工作有效地

---

① 王义:《"赋权增能":社会组织成长路径的逻辑解析》,《行政论坛》2016年第6期。
② 习近平:《论党的青年工作》,中央文献出版社,2022,第28页。

把优秀青年吸引到党和团的周围,是考验共青团工作成效的重要方面。

"如何将特定的政治文化传承和延续下去,是每个政治体系都需要解决的现实问题。广义上的政治社会化指社会对其政治文化进行代际传递的方式。"① 共青团的组织文化对青年政治文化的传承和延续具有重要意义。或者说,共青团是中国特色青年文化形成和传播的重要组织载体。中国共产党成立之初,党员主体都是青年,100 多年来,中国共产党始终保持生机和活力的重要原因就是党内有一大批青年,以及有党领导的共青团组织。对政治体系来说,政治文化的发展是不断积累的建构过程。复杂多样的基因和历史是政治文化的显著特征。② 中国共青团政治文化的建构有着鲜明的马克思主义政治传统,同时也体现中国传统文化的特色。历史上,苏维埃共青团、青年共产国际等为中国共青团的成立提供了学习的典范,中国共产党结合中国的传统政治文化,开创了中国特色社会主义群团发展道路。实践证明,共青团是党的后备力量,各级政府领导中有较大比例的人有在各级共青团任职的经历。共青团是值得信任的,能够不断改革、自我完善的组织。

习近平总书记将共青团和青年社会组织的发展摆在重要的位置,在信任共青团的基础上,提出改革共青团,督促和指导共青团深入推进"自我革命"。党的十八大以后,以习近平同志为核心的党中央在作出"全面深化改革"重大战略部署的同时,也对青年事业发展作出相应部署。以习近平同志为核心的党中央深入指导中国共青团的改革。永不僵化、永不停滞这两个"永不"体现的是以习近平同志为主要代表的中国共产党人对全面推进中国青年事业深化改革、始终保持创新发展的勇气和决心。办好中国的事情,关键在党;抓好中国青年事业,关键在团。共青团要树立"勇于自我革命"理念,抓好自身建设,使共青团焕发出新的强大生机活力,为新时代中国青年事业发展提供有力的政治保证。习近平总书记通过指导共青团组织不断深化改革,推动团组织实现凝聚力、战斗力的不断提升,这是充分信任团组织与严格要求团组织的辩证统一。共青团通过为党分忧、为党工作,把优秀青年组织动员起来,使广大青年投身

---

① Kenneth P. Langton, *Political Socialization*(New York: Oxford University Press, 1969) , p. 4.
② Michael Brint, *A Genealogy of Political Culture, Boulder*(CO: Westview Press, 1991) , p. 2.

祖国需要的地方建功立业，在实践磨炼中成就自我，这成为党长期执政、各项事业保持生机活力的重要保障。

三 "两个大局"背景下中国青年运动的发展方向

青年运动是社会运动的一种形态。"所谓的社会运动，就是有许多个体参加的、高度组织化的、寻求或反对特定社会变革的制度外政治行为。"① 任何一种社会，只要有利益和诉求存在，就会存在社会运动，区别仅仅在于社会运动发生可能性的不同。社会运动与社会组织存在密切联系。中国的青年运动区别于一般意义上的社会运动，它属于一种常规政治活动，是体制内的一种以青年为主体的集体行动，是在组织化背景下，具有高度体制性的政治参与行为。青年运动在近代以来一直都有开展，早在1939年，毛泽东就正式提出了"青年运动的方向"②的概念。抗日战争时期，一些爱国进步青年对中国革命的性质、抗战的形势以及青年运动发展方向等问题缺乏统一的、正确的认识，对如何在抗日战争和中国革命中发挥作用存在模糊认识。毛泽东总结了五四运动以来中国青年运动的历史经验与教训，强调革命青年必须与工农群众站在一起，必须把全国人民充分地组织动员起来。

青年作为潜在的社会资源，每个社会都不缺乏，关键是如何去组织利用这种资源。国外的历史证明，在政党社会，每一个执政党都会重视对这种青年资源的动员，并将其发展为社会性的青年运动。青年生活在社会环境之中，青年的背后是家庭、家族以及各种社会联系，他们与社会各阶层、各阶级始终保持着密切的联系，是开展社会动员重要的资源。可以说，青年既是联系家庭的纽带，也是提升社会整合度的一个突破口。欧伯箫（Oberschall）构建了一种从社会组织形式和社会整合度的视角来分析社会运动开展潜力和可能性的理论。社会运动的出现与两种资源密切相关：一是人们可以自由支配的时间；二是能被社会运动组织利用的资金或物资。由于第二次世界大战后经济、社会，尤其是科技的进一步

---

① 赵鼎新：《社会与政治运动讲义》（第2版），社会科学文献出版社，2012，第2页。
② 《毛泽东选集》第2卷，人民出版社，1991，第561页。

发展,这两种资源在数量和形式上发生了重大变化。① 可以看出,青年具备这两种开展社会动员的资源,除了具有可以自由支配的时间外,还有较强的社会资源筹集能力和组织能力。

青年组织是中国青年运动顺利开展的组织条件。中国青年运动在不同的历史时期面临着不同的历史命运。在这个过程中,组织动员起到了很重要的作用,对青年的组织动员依托的主体是共青团组织。因此,作为整合社会各阶层青年的主体,共青团必须成为联系青年、与青年沟通的有效媒介,不能使自身工作和青年运动游离于青年之外。共青团的工作必须得到青年的广泛认可,唯有如此,开展的青年运动才能最大限度地组织动员青年,达到影响社会和变革社会的目标。要掌握中国青年运动的正确工作方法。共青团的改革逻辑是群团组织要回归群众组织和人民团体的本质属性,要回到人民中间去,要走与青年群众相结合的道路,实现从组织本位到青年本位的转变。群众性是共青团改革的一个重要向度。共青团的工作成效直接体现为对青年的组织动员能力,其前提是获得青年的认可、认同,基础是保持共青团与青年的密切联系。

共青团是中国青年运动的组织者,党是共青团和青年运动的领导核心。在革命年代,青年运动坚持与工农运动相结合。随着市场化的推进,个体从单位体制中逐步"剥离",更多地展现出青年的独立性。在这种情况下,各类青年自组织蓬勃发展。对此,共青团要积极应对,要正视蓬勃发展的青年社会组织存在的合理性,发挥好共青团这一最大青年政治组织的优势,以共青团统筹引领青年社会组织的发展方向,将巩固新时代党的青年工作基础作为重要的改革方向。要推进共青团深化改革,适应新时代青年动员方式的分化和变迁,从青年的运动式治理转变到青年吸纳,以群团组织吸纳青年,以统一战线包容青年。共青团的改革是一场从上至下的自我革命。党的十八大以后,共青团充分重视和尊重青年在青年运动和共青团各项工作中的主体地位,机关团干部实行直接联系青年制度,推进机关"扁平化"改革。

中国青年运动只有搞清楚为何而运动、为谁而运动,才能保持正确

---

① Anthony Oberschall. , *Social Conflict and Social Movement*(Englewood Cliffs, NJ: Prentice Hall, 1973) , p. 28.

的方向。青年运动不是为了运动而运动,根本上是为了组织动员青年。五四运动以来中国青年运动的历史经验告诉我们,秉承爱国主义、集体主义和社会主义原则的青年运动符合人民群众的利益,是当代中国青年运动的方向。在和平与发展年代,要引领青年实现自我发展和国家发展同步,把握中国青年运动正确的发展方向。2015年,习近平总书记在中央党的群团工作会议上第一次提出"中国特色社会主义青年运动的方向"① 这一概念,深刻回答了"青年向哪发展"的时代命题。具体来说,就是习近平总书记所强调的"同人民一道拼搏、同祖国一道前进,服务人民、奉献祖国,是当代中国青年的正确方向"②。这表明,在新时代,中国青年运动的方向与国家发展的方向是一致的,中国青年运动的模式是坚持人民性,要与人民群众共同参与,中国青年运动的价值归宿是实现人民发展和国家发展。这些基本观点对开展当前的青年运动极其重要,是具有根本性、方向性意义。

青年运动是统筹"两个大局"的战略载体。把握好中国青年运动的发展方向,积极发挥其在新时代的作用,有利于青年发展、共青团发展以及各项青年事业的进步。青年的特点决定了其对自身和社会的认识具有局限性,仅仅靠自我成长是不够的,往往还需要政治理念和政治组织的引领。青年应将个人发展融入时代主题,与时代发展保持同步,这样也能促进个人的发展。青年发展"与时代同步",包含奋斗过程与奋斗目标的一致性。习近平总书记指出:"'得其大者可以兼其小',只有把人生理想融入国家和民族的事业中,才能最终成就一番事业。"③ 青年要树立远大理想,做好人生规划,自觉地将人生规划与祖国的发展、时代的发展相结合。

新时代的青年运动就是要把青年组织动员起来,使其参与到个人发展和时代发展中去。共青团是中国青年运动的主要组织者,习近平总书记提出的新时代中国青年运动的方向,为共青团改革锚定了方向,有利于共青团在改革发展过程中对自身政治站位和历史方位产生更加清晰的认识。要认清党和青年运动的关系,自觉将青年运动纳入党的领导。党

---

① 邓希泉:《马克思主义青年观的创新发展》,《光明日报》2017年6月16日。
② 习近平:《论党的青年工作》,中央文献出版社,2022,第53页。
③ 习近平:《论党的青年工作》,中央文献出版社,2022,第14页。

是中国青年运动的领导者,共青团是开展青年运动的组织者,共青团要加强政治建设,自觉将共青团的一切工作纳入党的领导之下,切实保证青年运动的正确方向。

矛盾是推进事物发展的内在动力,矛盾的观点是辩证法的核心观点。新时代中国共产党青年工作理论从青年发展的内在矛盾出发,从大处着眼,将中华民族伟大复兴战略全局和世界百年未有之大变局的历史背景与青年工作联系起来,用"抓青年工作就是抓未来"的大局意识,带动全局工作。发展是中国青年事业的主要矛盾,也是解决青年问题的关键所在。换句话说,要将以青年为本的发展理念贯穿化解矛盾的全过程,只有发展才能解决青年事业中遇到的问题。进入新时代,青年对社会主义现代化建设各方面的需求与日俱增,满足青年在经济的共享性、精神文化的丰富性、社会保障的全面性、教育成果的公平性、就业方向的可靠性等方面的发展需求,解决青年发展不平衡不充分的问题,始终要坚持以青年发展为导向的理念。我国经济社会的良好发展是我国青年事业发展的基础,只有经济持续稳定发展,才能保证青年事业发展。大局思维要求对某一项工作的思考和推进需要从整个系统的角度出发。2016年,中共中央、国务院印发的《中长期青年发展规划(2016—2025年)》指出:"青年是国家经济社会发展的生力军和中坚力量。党和国家事业要发展,青年首先要发展。"① 该规划从价值观、体质健康水平、实践能力、创业创新热情、社会保障、体制机制等多个方面确立了青年优先发展的理念,体现了国家重视和支持青年事业发展的决心,以规划引领从上到下构建青年发展的体制机制,为新时代青年发展保驾护航。

第三节 新时代青年工作领域的新挑战

"两个一百年"奋斗目标是中国共产党将马克思科学社会主义价值观有机地运用于中国特色社会主义具体实践的理论创新,作为社会主义

---

① 《中共中央、国务院印发〈中长期青年发展规划(2016—2025年)〉》,中国政府网,http://www.gov.cn/zhengce/content_5185555.htm#1。

初级阶段最为宏观的战略规划，凝聚着几代中国共产党人为实现"人民对美好生活的向往"而奋斗的坚定信仰。① "两个一百年"历史交汇期是当代青年工作面对的时空方位。这一历史时期，中国的外部发展环境既面临重大的机遇，也面临严峻的挑战。尤其是近年来，中国正表现出强劲的发展势头，无论是在政治、经济还是外交方面，中国都给世界树立了全新的负责任的大国形象。同时，面临的挑战是以美国为首的西方国家对中国崛起的阻碍和掣肘。要正确看待"两个一百年"历史交汇期青年工作对象和环境的深刻变化，务实推进青年工作的实践变革，在中国与世界的竞争、合作中不断推进新时代青年工作。要在改革发展的反思中不断吸取经验教训，并将其融入新时代中国共产党青年工作理论之中。

一　网络时代"多元化"成长环境变迁

马克思主义认为，人是环境的产物，社会历史环境对人的塑造来说具有毋庸置疑的第一性。与此相适应，不同的社会环境决定了青年不同的心理。当下青年的价值观和生活方式趋于多元化，青年对政治的关注度逐渐下降，与此同时，日益关注与自身利益密切相关的事物，表现出一定的个体化和原子化倾向。青年的代际身份认同愈加明显，"80后""90后""00后"具有明显的时代标签。笔者进行的调查显示，青年对"80后""90后""00后"的称呼表现出较高的认同度，超过75.8%的调查者表示认同"以年代区分的称呼"；85.6%的调查者认同"强调自主性和个人空间、竞争、公平和权利意识增强"等社会评价；超过50%的调查者认为自己是"倒霉的一代，压力巨大的一代"，这体现了对弱者身份的集体认同。当然，随着一部分"80后"逐步开始"奔四"，"90后"走上工作岗位，并且在国家和社会发展中逐步起到中坚作用，以及媒体的宣传和对青年典型的塑造，青年群体对"80后""90后"逐步形成集体认同。他们逐渐转换了角色，成为有担当的社会成员。

作为青年主力军的"80后""90后"的个体意识越来越强，他们也意识到个体的发展必须通过组织才能实现。笔者通过调查发现，75.6%的青年认

---

① 陈思宇：《"两个一百年"的实践逻辑：从免于匮乏到实现人的自由全面发展》，《浙江学刊》2018年第4期。

为"个人的发展主要取决于自己",15.3%的青年认为"我可以为国家和集体的重大利益,牺牲个人利益",9.1%的青年认为"我无足轻重,重要的是国家利益",这说明青年一代对个体奋斗改变命运的认知是主流。

网络社会的超时空链接带来了青年思想观念和行为方式的转变,他们正从传统的家庭、单位、社会组织等群体向原子化的个体转变,呈现一种从与社会结构紧密连接到退回个体的转变。"宅男""丁克"等成为新的社会现象。这种新的社会趋势有悖于人作为社会性动物的本性。在脱离与社会联系的同时,网络技术的虚拟特点让青年找到了新的替代方式,集体性的娱乐方式应运而生。在网络生活中,这体现为一种泛娱乐化的思想倾向,特别表现为当下青年亚文化的流行,从"丧文化""佛系文化""戏精文化"到"锦鲤文化""饭圈文化",青年亚文化打破了圈层的局限性,成为青年通过娱乐化手段寻求情感发泄的独特表征。可以说,几乎所有青年都是网民,在他们经常浏览的网站中,位列前三的是搜索引擎、游戏网站和影视娱乐网站,青年的业余生活和文化样态更倾向于娱乐化。

社会思潮、西方价值观和外来文化在我国的传播日渐活跃,这给青年思想文化和价值观认同带来了巨大挑战。青年价值观认同受到遮蔽,价值观选择趋向功利化,这就要求我们进一步加强和改进青年思想政治教育,坚持用社会主义核心价值观来引领青年。党的十八大以来,中国共产党站在全局高度,对青年思想教育工作进行创新。中国共产党始终坚持马克思主义指导地位,主张用马克思主义理论引导和鼓舞青年,不断提升青年的政治认同。坚持以"互联网+"的模式深化青年思想教育,充分利用新媒体,为青年营造风清气正的网络空间。坚持以青年成长成才为目标,准确把握青年的发展特点和内在需要,推动青年工作创新,以青年发展的现实需求和利益诉求为驱动,凝聚和引领青年。通过资金投入、政策支持和规划引领,贯彻"青年优先发展"的理念,不断优化青年工作机制,建立健全党政工团等各部门齐抓共管的责任制,为推动青年工作创新发展提供强大支撑。

当下,学生社团作为线下青年社群的典型代表,集中体现了传统社群最本质的特点:以趣缘为基准吸纳成员,形成具有组织性、相对稳定性的群体。然而,网络空间的介入加剧了个体化趋势,使原有受地域、视野限制的青年社群得以解放，青年社群的种类、建构形式以及文化、数量、规模都得到了前所未有的更迭与发展。从在线社区的发帖互动到通过短视频模式互动分享，网络社交间接地形成了以自媒体为节点的网格化青年社群。个体通过自由地建构自我的兴趣和偏好，在展示个性、自我的同时，基于特定价值认同、生活观念、社会情绪和行为理念，寻求群体互动，满足自我身份认同的心理需求。同时，自媒体会不可避免地放大青年网络社群中的个体表达、个体行为，特别是社群权威者对青年个体的影响，以及"个体化"网络环境对青年网络社群文化、社群流行趋势的侵染。可见，对青年个体与青年社群的发展而言，自媒体既赋予了青年创造力、自主性，又为青年网络社群中意识形态风险、价值风险的滋生埋下了隐患。

哔哩哔哩（Bilibili，简称 B 站）以自媒体视频内容创作、分享为主要特色。根据 Mob 研究院的数据统计，B 站已经成为极具代表性的中国青年高度聚集的文化娱乐社区。[①] 除了用户群体年轻化外，B 站的视频投稿还按照内容进行分区，发布的视频内容涵盖 2562 个频道，涉及动漫、游戏、音乐、科技等领域，清晰地展示了当代青年社群内容的多元化划分。

由于弹幕具备简短、及时、流动的特征，作为观众实时表达、参与群体互动的工具，其数量和内容最能反映出短视频的"高能"时段和观众在沉浸式体验中的阶段性感受；评价则能够反映观众对整个视频内容的整体感受。因此，我们随机选取了 B 站不同分区的四位知名 UP 主（自媒体），就其播放量最高的短视频中的弹幕和评论内容进行文本分析（见表 1、2），通过对具体内容的分类，探究青年参与者可能的关注原因和社群的参与情况。此外，我们以日均观看分区（社群）视频时长超过 1 小时、关注同一分区（社群）UP 主超过 50 人、实际生活中参与社群实践为标准，借助 QQ、微信和 B 站私信等访谈路径，并观察其 B 站参与痕迹，重点对 10 例具有代表性的个案进行了半结构式访谈和参与式观察（见表 3），以考察青年个体参与网络青年社群的新路径、新特征，并剖析当下青年网络社群的潜在风险。

---

① 参见 Mob 研究院《Z 世代大学生图鉴》，https：//www.mob.com/mobdata/report/72。

表 1　B 站四位 UP 主视频内容（社群）分类及概况

UP 主	内容（社群）分类	粉丝量（万人）	播放量最高短视频标题	短视频最高播放量（万次）
不是闷	手账	49	别挑了，2022 就写这本手账吧	35.8
十音 Shiyin	汉服	131.7	我到底买了多少汉服	260.7
碰碰彭碰彭	音乐	328.6	在法国，古筝+昆曲+戏腔=王炸！HITA《赤伶》	1226.8
老师好我叫何同学	科技	1204.5	有多快？5G 在日常使用中的真实体验	3255.6

资料来源：Bilibili，数据获取截至 2024 年 10 月 11 日 9 时。

表 2　B 站四位 UP 主播放量最高短视频弹幕、评价分析

单位：条

视频标题	弹幕量	弹幕主要内容	评价量	评价主要内容
别挑了，2022 就写这本手账吧	2192	一是随着 UP 主的介绍，弹幕的互动，如遇到不可思议或者搞笑的内容，弹幕会被"哈哈哈哈"占领，以及"我以为自己看到了一只蜘蛛""绝了""TN 我的最爱"等；二是表示对 UP 主的羡慕和钦佩，如表达强烈的语气词"啊啊啊啊啊""呜呜呜""想法好棒""好喜欢"等	1963	一是询问视频中出现的物品；二是就视频内容发表自己的看法；三是对 UP 主的评价
我到底买了多少汉服	13000	一是对 UP 主的评价，如"富婆""家里有矿系列"；二是对汉服的评价，如"明华堂""我爱汉服，我上辈子好像就是汉服""会氧化吗""清辉阁啊，超喜欢暗八仙""明制才是最爱""始于齐胸，忠于大明""入坑的节奏""好看"等；三是对视频拍摄的评价，如"镜头是自动捕捉吗""晕"等	3467	一是表达对汉服的看法和态度；二是对中国传统文化的思考；三是对 UP 主的评价
在法国，古筝+昆曲+戏腔=王炸！HITA《赤伶》	13000	一是对 UP 主弹奏古筝的评价，如"余音袅袅""为什么我起鸡皮疙瘩了""她到底惊艳了多少视线"等；二是对 UP 主行为的评价，如"文化输出""弘扬中国传统文化""弘扬中国文化的美丽使者"；三是直接表达当下的感受，如"爱我华夏""戏腔一出我哭了""我为祖国骄傲"等	6560	一是推荐可演奏的音乐；二是对古筝等中国传统乐器的讨论；三是对中国文化输出的思考

续表

视频标题	弹幕量	弹幕主要内容	评价量	评价主要内容
有多快？5G在日常使用中的真实体验	230000	对视频内容的互动与评价，如"镇站之宝""每天亿遍""妙啊""前方高能""名场面""何同学的视频好高级""背诵全文""启发思维""升华时刻""神来之笔""存在决定意识""五年后见"等	82000	一是对UP主的评价；二是对视频内容的评价

资料来源：Bilibili，数据获取截至2024年10月11日9时。

表3 访谈对象的基本情况

访谈编号	年龄	性别	最高学历	职业
01	20	男	本科在读	学生
02	22	女	本科在读	学生
03	23	男	本科	自由职业
04	24	女	研究生	学生
05	24	女	研究生	学生
06	25	男	研究生	公司职员
07	25	男	本科	事业单位职员
08	26	女	研究生	公务员
09	27	女	本科	自由职业
10	27	女	博士在读	学生

社群建构强调交流的动态过程，以及如何通过互动形成社群结构。在自媒体视域下，这些交际互动主要表现为个体的视频发布和观看者的弹幕留言、评论留言，以及弹幕和评论中的集体讨论。除此之外，B站平台还包括UP主在线直播过程中的弹幕互动。通过对有效弹幕、评价的文本分析，不难看出，弹幕和评论的内容一般围绕视频内容或UP主本身展开讨论，可以判定弹幕和评论的发送者主要为分区（社群）的关注者或UP主的粉丝。

网络场域中青年社群的个体表达，呈现出以当下情感抒发为主要内容的特征。当然，这种情感表达既有正向的崇拜、赞美、学习，又有负向的嫉妒、质疑，这也恰恰体现了网络匿名性为青年社群中个体各抒己见、自我表达所提供的空间赋能。无论是UP主的内容生成、输出，还是用户对内容的接受和反馈，以及用户之间基于内容的交流，都是个体表达、互动的一种方式。一旦这种互动成为稳定且长效的常态模式，就意味着交互对象之间共识话题和共识认知的建立，进一步意味着基于共识的社群建构。换句话说，个体的主动表达和分享成为网络场域青年社群建构的第一步（见图1）。

> 我是因为一次在刷B站首页推送的时候，发现这个视频观看量过百万了，就点进去，然后发现做手账也能这么有趣，后来又关注了几个手账圈的UP主，最后选择"入坑了"。（访谈编号10）

> "老师好我叫何同学"这个UP主的视频都上微博热搜了，那个视频无论是文案还是配乐、剪辑都太酷了，我就成了他的忠实粉丝。（访谈编号06）

> 我是先关注了UP主"十音"，后来她和"LKs"联动了，我发现"LKs"的视频也特别有趣，本来其实对耳机这些电子产品也没什么兴趣，因为他的视频很有趣，我对这些科技产品也想有更多的了解，所以关注了很多数码分区的UP主，我现在应该比一般男生更懂电子产品。（访谈编号09）

> 在B站好几年了，因为学画画的，所以我关注了相关的UP主，并且在观看UP主直播的过程中，也认识了好多志同道合的朋友，也在B站分享了我的视频，所以现在我也是B站的一位小小UP主。（访谈编号05）

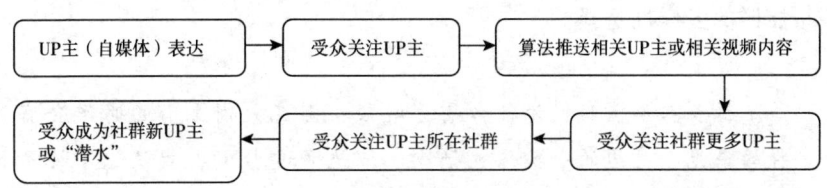

图1 B站青年社群建构发展路径

在"个体化"网络场域中，青年社群的建构模式从传统的"宣传—

吸纳"转变为"表达—吸引",并且通过不断地表达与分享,扩大社群的规模。个体会因为某一次无意识的浏览,被某一个视频呈现的内容吸引,由此产生兴趣,培养出一个新的爱好,并加入一个新的社群。以 UGC(User Generated Content)、PGC(Professional Generated Content)模式生产内容的 UP 主,通过表达和分享有趣的内容来吸引用户的关注。借助算法、大数据,B 站会将相关内容和关联内容的 UP 主推送给点击者,逐步形成以共同话题、共同关注为基础的青年网络社群。

通过"个体化"的表达和呈现,部分 UP 主彰显出独特观点和个性化魅力,契合了当代青年的情感需求和现实需要,成为青年网络社群发散状建构模型的基点与中心,即"社群领袖"。青年社群建构的前提由纯粹的兴趣主导转变为"个体化"自媒体的有效引导。当然,B 站"社群领袖"(知名 UP 主)的形成同样是受众选择的结果,其关注度源于视频内容的创新性、趣味性,最重要的是个人风格、审美趣味的独特性迎合了当代青年的需求。

基于对视频内容本身的兴趣和对视频创作者的认可,用户作出了观看视频、关注 UP 主,甚至加入 UP 主所在分区频道(社群)的决定。可见,青年社群的建构路径除了个体主动、有意识地参与外,还包括无意识被吸引后作出的主动选择。其中,网络场域为"无意识被吸引"提供了更多的可能性。线下无从或小概率接触到的信息内容和群体领袖,在网络场域只要浏览和发送弹幕、评论、私信,就能成为互动对象。在这一层面上,技术实际上为个体审美带来了新的内容和表达形式。B 站作为"个体化"网络场域,无论是观众,还是短视频创作者,对于艺术、文化、观点的广泛分享与讨论,无疑都为参与者提供了新的思维方式和参与社群的多样性选择。

> 很多人不懂我们为什么要穿洛装,走在大街上有的时候会有异样的眼光,身边的小伙伴也很少。但是通过 B 站,我认识了许多和我有相同爱好的 UP 主,突然有一种找到大家庭的感觉,而且通过 UP 主的视频分享,越来越多的年轻人开始对洛装、"lo 娘"有了更多的了解,产生了兴趣。(访谈编号 02)

> 疫情期间,一个人在家学习很难自律,但是 B 站 UP 主的学习

直播和"Study with me"主题视频的分享，让我感觉有一群人在陪我学习。大家通过直播还能相互鼓励，这也给予了我学习上的动力和精神上的鼓舞，原来有一群和我一样的人在为自己的目标努力。（访谈编号04）

网络的技术赋能极大地增强了文化的包容性，提升了青年的可接受度。以B站为媒介，文化多元性和个人主体意识的增强，使得社群内容由涉及文学、艺术的大众文化，发展为涵盖二次元、电子科技、手账、汉服、电竞等小众文化，还出现了如"Study with me""蛇院女孩"等以社群精神、社群情感为内核的青年社群。同时，社群文化的表达形式呈现出多样化的特征，出现了以随性、个性、特定性为表征的青年社群文化符号。以特定符号为中介的互动形式由来已久，古人作诗词，以景寄情、托物言志，"神用象通，情变所孕"，强调艺术表达的主客观融合，衍生出"理性与感性的集合体"的意象。实际上，青年社群中特定符号互动的有效表达与古诗词的意象表达有异曲同工之处，都是在群体使用过程中逐渐形成的共识认知，体现了社群文化的专属性表达、情感共鸣和身份表征。例如，B站用户亲切地称呼B站为"小破站"，体现了用户作为B站一员的情感归属。

B站作为自媒体分享平台，除了文字、图片的表达形式外，更凸显了其可视化表达的特征。以短视频为载体的表达形式，蕴含着图像叙事、沉浸场景体验以及建构新型社交的外在视觉表征[①]，不仅能够直观、准确地传递出视频分享者的意图和情感，而且能够提高信息内容的传播力和感染力，由此增强观看者的视听记忆，带动观看者的情绪，激发观看者兴趣，为青年网络社群"表达—吸引"的建构模式提供外部技术支持。

综上，当下青年社会心态呈现出明显的网络社会特点。20世纪20年代末，法国年鉴学派开创的心态史研究改变了史学只记载上层精英的传统，将社会文化和群体意识纳入研究范畴。之后，学者们从文化社

[①] 林峰：《移动短视频：视觉文化表征、意识形态图式与未来发展图景》，《海南大学学报》（人文社会科学版）2019年第6期。

学、社会心理学和历史学等视角展开了深入研究。有的西方学者认为，社会心态被具象化为社会情绪、社会气氛、集体士气等，并具有传播和扩散效应。有的西方学者则强调个体社会心态的形成过程，重视社会动机、自我意识等。对于社会心态的表现形态，国外学者认为，主要是外在于个体意识的群体意识，包括宗教、风俗、语言、情感、习惯等。群体社会心态关注个体如何受到他人和社会的影响，呈现为外部因素对个体心态的影响。目前，以态度改变、人际过程和小群体为核心研究领域的社会心理学已成为主流。国外学者研究社会心态时基本保持价值中立。我国自 20 世纪 80 年代后逐步关注社会心态，研究立足改革开放以来我国社会结构的深刻变迁，凸显社会、政治、经济、文化等在民众身上留下的心理印记。

党的十九大报告提出要"培育自尊自信、理性平和、积极向上的社会心态"①，也为学界重视研究青年发展的社会心理问题提供了遵循。社会心态是在一定时期社会环境和文化影响下形成的，弥散在整个社会或社会群体中，具有普遍性、一致性，并对社会个体产生影响的社会共识、社会情绪、社会价值取向和行为意向。② 笔者及团队研究认为，如同费孝通所描述的中国社会关系结构一样，当下的青年社会心态同样遵循"差序格局"。也就是说，新时代条件下差序社会心态构成青年社会心态的基本特征。"差序社会心态表现为以'己'为中心的社会原子化倾向社会心态、内外有别的社会具名化转移、多重社会关联下的国家意识的强化。"③ 在这样的社会心态中，青年对社会的信任度也呈现出"差序"特征，建基以自己为中心的社会关系的远近亲疏之上。在现实中，他们更愿意去相信与自己关系亲密或熟悉的人，而质疑陌生人，对社会的信任度不是取决于科学或制度，而是依托于与此相关的人、依托于自己与其关系。

人是自然、社会、精神存在物的统一体，"人的本质不是单个人所固

---

① 《十九大以来重要文献选编》（上），中央文献出版社，2019，第 35 页。
② 杨宜音：《个体与宏观社会的心理关系：社会心态概念的界定》，《社会学研究》2006 年第 4 期。
③ 王延隆、焦一曼：《突破差序心态：Z 世代青年积极社会心态的培育》，《思想教育研究》2023 年第 3 期。

有的抽象物,在其现实性上,它是一切社会关系的总和"①。也就是说,人具有社会性,不可脱离社会而独立生存和发展,而在社会中生存和发展的首要任务就是要具备积极的社会心态。只有具备积极的社会心态,才能适应社会需求,促进社会发展。按照马克思主义的观点,人的脑力与体力的自由全面发展、精神与物质的丰富、社会关系的和谐,是人的全面发展的主要内容。只有在社会实践、社会交往中构建理性和谐的社会关系,才能培育积极向上的健康社会心态。

当前,网络社会深刻影响着青年的认识及世界观的发展,虚拟网络空间日益成为影响青年价值观的重要变量。Z世代青年被贴上了"移动互联网一代""独二代""二次元世代"等标签,带来了青年社会心态发展的许多新特点。本书通过对不同学历层次、不同职业群体的青年进行访谈和观察,重点对8例具有代表性的个案进行参与式观察(见表4),考察Z世代青年社会心态的"差序格局"特征,并剖析其具体表现形式。

表4 访谈对象的基本情况

访谈编号	年龄	性别	最高学历	职业
A	33	女	博士研究生	事业单位职员
B	26	男	硕士研究生	学生
C	26	女	硕士研究生	企业入职新人
D	24	男	硕士研究生	学生
E	21	男	本科	学生
F	19	女	本科	学生
G	22	女	本科	学生
H	20	女	本科	学生

主要表现在以下三个方面。第一,以"己"为中心,即原子化倾向带来的个体主义。在差序格局中,社会关系是私人联系的增加,因此,所有的社会心态也只在私人联系中才产生意义,而一切价值均是以"己"为中心的个体主义。访谈C认为,Z世代青年在社交生活中越来越

---

① 《马克思恩格斯选集》第1卷,人民出版社,2012,第139页。

鲜明，千禧一代偏向线上线下社交的融合，线上的交流也是为线下实际生活服务，网络的便捷性和隐匿性以及圈层文化的形成等为Z世代青年根据个人喜好开展社交提供了条件，Z世代青年在网络世界中构建出"另一个我"。网络社会中身份的隐匿性使得网络中的青年很容易成为社会的"冷眼看客"，对社会事件采取漠视态度，导致社会道德信任缺失、社会道德情感不足、社会道德行为缺失。事实上，看似便捷的网络，遮蔽了真情实感的自我，使得个体成为随意漂流的孤独者，成了频繁社交中的孤独者。质言之，虚拟空间中的交往个体是离开了"社群"的个体，呈现无组织的状态，长此以往，独立松散的个体使社会组织无人参与，社会组织最终会因缺乏凝聚力而消解。

第二，"内外有别"，即社会具名化带来的信任迁移。一方面，Z世代青年的人际信任体现出与传统中国乡土社会高度一致的差序格局特征，即对亲人关系的信任度最高，较稳定的工作关系和熟人关系次之，而对陌生人关系的信任度最低。青年的社会信任呈现明显的由亲到疏、由内到外递减的差序格局。这实际上是现实个体差序社会关系的网络化发展和延伸。访谈D表示，对自己的好朋友或者是和自己灵魂契合的人，我会向他们倾诉自己的内心，和他们分享自己的日常，每天似乎有着说不完的话。但是，碰到不熟或者关系没有那么好的朋友，我会选择回避、减少对话。同样，对亲戚也是如此。受网络时代影响，人际交往的时空范围空前扩大，青年可在网络上进行匿名交流，加之时空分离等特征，一些谣言和假新闻盛行，网民之间并未真正建立起信任关系。在一定程度上"陌生人的相遇是一件没有过去的事情，而且多半也是没有将来的事情"①，这大大增加了交往的成本。

另一方面，网络社会的认识是镜像的。对社交对象的认同只是对自我认同的延伸和强化。镜像神经元理论认为，只有当我能想象到他者与我自己相似时，我才能产生同情。也就是说，"我同情他人的能力，以及同情无生命的类人物体的能力，成为衡量我自身人性的尺度"②。网络社群会把想法相近的人聚集在一起，青年会拒绝与自己立场、认知相反的

---

① 〔德〕齐格蒙特·鲍曼：《流动的现代性》，欧阳景根译，上海三联书店，2002，第148页。
② 〔德〕扬·普兰佩尔：《人类的感情：认知与历史》，马百亮、夏凡译，上海人民出版社，2021，第48页。

信息。在现代社会中,人与社会之间的联系大多也是通过社交平台、网络系统,如支付宝、滴滴、微信、淘宝等都是通过网络平台来构建人与人之间的信任,而以前熟悉并固定的社会交往变成了陌生且流动的交往,熟悉又稳定的社会背景中的人际关系由绝对信任变成相对信任,这是青年社会形态呈现差序格局的原因。

媒介平台成为青年建立信任的重要中介。访谈对象E在实体店里看中一双运动鞋,非常喜欢,想买下来,但又想到"货比三家",就开始拍照上网搜索同款。发现有家店的购买者好评留言中,有80%以上的留言说是真货且实用,于是他就认为这家店卖的是真货,买下了这家店的鞋子,到货后穿了几次就坏了,最终发现是山寨冒牌货。Z世代青年的社会心态越来越依赖新媒体平台所提供的资讯和消息,将其作为辨别事物和主体行为的信任来源和参考依据。

第三,"圈层文化",即网络社会催生青年亚文化。网络社会基于各类趣缘关系产生人以群分的"圈层文化"。访谈F同学表示:"非常喜欢网络社交:一是线上'社牛'活跃,热情健谈,可以规避一下线下'不必要社交';二是不同社交软件或者平台可以构建出风格迥异的人设来满足不同的社交需求;三是网络可以在匿名情况下仍然积极发言或吐槽;四是网络身份与现实生活身份不同,可以满足另一个我。"Z世代青年更善于在网络空间中构建"另一个我",满足自我内心需求。青年"圈层化"已成为一种显著的群体现象,Z世代青年善于在网络空间中构建圈层,呈现出圈层选择自由、圈层身份独立、圈层内容小众与圈层表达方式独特的基本特征。网络技术结构变革为圈层多样化提供了基本场域及条件,在媒体的推动下,独特的圈层话语体系成为青年圈层文化最显著的文化符号,是当代青年圈层认同感建构的重要影响因素。网络平台催生和构造出更为丰富的圈层文化,从文化的表征上看多为亚文化。青年实体的交往在网络场域中发展出了新的文化形态。如短视频兴起下的青年群体往往短时间内就能形成群体团结、认同的文化。短视频之所以受到青年的喜爱,其中一个重要的原因就是,短视频满足了青年情感消费的需要,且在满足青年情感需要的同时又激发了新的需要。在当下日益加速的工作学习节奏和竞争的环境中,娱乐化的情感体验,既能够带给大学生放松的心情,本身也是一种情感消费,同时能够放大和激发大学生的存在感，凸显了青年的参与意识和主体意识，为彰显和表达自我提供了机会，满足了"刷存在感"的需要。在情感互动中，大学生的自我归属感得以强化。"所有共同的经历、信息将两个或多个人与其他人区分开，会使人们有一种共同身份的感觉。"① 网络空间下的短视频传播使得群体身份认同基于"共享但特殊"的信息系统的观看、转发、点赞等互动行为而不断发生，情感也不断积聚。

与此同时，青年网络社群也伴随着一系列潜在风险，主要表现在以下三个方面。

第一，表达形式转向："视觉殖民"式的泛娱乐化。德波在其《景观社会》中揭示了景观统治对人的自由时间的支配与控制。自媒体短视频的"视觉霸权"与"视觉殖民"无异于将观看者置于伪主动性、被动性的困境之中。从用户点开第一条视频开始，平台就会根据后台算法自动推送相关视频。一方面，这满足了用户对相关搜索信息的多方面了解；但另一方面，也在潜移默化中将用户从主动的搜索行为转变为无目的的刷屏行为。自媒体短视频呈现出的内容既可以是立体化、沉浸式的深度内容传递，从视觉、听觉上满足用户的搜索需求，也可以是趋于表层化、直接性的视觉输出，导致内容的质量和信息的有效性大大降低。

> 对美食区有些博主的关注，并不是为了获取有用的菜谱、学习做菜，而是纯粹因为他们的视频很搞笑。比如说我关注的 UP 主"了不起的八万二饼"（粉丝数：129.1万人），她们会以搞笑夸张的表演和配有一些搞笑的图片、音乐增加视频的趣味性，并且会使用一些意想不到的工具（如蒸馏器）制作食物，每一次做完菜还会给菜起名（"仰望星空的虾""文化的碰撞之菇非菇肉非肉""夜市逆袭风云之土豆重生黄金薯"），休息的时候看他们的视频特别解压。（访谈编号 04）

相对于基于兴趣、爱好或相似目标利益的社群参与，青年网络群体

---

① 〔美〕约书亚·梅罗维茨：《消失的地域：电子媒介对社会行为的影响》，肖志军译，清华大学出版社，2002，第50页。

对自媒体 UP 主的关注并不在于视频传递内容的有效性和文化深度,而更多的是为了缓解压力。但适当的情绪消遣一旦失去限度,就可能陷入无意义的娱乐化陷阱,形成娱乐对精神领域的"绑架"。当下青年群体刷屏式地参与,说白了就是"图一乐呵"。在这一娱乐化需求的刺激下,部分自媒体内容生产者为追求短期内的快速涨粉,不会在意短视频文本本身的意义和价值传递,相反追求"视觉奇观",极大地消解了审美的深度,无限放大了视频的观赏性和猎奇性①,衍生出一批以纯消遣、后现代式颠覆、反艺术等为特点的自媒体 UP 主。而对于"视觉殖民"的完全顺从,阻碍了观看者可能的切身体验,将不可避免地造成对个性的抹杀。②

另外,无意义、无内涵的"即食式"观看,无须观看者进行任何深度思考和理性判断,使青年观看者沉溺于表层叙事的思维逻辑,弱化和消解了青年网络社群应有的人文深度和价值传递的功能。而青年网络社群的多重选择和加入的便利性,则提高了高流动性环境下青年个体形成相对统一的共识认知的难度,导致正确社群文化价值的传递和影响效果被大大削弱。在视觉景观所造成的广泛的"娱乐"迷惑之下,"大多数"人将彻底丧失自己本真的批判性和创造性,沦为景观控制的奴隶。③

第二,情感转向:单向度默从式的"个人崇拜"。一般而言,知识和信息是网络社群中具有价值的资源。与传统的社群相比,网络社群是向陌生人询问信息的理想场所,而网络场域中青年社群的建构优势就在于对信息"弱势群体"的吸引和影响。青年网络社群倾向于具体话题的讨论,成员之间通过互动交流交换关于特定话题的信息,这些信息往往用于表达观点、抒发情感以及提出解决方案。因此,处于社群"优势地位"的社群领袖所提供的信息或观点会无形中被赋予权威性和高可信性,从而在社群中形成单向度的输出与接收。

用新方式思考我们周围的世界,必然意味着重新评价这个世界。如

---

① 柴冬冬、金元浦:《数字时代的视觉狂欢:论短视频消费的审美逻辑及其困境》,《文艺争鸣》2020 年第 8 期。
② 〔法〕居伊·德波:《景观社会评论》,梁虹译,广西师范大学出版社,2007,第 18 页。
③ 〔美〕弗尔茨、贝斯特:《情境主义国际》,《新马克思主义传记词典》,重庆出版社,1990,第 767 页。

果一个新想法只是短暂的或一次性的经验，它可能不会对个人产生非常深刻的影响。一个偶遇很容易被忽略或忘记，但是如果个人经常或习惯性地接触新的思想，并习惯性地与同样接触这些思想的人互动，就很难保持以前的态度和价值观完全不变。朋友的确认和强化被认为是采纳和保留价值观的强烈动机。①因此，青年群体很容易受视频弹幕、评论的影响，形成对社群领袖单向度默从式的"个人崇拜"。尤其是在当下的短视频时代，青年是短视频的主要参与群体之一。短视频具有突出的情感叙事功能，日益成为形塑青年价值观的重要力量。以大学生为例，"这一功能主要通过短视频视觉符号对大学生集体记忆的建构，短视频互动中的情感能量集聚，沉浸式体验强化大学生的价值认知三种方式发生"②。就如有国外学者所揭示的那样，网络中的个体在与隐匿于其中的社交对象的频繁互动中，积累了情感的能量，极容易形成具有圈层特质的群体价值、身份认同和道德团结。

作为青年网络社群中具备领导力的头部 UP 主，因为提供最新的领域信息或制作优质的视频而从一众 UP 主中脱颖而出，成功凭借视频内容塑造了权威形象和可持续发展的吸粉"人设"。部分百大 UP 主主要依靠其物质条件带来前沿分享，通过满足关注者的好奇心理和窥探幻想心理，获取高关注度。可见，高关注度的来源不仅限于其生成内容的高质量和文化深度，粉丝数也并不能成为衡量真实权威性的绝对标准，并不能因为 UP 主的高关注度就全盘接受其观点和价值。但在社群化语境下，对理性的回归和反思很容易被众人喧嚣的追捧迅速掩埋和消解，"个体化"网络场域中的主体意识觉醒和自我表达与群体中的同质化和伪个性化，既对立矛盾又同时存在，极大地削弱了主体的批判精神和理性思考。

第三，参与转向：高度流变下的价值共识缺失。价值共识的建立并非静态过程。从行为过程来看，共识的达成不仅是青年思想、价值观念和价值认同的趋同性过程，还是青年社群参与行为和实践由内化到外化的一致性过程。具体表现为青年从对网络社群的本能性认同，转向基于归属感的情感中级认同，再转向基于情感认同的理性高级认同。因此，

---

① Asch E. Solomon, "Opinions and Social Pressure", *Scientific American*, No. 19(1955) : 33-35.
② 王罄：《短视频情感触发机制助推大学生主流价值观认同的基本经验与原则》，《当代中国价值观研究》2023 年第 3 期。

稳定的环境、持续的价值输出以及有效的互动是个体与社会群体建立连接、形成群体归属感、表现出一致价值选择行为，进而形成价值共识的必要条件。

在自媒体环境下，多元文化间的碰撞与交融赋予价值主体更大的选择权利和选择范围，同时也加剧了社群环境的不稳定性。传统社群价值共识和社群文化的建立依赖于有限范围、有限人数、有限空间的互动与交流，网络场域则降低了社群交流的成本，扩大了青年的社群选择范围，从而提升了青年在各社群间的切换速率。由此形成了网络中的"圈子"，但"圈子"不同于传统社群，青年网络社群所表现出的"圈子"及"圈子文化"，一方面具备传统社群的吸附性，另一方面则具有高度流变性。

青年社群的共识认同来自自我身份识别和聚集互动的共享行为。当下，无论是作为UP主还是关注者，都有足够的空间和时间来选择、接触、关注多样的社群。社群参与行为不仅源于自我的趣味选择，还受到诸如UP主等外部因素的影响。外部环境的信息干扰和青年潮流的迭代更新，既瓦解了社群环境的相对稳定性，同时也造成了社群内部交流互动和价值输出的有效性被减弱。"圈子"的"参与者"之所以难以成为社群"成员"，在于其缺乏稳定的态度、情感和行为，无法形成趋同且稳定的价值理念。不同"圈子"的影响和所谓多元化潮流的冲击，很容易使价值认同变得不同、使共识认同消解、使固化认同转向对抗等。

此外，对专业UP主而言，参与社群并进行相关的内容生产，已成为其日常，UP主这一身份也成为其众多社会身份中的一个，甚至成为一种职业。视频吸引力和粉丝转化率成为衡量其视频质量的决定性因素，如何制作出既有自己特色又满足大众口味的视频成为UP主内容输出的思维逻辑。而这一因素和行动逻辑导致部分UP主剑走偏锋，以恶趣味、低趣味、消费主义、虚无主义等内容制造话题和热度，不但污染了社群内部的环境，更为青年价值共识的建立输出了错误的价值导向。

二 青年政策"结构化"供给矛盾凸显

青年政策是青年工作的重要组成部分。当代青年在变动中的结构性境遇是国际青年研究关注的一个焦点。中共中央办公厅、国务院办公厅印发的《关于进一步加强青年科技人才培养和使用的若干措施》明确指出,支持青年科技人才在国家重大科技任务中"挑大梁""当主角"①,这体现了对青年职业发展的政策支持。

习近平总书记指出:"要深入研究当代青年成长的新特点和新规律,把准方向、摸准脉搏。"② 习近平总书记强调要了解青年成长特质,关照青年发展利益,帮助青年塑造独立人格,为青年成长成才提供良好环境和广阔空间,使之成为现代社会需要的各类人才。随着全球对外交流的增多,网络化、个性化、信息化等日益成为青年生活的重要特征,当代青年思想和价值观多元化日益显现,用统一的社会主义意识形态引领青年的任务显得更为紧迫。随着社会剧烈发展和深度变革,我国在新时期人口结构呈现出新特点、新变化,人口老龄化、退休年龄推迟等现象使青年一代人的工作和生活压力不断增加,青年在就业、婚恋、学历,以及社会参与、社会保障等方面需要获得更多关心和帮助。

青年发展体现了作为广义上个体在自然属性上的普遍性。习近平总书记立足青年发展实际和时代发展要求,回应了青年发展的现实困惑,阐明了新时代需要什么样的青年、如何培养青年、为谁培养青年等一系列问题,并在与青年的交流互动中明确了青年的发展目标。习近平总书记提出了要"培养担当民族复兴大任的时代新人"③的重要论断。面对"两个一百年"奋斗目标的实现,习近平总书记提出要培养堪当民族复兴重任的时代新人。具体来看,"民族复兴"即为中华民族伟大复兴的中国梦,"时代"指中国特色社会主义新时代,"新人"的内涵要求为"有理想、有本领、有担当"。着眼于现实和未来,习近平总书记从政治素养、劳动技能、道德水准、价值导向、方法途径等方面对青年健康成长提出了要求。新时代的新人只有意识到自身的总体性与完整性,恢复对"总体的人"的追求,才能克服主客分裂,向着更理想的存在状态跃升,成为担当民族复兴大任的时代新人。

新时代对共青团工作提出了更高要求,青年个体发展也呈现出新的特点。习近平总书记强调,共青团要找准历史方位,坚持改革创新。他

---

① 《中共中央办公厅 国务院办公厅印发〈关于进一步加强青年科技人才培养和使用的若干措施〉》,中国政府网,https://www.gov.cn/zhengce/202308/content_6900456.htm。
② 习近平:《论党的青年工作》,中央文献出版社,2022,第54页。
③ 习近平:《论党的青年工作》,中央文献出版社,2022,第166页。

对共青团的根本任务、政治任务和工作主线提出了明确要求，以这三项任务为出发点和立足点，明确共青团自身的初心使命以及在新时代的职责要求。通过自上而下推进共青团组织变革，加强队伍建设，提高群团组织工作水平，使之更加有效地团结青年、凝聚青年和赢得青年。"党管青年"原则历来是中国共产党青年工作理论中的重要原则，然而，这一原则在共青团组织中出现了不同程度的弱化和淡化现象。对此，习近平总书记在多个场合中提出要进一步坚持"党管青年"的原则，共青团要进一步增强"巩固和扩大党执政的青年群众基础"的政治责任感，这是推进青年发展事业不断向前的重要保证。

新时代青年发展事业中存在"不均衡、不充分"的问题，主要体现在几个维度。一是政治性的维度。习近平总书记强调："政治性是群团组织的灵魂，是第一位的。"① 共青团作为青年组织，政治属性是第一位的，共青团要深刻剖析和审视新时代青年工作的形势以及自身存在的诸多问题，不断强化自身对青年成长发展的引领作用。2018年，习近平总书记在与团中央新一届领导班子成员集体谈话时，着重就新时期共青团的政治定位和工作着力点与团中央书记处领导干部进行谈话提醒，让团中央领导班子进一步明晰共青团肩负的根本任务和主要责任，强化共青团作为党和政府与青年联系的桥梁和纽带在巩固党的执政基础中的重要作用。二是现实性的维度，针对如何认识青年、怎样培养青年以及青年应发挥什么作用等现实问题，习近平总书记强调要发挥教育、文化在青年培育中的引导作用。习近平总书记非常重视各级政府对青年教育事业的投入。尤其是党的十八大以来，国家财政性教育经费支出占GDP比例连续10年保持在4%以上②，这是我国教育投入占比的历史性突破。随着我国GDP的快速增长，教育事业得到的财政资金投入也在不断增加，真正体现了教育优先发展的原则。三是前瞻性的维度，习近平总书记注重规划引领，掌握科学的工作方法推进青年发展事业。习近平总书记将青年的发展纳入经济社会发展的总体规划，注重用科学的方法和发展的眼光推进青年事业发展。

---

① 习近平：《论党的青年工作》，中央文献出版社，2022，第107页。
② 教育部财务司：《十年来党和国家优先保障教育投入的有关情况》，教育部网站，www.moe.gov.cn/fbh/live/2022/54875/sfcl/202209/t20220927_665114.html。

中国青年群体基数大，又面临着诸多矛盾，有必要从总体上反思青年发展政策制度、目标规划的合理性、科学性和整体性。在深入推进青年发展政策落实和目标规划制定的过程中，国家始终遵循"青年发展优先"①的原则。这个原则首次在《中长期青年发展规划（2016—2025年）》中得以确认。通过政策规划明确青年发展的责任机制和成长目标，提高青年工作的政策化、科学化水平。习近平总书记重视青年成长和青年运动，强调青年群体关注社会现实、参与社会实践的意义，主张将青年教育、成长、就业、婚恋和社会保障等问题统筹纳入中国特色社会主义建设事业，并且以规划出台为保障来推进青年的全面发展。

近几年，青年群体的就业问题引发了社会的特别关注。受经济下行、岗位收缩等因素影响，叠加日益凸显的学历、行业和区域等结构性矛盾，青年群体就业面临总量压力巨大和结构性矛盾突出的双重挑战。当前，经济社会运行呈现恢复势头，促进青年群体就业需抓住关键窗口期，及早部署、精准施策，将短期就业压力转化为长期人才红利。中国青年群体规模庞大，劳动力素质结构优化，就业方式出现新趋势新特征，为产业转型升级、基层发展和创新创业带来积极影响，有利于推动我国从人口数量优势向人口质量优势转变。一是劳动力素质结构发生重大变化。我国接受高等教育的人口达到2.4亿人，新增劳动力平均受教育年限达13.8年，高等教育毛入学率从2012年的30%提高至2022年的59.6%。②二是扎根基层成为就业新风尚。近三年来，全国高校毕业生到地市级及以下地区就业的比例约为70%，到中西部就业的比例约为60%。③2021年"三支一扶"计划实际招募3.8万名高校毕业生投身基层，拓宽了毕业生就业渠道，基层就业的品牌影响力越来越大。三是灵活就业、创新创业比例提高。以高校毕业生为例，智联招聘数据显示，2022届高校毕业生灵活就业占比18.6%，比2021年提高近3个百分点。智研咨询数据显示，2022年高校毕业生选择创业的占4.25%，较2021届增长0.58个

---

① 《中共中央、国务院印发〈中长期青年发展规划（2016-2025年）〉》，中国政府网，http://www.gov.cn/zhengce/content_5185555.htm#1。
② 赵婀娜、丁雅诵、吴月：《推动教育强国建设行稳致远》，《人民日报》2023年9月8日。
③ 常悦、刘亮：《2021年高校毕业生就业 引导鼓励高校毕业生到基层就业创业》，央视网，https://news.cctv.com/2021/06/18/ARTIbPSbf5v9XQnL87UMOYS7210618.shtml。

百分点。① 从党和政府的角度来说，需努力加强政策供给，千方百计促进青年群体就业。比如持续开拓供需匹配的市场化岗位，落实落细就业优先政策，积极扩大有效投资，促进消费加快恢复，通过扩大内需来拓展市场化就业空间。优化完善行业发展政策，提振企业发展预期，鼓励大中型企业积极拓岗，进一步增加就业容量。大力发展数字经济，提升常态化监管水平，支持科技企业在引领发展、创造就业方面发挥更大作用，鼓励青年群体依托各类平台自主创业和灵活就业；提升中小企业稳岗拓岗能力。优化落实对中小微企业及个体工商户的减负政策，提升金融服务能力，推动经营主体恢复性发展，提升其就业吸纳能力。

三 数字社会"聚合式"动员形态变化

随着网络技术、智能技术、算法技术的不断迭代，数字化社会成为新时代的突出特质。与此相适应，青年作为数字社会的原住民，既是数字社会的引领者、参与者，也是创造者。他们的许多行为具有数字社会的显著特征。比如在表现上，以青年组织的数字化聚合为突出特点。青年组织的数字化聚合不同于传统社会中的青年聚合，具有多样化、圈群化、极速化等突出特点。比如，青年往往就共同关注的话题、爱好、事件等形成瞬间的网络聚合，短时间内会打破固有社会现实中的社会圈层，迅速跨界聚合，形成网络舆论的聚合体。从青年组织的形态来看，这形成了一种高度数字化的聚合组织形态，给新时代的青年工作提出了新的问题和挑战。当然，传统青年组织在新时代也展现出新特点，数字化则加剧了这一趋势。

青年组织形态的快速变化。个体主义的崛起催生了青年权利意识的觉醒，在这种情况下，各类青年组织逐渐发展和壮大起来。由于网络和现代通信技术的快速发展，以及青年文化水平高、获取知识能力强，青年群体能够熟练运用技术手段动员参与者，改变了传统组织架构进行动员的模式。有效的传播途径和传播载体，是所有社会动员的必备基础。过去以主流媒体为主导的传播体系已经消失，取而代之的是与主流传播体系分庭抗礼的

---

① 转引自孔翠芳、鲍家伟《高校毕业生就业面临三大结构性矛盾 亟需加强政策供给 变短期压力为长期红利》，《中国经贸导刊》2023年第6期。

自媒体传播体系。抖音、知乎、火山等手机应用，催生了青年网络生活方式的变革，几乎所有的青年都生活在网络空间之中。技术赋权的深化催生出许多新形态的、以网络为场域的青年动员，青年动员与社会媒体已经深度融合。通过社会媒体进行的网络动员展现了一股前所未见的力量。这种力量有两种倾向，一种是能够动员青年传播正能量、参与社会建设；另一种是走向极端，引发青年群体性事件，危害社会稳定。

随着时代的发展变迁，青年组织形态也发生了重大变化。除体制内的组织形态外，还存在许多自组织、他组织等形态的组织，并且呈现出复杂多元的发展格局。主要有两种形态。一是青年组织的自组织化。随着社会人口流动的加剧、新经济组织和社会组织不断涌现，社区开始面临如何有效管理这些新型组织的问题，基层社会迫切需要从单位管理体制向社区管理体制转型。二是区域青年组织间的隔阂和分离。受传统计划体制和单位制的影响，目前很多分布在社区的单位和机构依然具有比较明显的单位制特征，这些机构无论在成员管理还是隶属关系上，都不与社区发生直接关系。如传统大中型国有企业、高等院校、科研院所等，虽然从地理位置上属于该区域，但其行政和团组织隶属关系与社区无关。由于组织隶属关系不同而少有来往和交流，在缺乏有效平台的情况下，就难以实现组织间的互动。因此，必须探索一种能够整合单位制下的社区单位和多元社会下的新兴组织的容纳性机制，从而促进社区里各种组织的良性互动，以解决实践管理中存在的"属业"与"属地"相分离的问题。

与青年组织形态变迁相对应的还有社会原子化的倾向。社会原子化是一种严重的社会危机。它主要是指在单位制度变迁过程中，社会联结状态发生变化，主要表现为个人之间联系的弱化，个人与公共世界的疏离，以及由此衍生出来个人与国家距离变远、道德规范失灵等基本社会联结被破坏的现象。① 社会原子化将整个社会碎片化，将人分割为独立松散的个体，使社会难以凝聚，社会工作难以有效展开。原子化的个人局限于自我的小社会，缺少与他人、集体的交往互动，自我价值难以实现，从而缺乏价值感和归属感。自我利益至上导致的道德滑坡使人与人

---

① 田毅鹏：《转型期中国社会原子化动向及其对社会工作的挑战》，《社会科学》2009年第7期。

之间缺乏基本的合作与信任,这进一步加剧了个体的游离感与孤独感。同时,原子化的个人游离于社会的规章制度之外,导致社会秩序失效、规范失灵,可能造成强势群体对弱势群体的剥削和专制,加剧社会群体极化,不利于社会整体发展。因此,国家和社会的健康发展需要避免社会原子化,青年作为国家重要的组成部分,更需要组织保障,以保证在集体中成长为健康的社会成员。

中国共产党成立以来的中国青年运动是国家政治化力量和社会化力量对比的体现,是基于政权过渡、社会主要矛盾变化、社会管理方式变迁而产生的具有互动依赖性的行为过程。透过百年历史回望建党以来中国青年运动的发展,具有理论与现实双重意义。新时代中国共产党青年工作理论的发展历程、表现形式、方法演绎、路径分析等具有鲜明的整体性特征,表现为逻辑理路、运行轨迹、实践意旨等要素的统一。

青年运动以青年组织化为前提。安东尼·吉登斯指出:"组织化是一个能够进行'时空定位'的社会系统,这一定位行动是通过系统复制的自我反思和对零散'历史'的叙述而形成的。"① 就青年这一社会群体而言,组织化的行为表现为青年群体在一定的社会情境下进行的集结,以及规则和资源的互动与转换,从而实现社会的系统性复制。② 在这个过程中,青年群体、社会情境都处于变化之中,并非单一的复制。从计划经济到市场经济,经济发展形态的变化带来了社会组织结构的重大变革。转型社会中,青年组织化发生了深刻变化,已呈现正式组织和非正式组织多元并存的状态。从新中国成立到改革开放,我国采用高度集中的政治化管理模式,社会的组织化程度低,社会组织发展不健全,总体呈现"强国家—弱社会"的发展态势。社会组织主要有两种:一种是城市的单位组织;另一种是农村的人民公社。单位组织和人民公社是青年与社会互动的桥梁,是社会管理青年个体的工具。对青年而言,这种高度政治化的社会管理模式,尤其是集体主义优先于个人主义的社会价值导向,使得个体利益让位于集体利益,限制了青年权利意识的产生。青年权利

---

① 〔英〕安东尼·吉登斯:《社会理论与现代社会学》,文军、赵勇译,社会科学文献出版社,2003,第167页。
② 王延隆、李姗姗:《建党以来中国青年与社会互动的历程、逻辑与启示》,《中国青年研究》2020年第12期。

意识的缺失，导致的是相对独立、带有自治性质的青年社会组织发展的不足。一般意义上，社会组织满足了个体在某一方面的诉求，会在一定程度上抑制其组织成员参加社会运动；反过来讲，如果组织有着与社会主流价值观不同的价值评判体系，则会对其成员参加社会运动起到促进作用。当下中国存在大量的青年自组织，其中包括网络组织。与共青团等传统的官方社会组织相比，以网络组织为代表的青年自组织具有特殊性，呈现出传统组织所不具备的一些新特征，具体包括以下几点。

一是自发性。无须外界特定指令，借助网络，由青年自发成立、自主发展、自我运作、自觉维系，是青年自组织的典型特征。随着自主性的增强，利用网络开展学习、工作和生活的青年与日俱增，网络几乎成为生活必需品。在青年自组织开展的各种活动中，其成员通常都是由个人通过各种网络渠道自发组织起来的，体现出很强的自发性。

二是隐蔽性。与正式青年组织不同，青年自组织既没有在民政部门正式登记注册，也没有在团体和企事业单位内部登记备案，其组织成立具有隐蔽性。此外，成员也多不愿以真实身份示人，多以昵称、网名行事，网民也多以"隐形人"的身份出现在网上，这同样具有一定的隐蔽性。

三是感染性。以网络组织为代表的青年自组织传播的信息，多数是一种艺术化、形象化的信息，这些信息通过视频、动画、音频、原创短片等多元展示形式进行传播。因而，这种青年自组织的传播效果具有很强的感染性和穿透力，常使青年耳目一新、记忆深刻。

四是广泛性。网络的开放性、自由性和低成本，使得以网络组织为代表的青年自组织能够突破时空、资源等限制，凭借"互联网"牵一发而动全身，触及全国各地、涉及各行各业。另外，青年自组织涉及公益、娱乐、交友、环保、旅游等诸多领域，基本上实现了对青年需求的全覆盖。甚至可以说，有什么样的兴趣、爱好、需求，就有什么样的青年自组织。

五是实时性。网络数字技术把社会带入了一个即时通信的时代，网络组织的传播和影响效率是前所未有的，对青年的影响更是空前的。它能把握社会情绪的消长，快速形成一致性意见，引导社会舆论走向，从而在较短时间内释放出强大的聚合动员力量。

青年群体是在数字时代享受技术红利的主力军，也是提升社会动员效能的潜在主体。数字社会有利于增强青年群体的社会动员共同体意识，特别是在以虚拟社区为代表的数字场域内，成员联结度越高越有利于培育青年的动员聚合意识，且聚合意识通过提高青年的社会支持水平而得以实现。①

---

① 杨铃等：《数字时代青年社会治理共同体意识的培育机制研究》，《公共管理评论》2023年第2期。

第三章 新时代中国共产党青年工作理论内容创新

新时代中国共产党青年工作理论的主要内容，包含认识论、目标论、方法论和主体论等多个维度。从认识论来看，厘清了青年工作在新时代和"两个大局"中的历史方位；从目标论来看，从经济、政治、文化、社会和生态文明等方面确立了新时代青年需要树立的价值观念和行为准则；从方法论来看，从方向自觉、文化自信、底线自律和生活自强四个维度，提出了运用现代化教育理念培养时代新人的方法；从主体论来看，家庭、学校、共青团组织、青年社会组织和先进典型是强化青年教育和发展的实践主体。

第一节 "目标论"：引导青年成长为堪当民族复兴大任的时代新人

"培养什么样的青年"是青年教育的首要问题，价值观又是青年教育和发展中最核心的问题。青年正处于世界观、人生观、价值观进一步形成和成熟的阶段，只有树立新时代价值观，才能不在人生道路上迷失方向，才会增强为理想奋斗的动力。习近平总书记关于青年工作的重要思想中蕴含着关于青年教育和发展的目标、要求和期望等的丰富内容，包括在经济目标上接受市场经济规则，在政治目标上培养爱党爱国情怀，在文化目标上提升文化涵养，在社会目标上激发追求幸福生活的动力，以及在生态文明目标上树立生态文明观念。

一 注重培育青年接受市场经济规则的意识

改革开放以来，在经历市场经济姓资还是姓社的大讨论后，党的十四大明确提出我国要发展社会主义市场经济。到了21世纪，我国已经基本建立社会主义市场经济体制，步入市场经济国家行列。党的十九届四中全会根据新形势指出："社会主义市场经济体制等社会主义基本经济制度,既体现了社会主义制度优越性,又同我国社会主义初级阶段社会生产力发展水平相适应,是党和人民的伟大创造。"① 社会主义市场经济体制作为基本经济制度之一,要引导市场经济发展模式进一步走向成熟,需在今后更加重视规则意识,按照市场经济发展的规律来塑造人和培养人,以适应时代发展需要。随着社会主义市场经济体制的建立和进一步发展、完善,当代青年广泛地参与其中。调查显示,近年来,电竞选手、时尚博主、女团成员、美食主播、互联网营销师等以兴趣为导向的新兴职业越来越受到青年追捧。截至 2022 年底,我国以网约配送员、在线学习服务师等为代表的新职业就业形态劳动者已近 1 亿人,且数量持续增加。② 同时,青年要做好适应市场经济规则的心理、能力、行动上的各项准备,从而更好地适应时代和社会的发展。

市场经济建立的基础就是对诚信和规则的重视,这也是现代性文明的基本特征,是世界上各文明共同认可的基本规则。因此,在对青年进行教育的过程中,需要引导他们接受市场经济的规则,其中诚信原则是首要的,也是青年教育的重点。

马克思恩格斯曾经指出:"'思想'一旦离开'利益',就一定会使自己出丑。"③ 只有在与人及其利益相互统一、相互融合时,诚信才会成为个体发展的自觉行动。诚信蕴涵着巨大的价值,这种价值使诚信成为一种资本。道德资本中的诚信资本是无形的,它可以降低企业乃至整个社会的运行成本。美国学者弗兰西斯·福山(Francis Fukuyama)指出:"一个社会能够开创什么样的工商,和他们的社会资本息息相关,假如同一企业里的员工都因为遵循共通的伦理规范,而对彼此发展出高度的信任,那么企业在此社会中经营的成本就比较低廉,这类社会比较能够井然有序地创新开发,因为高度信任感容许多样化的社会关系产生。"④ 诚信资本这种无形的价值符号,对任何人或任何组织来说都是一笔巨大的无形资产。普特南(Whitehall Putnam)指出:"社会资本是能够通过推

---

① 《十九大以来重要文献选编》(中),中央文献出版社,2021,第 280~281 页。
② 李心萍:《新职业开辟就业新空间》,《人民日报》2022 年 12 月 1 日。
③ 《马克思恩格斯文集》第 1 卷,人民出版社,2009,第 286 页。
④ 〔美〕弗兰西斯·福山:《信任——社会道德与繁荣的创造》,李宛蓉译,远方出版社,1998,第 37 页。

动协调的行动来提高社会效率的信任、规范和网络。"① 诚信是构成道德资本的重要因素。价值增值是资本最重要的特性,诚信作为企业的资本,能够凭借自身的扩张性和增值性特征,为青年带来在自身价值基础上的经济效益和社会效益。因此,诚信被看作现代社会的通行证,也是个体安身立命的根本,是市场经济活动中必须遵守的基本法则。

市场经济的最大规则是保障人的基本权利。每一个人的具体需求是不一样的,但总有一些最基本的权利诉求是一样的,人人都不希望受到侵犯,比如基本的人权——生命权、财产权、自由等。如果个人没有了最基本的权利,就无法正常地去发展,甚至不能成为真正意义上拥有必要自由的人。如果一个人的基本权利都得不到保障,个人自然不会去追求所谓道德伦理。我国传统文化的"义利观"同样说明了这点。"如果'我'实现自己的利益以'他者'的利益损失为条件……在'他者'的眼中'我'成了'他者',当'我'成了'他者'并且成为受害者时,'我'同样不会接受损害这一事实。"② 就是说,要正确处理好个人利益和社会利益的关系。在市场经济条件下,追求个人利益无可厚非。但是,追求个人利益是有前提和限度的,那就是不侵犯他者和整体的利益。"得其大者可以兼其小"表明,作为一种道德原则,在市场经济体制下,个人利益与他者利益、整体利益是统一的。

在市场经济条件下,制度约束固然重要,但诚信是保证市场经济正常运行的内在机制。或者说,诚信既是市场经济发展的必然要求,也是对参与市场经济活动的人的基本要求。社会主义市场经济所提倡的现代信用建设,就是对公民诚信意识的推崇,这里显然包含了对作为即将参与市场经济活动的生力军的青年的教育的重要性,要在日常的青年工作和教育教学中加强诚信教育,让诚信成为青年的性格标识,使遵纪守法、诚信发展、共创共富等意识深入人心,成为青年自觉的行为规范。做一个有较高道德素养的青年体现为"守规则、重礼仪、懂感恩、讲诚信、有责任、做好事"。在市场经济条件下,青年更加需要重新审视"诚信"二字,对诚信的接受程度也需要相应提高,要让诚信成为市场经济良性

---

① Robert Putnam, *Making Democracy Work* (Princeton: Princeton University Press, 1993), p. 167.
② 于民雄:《孔子金规则解析》,《贵州社会科学》2008 年第 10 期。

运行的内在因子。

加强青年的诚信教育，不论是对他们自身发展，还是对良好社会环境的构建，都具有非常重要的意义。我们可以说，诚信教育渗透于各个领域、各个行业之中。守信是现代社会文明之基，是"最好的竞争力"，因为现代社会市场经济的本质就是信用经济。因此，在市场经济条件下对青年进行诚信教育，更具有针对性和具体性。不论是国家、企业还是个人，都需要具备诚信品质，才能在国内外的经济活动中生存与发展。习近平总书记在多个场合强调诚信的重要性并指出："对突出的诚信缺失问题，既要抓紧建立覆盖全社会的征信系统，又要完善守法诚信褒奖机制和违法失信惩戒机制，使人不敢失信、不能失信。对见利忘义、制假售假的违法行为，要加大执法力度，让败德违法者受到惩治、付出代价。"① 可以看出，诚信是市场经济实现高质量发展的要点和难点，唯有抓住这个主要矛盾，才能真正领会经济领域青年教育的切入点和落脚点。也就是说，青年应该努力实践诚信精神，做到诚信立身、信誉兴业，尊重规则、信守承诺、言必信、行必果。

二 注重培育青年爱党爱国的情怀

青年爱党爱国情怀的培养是中国特色青年工作的重要内容。从世界范围来看，任何政党和国家在培育本国青年时，都会用政党的意识形态来影响青年，以培养国家和政党事业的接班人。青年正处于人生的"拔节孕穗期"，是加强爱国主义教育的重点人群。在知识习得的过程中，青年迫切需要建立对祖国、对集体、对家庭的认知，学校应教会青年听党话、跟党走，让爱国主义的旗帜在青年心中飘扬。实践表明，爱党爱国教育是青年成长和发展的必要环节。在这个环节出问题，将导致青年价值的迷失和行为的失范。

从青年社会化的角度讲，青年只有与社会发生联系，只有参与集体生活，才能获得更好发展。党的青年工作的价值逻辑是实现青年的自由全面发展，但同时必须认识到，这里"自由"发展的限度和"全面"发展的程度，以及中国语境下的价值共识的重大意义。青年发展的过程是

---

① 《习近平谈治国理政》第 2 卷，外文出版社，2017，第 134~135 页。

单个个体从个体主义走向集体主义的过程。青年在发展中，与社会不断互动，从原子的个体开始趋向于集体的个体，逐渐适应社会并改变社会。在这个互动的过程中，一方面，要通过规范约束使青年符合社会期待；另一方面，青年也要在这个过程中改变自我，实现自身角色的再创造。①青年社会化让青年开始思考个人与社会的关系，开始融入自身所处的社会，开始理解自身所处的现实生活，从而使"我"和"我们"达到和谐统一，逐渐从个体主义走向集体主义。爱国主义教育就是推动青年从个体主义走向集体主义的重要载体。

正确处理"国家"与"民族"的关系是从个体主义走向集体主义的必由之路。近代以来，"民族"是与"国家"紧密联系在一起的一个重要概念。民族与国家相互辅助的内在关系决定了从情感的角度理解"爱国主义"，离不开对民族传统、民族文化和民族精神的深刻把握。民族精神反映了一个民族独特的精神气质，其核心是国民对待民族和国家利益的态度，因此爱国主义和民族精神之间本身就是相互贯通的。爱国主义教育需循序渐进，踏踏实实地培育青年尤其是学生的爱国情怀。当下，爱国主义教育取得的成就是有目共睹的。

将人民情怀融入爱国情怀是青年从个体主义向集体主义转变的必要之举。民为邦本，本固邦宁。人民与国家的关系不可分割。中国特色社会主义的实现与中国式现代化的发展离不开爱国情怀的驱动和人民情怀的支撑。爱国情怀激发青年为国家繁荣、民族复兴而奋斗，人民情怀则时刻警醒青年，必须坚持人民至上原则，以人民的权利、利益的实现为条件和目的。只有紧紧依靠人民，不断造福人民，牢牢植根于人民，才能确保为国家繁荣昌盛而奋斗，为人民谋福祉。也唯有如此，爱国情怀才能得到真正的实践，青年的集体主义精神才能得以落地，青年才能真正意义上实现爱国。

习近平总书记指出："只有坚持爱国和爱党、爱社会主义相统一，爱国主义才是鲜活的、真实的，这是当代中国爱国主义精神最重要的体现。"②可见，爱国主义在公民道德建设中具有重要作用。《新时代爱国

---

① 风笑天：《青少年社会化：理论探讨与经验研究述评》，《青年研究》2005年第3期。
② 习近平：《论党的青年工作》，中央文献出版社，2022，第173页。

主义教育实施纲要》强调,新时代爱国主义教育要把青少年作为重点,培养青少年首先要培养学生的爱国情怀。① 这为做好新时代青年学生爱国主义教育工作指明了方向。同时,加强爱国主义教育是青年思想政治教育的重要内容。爱国主义教育是逻辑严谨、思路清晰、精准落地、情理兼备的过程,形式可以是严肃统一的,但也不排斥活泼生动。

爱国主义教育要重点把握青年学生、青年干部和青年人才这三大群体。爱国主义是近代以来中国青年运动的主流。从历史上看,中国青年学生运动就是胸怀忧国忧民之心,救亡图存、振兴中华,不断为祖国、为人民奉献的学生运动。近代以来,许多革命志士都是在学生年代树立了爱国主义信念。青年干部的爱国主义教育重点要在政绩观教育上。青年干部树立正确的政绩观,事关一个地区、一个单位的发展。他们有优势,也有不足。对此,习近平总书记指出:"有的年轻干部没有把心思和精力放在工作上,功夫也没有下在练好内功上,热衷于经营人脉、编织关系网。"② 青年干部要牢记"空谈误国、实干兴邦",要立足本职、埋头苦干,用实际行动和丰硕业绩为国家奉献青春力量,这就是新时代青年爱国主义的体现。青年干部要发扬"功成不必在我"的精神,将全局利益和国家利益置于个人利益之上,不计个人得失,坚持人民至上,做出经得起实践、人民和历史检验的实绩。青年人才的爱国主义教育体现在弘扬创业创新精神,助力实现中华民族伟大复兴。青年人才要向钱学森等老一辈知识分子学习,树立浓厚的家国情怀和强烈的社会责任感。在国家从"富起来"到"强起来"的历史性飞跃中,创新和人才成为关键的要素。近年来,我国青年海外高层次人才引进工作加快推进,许多在海外学成归来的青年科技人才纷纷加入祖国建设,充分彰显了新时代我国青年人才的爱国情怀。

三 注重提升青年培育的文化涵养

人的发展本身就体现了人文性,青年的发展离不开文化的滋养。文

---

① 《中共中央 国务院印发〈新时代爱国主义教育实施纲要〉》,中国政府网,https://www.gov.cn/zhengce/2019-11/12/content_5451352.htm。
② 习近平:《在全国组织工作会议上强调 建设一支宏大高素质干部队伍确保党始终成为坚强领导核心》,《党建》2013年第8期。

化是社会赋予青年成长的资源禀赋，是最具持久性的育人资源。文化以其"潜移默化"的育人机制，成为教育的重要方式。每一个时代的人文主义精神和文化导向都与这个时代的经济社会发展紧密联系，精神文化是社会运转的内在核心。"文化育人、以文化人"能够有效实现青年人文素养和道德修养的全面提升。今天，在中国大地上陆续出现的"最美现象"不是偶然的，是国家长期以来重视公民道德建设的必然结果，符合经济社会发展的趋势。

文化涵养既包括物质文化的涵养，也包括精神文化的涵养。它通过物质文化、非物质文化等标志物来附载传承，从而形成"时间的岛屿"，构成个体的集体记忆。从物质文化来看，一景一物都具有文化的功能，而自然环境是文化的重要载体。要积极发挥社会主义核心价值观培育在文化涵养中的重要作用，坚持"润物细无声"，在全社会共同营造良好的生活环境和社会氛围，"使核心价值观的影响像空气一样无所不在、无时不有"①。在学校里，要通过积极运用校训、校史、校歌等文化符号，塑造良好的校园文化环境，让学生在校园文化中得以被熏陶和滋养。

中华优秀传统文化对增强社会主义核心价值观的生命力和影响力具有直接而现实的意义，要发挥优秀传统文化对社会主义核心价值观的"涵养"作用。"思想政治教育要令人信服，仅仅能说会道，讲明道理还不足以说服人；说动人还需要以身教做示范。这就是以身作则，以行为示范。这就是'身教'的含义。"②青少年价值养成过程中的言传身教非常重要。当下的社会文化是古为今用的文化，其本质上是对中华文化基因的转录，是古今文化与外来文化共同作用下的综合体。优秀传统文化与现代社会文化之间存在一种内在转换的机制。既要看到优秀传统文化在教化育人方面的有效性和持续性，又要注重优秀传统文化时代语境的转化。

当前青年面临的是一个综合的、复杂的文化共同体，家庭文化、学校文化与社会文化多重交织，构成一个整体性的文化架构。家庭文化是基础，是文化涵养发挥作用的起点；学校文化是文化涵养的重要资源；

---

① 《习近平谈治国理政》，外文出版社，2014，第165页。
② 孙其昂：《论思想政治教育的基本精神与实现形式》，《思想政治教育研究》2011年第3期。

社会文化则是家庭文化和学校文化的延伸。另外，还存在网络文化与现实文化的叠加。网络空间是现实生活的"折射"，要充分发挥网络文化的涵养作用。习近平总书记多次论述网络空间对青年成长的重要作用，强调要主动占领网络空间的育人阵地，为青年成长提供天朗气清的网络环境。因此，治理好网络空间非常重要。要积极主动创作优秀的网络文化艺术作品，整合优秀文化资源，以青年喜闻乐见的方式，通过图片、声音、视频等多种形式予以呈现。利用重大纪念活动，有意识地做好主题宣传策划，贴近青年的思想实际，用好网络文化，引导青年感悟文化的魅力，形成古今文化、外来文化、现实文化与网络文化相融合的文化涵养体系。

四　注重激发青年追求幸福生活的动力

简单来说，青年的幸福观即青年对幸福定义的理解和认同，是对"幸福是什么"的回答。在不同的价值评判标准下，每个人对幸福的理解是不同的，这需要青年用心去感受。习近平总书记指出："我们的人民热爱生活，期盼有更好的教育、更稳定的工作、更满意的收入、更可靠的社会保障、更高水平的医疗卫生服务、更舒适的居住条件、更优美的环境，期盼孩子们能成长得更好、工作得更好、生活得更好。"① 这段话涉及了教育公平、就业收入、医疗卫生、居住环境、社会保障等几乎所有民生关切的焦点领域。可以说，幸福的来源是多元的、多层次的、复杂的，这要求党和政府积极为青年发展创造更好的条件，多管齐下，激发他们追求幸福生活的动力。

习近平总书记多次提到青年幸福观的命题。对青年来说，什么样的人生才是幸福的人生，是"人生的青年之问"。习近平总书记为"人生的青春之问"给出了答案："青年处于人生积累阶段，需要像海绵汲水一样汲取知识。广大青年抓学习，既要惜时如金、孜孜不倦，下一番心无旁骛、静谧自怡的功夫，又要突出主干、择其精要，努力做到又博又专、愈博愈专。特别是要克服浮躁之气，静下来多读经典，多知其所以

---

① 《习近平谈治国理政》，外文出版社，2014，第4页。

然。"①这段话是对青年的要求，实际上揭示了青年目前所处的人生阶段与发展任务之间的辩证关系。青年阶段的主要任务就是学习，要让学习成为青年追求幸福生活的重要途径。美国教育学家托马斯·利科纳（Thomas Lickona）指出："好的品格包括知道什么是好、希望如何好和做好事。"②这里的个人"好的品格"包括心智、心灵和行为三个方面。其中，行为习惯是构成道德成熟的重要条件。青年要完善自我认知体系，审问慎思、明辨是非，不仅要做知识的"存储器"，更要做知识的"处理器"。青年要养成追求幸福的行为习惯，做到情理兼修，把握情和理在青年价值养成中的重要作用，不仅要研究学问，还要养成健全人格，实现"通达人情、通情达理"的成长目标。

奋斗是幸福的源泉。青年要练就过硬本领，并实实在在地落实在行动中。要认识到"中国梦"的实现是靠的是厚实的知识、能力、素养和积极的社会实践。要处理好实干和巧干的关系，面对经济全球化加速推进、新一轮科技和产业革命加快变革，科技驱动成为我国未来经济发展实现弯道超车的关键。其中，青年人才起到关键作用，青年人才的培养关系到我国科技体系的发展和未来。他们是国家宝贵的财富，是国家创新的活力之源。青年在创新创造方面具有活力，在身体条件方面具有优势，要培养教育青年保持定力和顽强意志，攻坚克难，立足本职进行创新创造。习近平总书记对青年创新创造的具体要求，为青年的创新创造指明了方向，给予青年创新创造重要的信念支撑和条件支撑。他要求社会各界和中老年知识分子要关心爱护青年人才，促进各行各业青年人才的茁壮成长，让他们更好地服务国家宏观战略，成为"中国梦"实现过程中的重要人才支撑。

习近平同志在共青团浙江省委调研时指出："好钢要用在刀刃上，'千里马'要在大风大浪中经受考验，后备干部不能放在'温室'里去刻意培养。"③当代青年应当胸怀理想，立志做大事，平时挥洒汗水，战时奋勇向前。奔向祖国边疆宝地，到急难险重的岗位上磨炼意志，在西

---

① 习近平：《论党的青年工作》，中央文献出版社，2022，第141页。
② Thomas Lickona, *Educating for Character: How our School can Teach Respect and Responsibility* (New York: Bantam Books, 1993), p. 51.
③ 习近平：《之江新语》，浙江人民出版社，2007，第2页。

部大地挥斥方遒，为推动西部地区发展贡献青春力量。习近平总书记指出："许多同志有这样的体会，参加工作后，在普通岗位上经历一些难事、急事、大事、复杂的事，能够更加深刻地了解国情、社情、民情，也就是人们常说的'接地气'。"① 他提出干部成长不仅要铺"路子"，更要压"担子"。新修订的《党政领导干部选拔任用工作条例》突出了对党政领导干部基层工作经历的基本要求，强调要从基层干部中选拔干部。青年干部主动要求援藏、援疆以及去艰苦的欠发达地区工作、锻炼，已成为一种常态。

习近平总书记的幸福奋斗观，"从观念形态转变为追求幸福的具体实践，实现了幸福学说从传播学范式向实践范式的有效转变，丰富了幸福生活观的思想内涵，成为当今青年人树立正确的幸福观念、实现人生幸福的科学指南"②。它激发了新时代青年追求幸福生活的内在动力，指引青年坚持知与行、理论与实践相结合。青年既要学会仰望星空，也要学会脚踏实地，学会在实践中把理想变为现实，唯有如此，才能领会"幸福都是奋斗出来的"真正内涵，进而践行"青春是用来奋斗的"人生理想。

五 注重培育青年树立生态文明的观念

建设生态文明已然成为全世界的共识。生态文明建设已经成为我国新时代经济社会发展"五位一体"总体布局的重要领域。党的十八届三中全会通过《中共中央关于全面深化改革若干重大问题的决定》指出："紧紧围绕建设美丽中国深化生态文明体制改革，加快建立生态文明制度，健全国土空间开发、资源节约利用、生态环境保护的体制机制，推动形成人与自然和谐发展现代化建设新格局。"③ 在国民经济发展"十四五"规划和2035年中长期远景目标中，生态文明建设被摆在了重要位置。在生态文明建设中，最重要的就是生态文明意识和理念的形成、普及和实践。如何在青年中通过教育和实践内化生态文明观念，成为决定生态文明建设取得重大成就的重要方面。

---

① 《十八大以来重要文献选编》（上），中央文献出版社，2014，第349页。
② 王玉萍：《习近平新时代青年观的伦理意蕴及启示》，《学术交流》2019年第2期。
③ 《十八大以来重要文献选编》（上），中央文献出版社，2014，第513页。

生态文明理念中本来就蕴含着系统观念。青年是生态文明建设的主力军和预备队，青年工作的目标就是要将生态文明建设的目标和要求内化为青年自觉的行为和观念。对青年进行生态文明教育的一个重要方式就是教会青年反思，使他们学会思考自己的所作所为，建立一种生态文明道德感的自我认识。在生态文明建设过程中，要将生态文明理念以及由其衍生出来的制度、法律、政策等教育和灌输给青年，形成涵盖文化、道德、意识和价值等领域的生态文明系统教育体系。生态价值体现了青年工作个体价值和社会价值的统一，在长期的青年教育工作中，我们更多地关注了人与人、人与社会的行为准则，忽视了教育对调整人与自然、人与社会之间关系的重大作用。

由于当代青年人是掌握新技能、接受新思潮的生力军，是国家未来经济社会建设的顶梁柱，所以他们的素养水平必将影响到整个社会的文明程度。鉴于青年时代是人生价值观形成的关键时期，以科学的生态文明理念引领青年形成环境保护意识，则成为我国青年思想政治教育应有的内容。具体到做青年的思想政治教育工作时，应该传播哪种生态文明观念呢？是西方"先污染、后治理"式的，还是中国传统文化中某些过度保护而抑制开发式的？教育者要大力宣扬习近平生态文明思想。习近平生态文明思想是立足当今国际形势和中国实践需要，在系统参照全球生态环境治理经验教训的基础上，充分汲取中华民族传统生态文明理念，以马克思主义基本原理为指导的生态文明建设理论。习近平总书记从民族复兴和人类社会的整体利益出发，高瞻远瞩、审时度势地提出了"绿水青山就是金山银山"[1]"山水林田湖草是生命共同体"[2]"良好的生态环境是最普惠的民生福祉"[3]"人与自然和谐共生"[4]"生态兴则文明兴"[5]等一系列关于生态文明建设的新观点、新论断、新主张，形成了习近平生态文明思想。

内化生态文明观念，即通过习近平生态文明思想来培养青年的生态

---

[1]　习近平：《论坚持人与自然和谐共生》，中央文献出版社，2022，第10页。
[2]　习近平：《论坚持人与自然和谐共生》，中央文献出版社，2022，第12页。
[3]　习近平：《论坚持人与自然和谐共生》，中央文献出版社，2022，第26页。
[4]　习近平：《论坚持人与自然和谐共生》，中央文献出版社，2022，第249页。
[5]　习近平：《论坚持人与自然和谐共生》，中央文献出版社，2022，第230页。

文明意识，提高青年的生态道德素养和行为能力的教育活动。其目的在于塑造青年的"生态人格"，使他们拥有科学的生态价值观念，并养成绿色生产生活方式。青年生态文明教育是一个价值澄清的过程，旨在构建一种包含人自身的和谐、人与自然的和谐、人与社会的和谐等多个维度的认知体系，以及涵盖生态生产观、生态消费观、生态科技观等多领域的教育体系。要教育青年人在拼搏奋斗时记得尊重自然，在砥砺前行时懂得顺应自然，在创业创新时学会保护自然。

第二节 "主体论"：强化青年教育和发展的实践主体

习近平总书记从国家和民族未来发展的视角来审视青年的历史地位和责任，以实现中国梦为目标。面对中华民族由"富起来"到"强起来"的伟大飞跃，在实现"两个一百年"奋斗目标的历史交汇点上，青年应该实现怎样的发展，应该成为什么样的人，以及如何为实现"两个一百年"奋斗目标发挥作用，成为需要回答的时代课题。党的十九大描绘了新时代中国的美好蓝图，这个目标的实现需要当代青年深刻参与其中，需要当代青年肩负起应有的社会责任。家庭、学校、共青团、社会组织等共同构成青年教育和发展的主体。

一 重视家庭成员作为道德观念传授者的作用

苏霍姆林斯基（Suchomlinsky）曾说："用环境，用学生自己周围的情景，用丰富的集体生活的一切东西进行教育，这是教育过程中最微妙的领域之一。"① 家庭生活是教育的重要场景，从少年到青年，家庭教育都是人生的第一课堂。青年如何在早期建立起与父母的良好关系，将直接影响到他以后与同伴、学校、社区的交往方式。习近平总书记指出："家庭是人生的第一所学校，家长是孩子的第一任老师，要给孩子讲好'人生第一课'，帮助扣好人生第一粒扣子。"② 在家庭中，父母和其他家庭成员潜移默化地向孩子灌输朴素的道德观念；在学校，学生受到校园

---

① 〔苏〕B.A.苏霍姆林斯基：《帕夫雷什中学》，赵玮等译，教育科学出版社，1983，第122页。
② 《习近平关于注重家庭家教家风建设论述摘编》，中央文献出版社，2021，第69页。

文化的熏陶，从而形成具有自身特质的精神气质。从作为青年教育第一所学校的家庭来看，家庭文化环境对青年的道德感化和精神鼓舞具有重要的作用。

习近平总书记重视家庭、家教、家风对青年发展的影响，主张发挥家庭、家教、家风的作用，注重家庭成员之间的言传身教。习近平总书记指出："家庭的生活依托都不可替代，家庭的社会功能都不可替代，家庭的文明作用都不可替代。"① 在家庭教育环境下，孩子会耳濡目染地受到家庭文化的影响。作为一种传统文化资源，好的家风文化能够延续家族精神血脉，弘扬传统道德精神。因此，要发挥家庭、家教、家风的作用，进一步弘扬传统家风，倡导"以利和义""义利并立"的思想。传统文化推崇讲义守信的朴素诚信观。诚信是一切职业道德的"立足点"，也是一个人人格健全的重要方面。这些道德品质都是从家庭中生根发芽的。

家风文化是以育人为核心的朴素的道德教育。作为家风文化的一种外在呈现方式，家训承载着家风文化的精神实质。那些历经岁月变迁能够保留下来的家风家训，往往与国家、民族、社会发展紧密结合、同向同行，这种人文精神和道德传统早已融入中华优秀传统文化之中。比如，钱氏家族能够涌现出钱学森、钱钟书、钱三强、钱伟长等一批为党和国家建设作出巨大贡献的人才，与《钱氏家训》中的指引与教化密不可分。历史上近百部家训文献，如诸葛亮的《诫子书》、颜之推的《颜氏家训》都蕴含着"和谐""爱国""友善""敬业"等价值观，与社会主义核心价值观的基本内涵是一致的。家风家训成为当前青年思想政治教育的重要文化资源和德育资源，而教育要立足中华优秀传统文化语境，在汲取家风家训精华的基础上，将其作为思想政治教育的重要内容。

现代社会家庭结构和功能已经发生明显变化。家庭教育不仅仅是家庭、个人的事情，随着社会发展，其公共性日益凸显。家庭教育缺失，意味着本该由家庭承担的教育责任，被转嫁给了学校、社会。当前，存在少数青年因为工作、学习远离家庭生活，一些父母亲或其他监护人因为教育观念的问题，疏于对青年阶段孩子的管教，甚至有些父母亲或其

---

① 《习近平关于注重家庭家教家风建设论述摘编》，中央文献出版社，2021，第3页。

他监护人在家庭教育中长期缺位。对此，2021年，全国人大常委会通过了《家庭教育法》草案，以立法的形式，确立家庭教育的法律地位，明确了未成年人父母或其他监护人的责任和义务。《家庭教育法》旨在促进青少年家庭教育，同时在国家层面构建家庭教育体系，促进父母亲或其他监护人角色在家庭教育中的回归。

二 发挥学校作为知识技能传播者的主渠道作用

教育的社会发展功能之一是文化传递和延续，它旨在"帮助人们掌握浩瀚文化海洋中最基本的知识、态度、价值观和行为范式，选取、使用、整理和创造这些文化的基本手段和方法"①。学校教育是传承人类文明和培养社会新生力量的重要载体。习近平总书记指出："人类社会需要通过教育不断培养社会需要的人才……从而使人们能够更好认识世界和改造世界、更好创造人类的美好未来。"②习近平总书记把教育放在了非常重要的位置，多年来多次就研究生教育、职业教育和基础教育等问题作出重要批示和指示，科学把握教育对社会发展的重要意义，将教育列为优先发展战略。这种优先体现的是政策上以及财政、资源和要素上的优先。具体来说，就是要让教育投入增速快于社会平均投入增速，教育发展增速快于社会平均发展增速。习近平总书记指出，要"始终把教育摆在优先发展的战略位置"③，可见教育所占据的重要位置。

不同的历史时期，国家、政党对青年的定位是不一样的。"新中国成立以来，为适应时代发展需要，我国青年教育的根本任务经历了从培养具有社会主义觉悟的青年到培养为无产阶级政治服务的青年，再到培养为社会主义建设事业服务的青年的三次根本性转变。"④新中国成立以来，各类学校根据党和国家对青年培养目标的定位，构建了德智体美劳全面培养的教育体系，形成了更高水平的人才培养体系。特别是鉴于研究生教育在创新驱动发展战略中的重要意义，党和国家对研究生教育提

---

① 朱利霞：《重申教育的保守性》，《中国教育学刊》2012年第6期。
② 《习近平关于社会主义社会建设论述摘编》，中央文献出版社，2017，第47页。
③ 《习近平谈治国理政》，外文出版社，2014，第191页。
④ 柳礼泉、陈方芳：《党的十八大以来习近平青年教育思想论析》，《学习论坛》2016年第7期。

出了明确要求，即坚持"四为"方针，瞄准科技前沿和关键领域，加快培养国家急需的高层次人才。

各类学校要认真把握教育的重要任务和着力点。第一，确立德育的先导地位。习近平总书记特别重视青年的道德教育、社会主义核心价值观教育和爱国主义教育等。第二，把智育摆在重要位置。学校教育的根本是进行专业教育，即培养青年参与社会建设的技能。针对当前教育的时弊，以及人民对更优质、更均衡教育的迫切需要，习近平总书记在党的十九大报告中提出了一系列优化理念以及改革措施。学校教育发展要重视质量，要力争打造"精品课程""优质金课"，培养"卓越教师"，提高教育教学质量。第三，把体育工作作为教育工作和青年发展的基础。要加强体育教育，将青少年作为实施全民健身计划的重点人群，切实发挥体育在培养青少年养成健康生活方式方面的作用。第四，确立美育创新发展地位。各类学校要将美育作为培养学生审美、陶冶学生情操的重要课程和载体。第五，把劳动教育作为开展实践教育的重要载体。当前，我国教育体系中，劳动教育已经作为一种更加重要的内容被纳入高校教育。《关于全面加强和改进新时代学校美育工作的意见》《关于全面加强新时代大中小学劳动教育的意见》的出台，改变了过去教育过程中"德智体美劳"不均衡的现状，体现了教育回归现实、回归人的发展本身的理念。

教育的目标是建立和谐的教育共同体主体关系，即多元主体协同治理的新型关系。首先，要抓好学校教育主体。教育主体与教育对象的相互作用，既超越了主体性的自我化，又体现了主体间的共通性；既保留了主体自身的特征，又强调了整体性与和谐性，是共同体追求的理想目标。要聚焦提高学校人才培养质量这一中心，学校的各项工作、政策、标准都要围绕这个中心展开。其次，以各类学校为主导，实现与家庭、企业、社会等多个主体的有效互动。融合学校、家庭、社会、企业四个主体的教育力量，构建"四位一体"教育协同育人模式。从整体性的角度出发，积极构建以学校为中枢的政府、家庭、社会、企业共同参与的育人体系，创新校企合作模式，开拓校外教育资源，探索校外导师制，使校外企业导师与校内专业教师工作有效衔接，丰富教育载体和内容，共同构建"区域教育共同体"。①

三 强化共青团组织作为政治态度形塑者的角色

共青团作为先进青年的群团组织,有着自身的组织体系,并保持相对的独立性。作为"现实的个人",青年是人类历史发展中最积极、最觉醒的力量,历史的发展离不开青年的参与。科学认识青年在社会发展中扮演的角色,描绘中国青年在人类命运共同体构建中的成长路径和发展蓝图,明确中国共产党代表青年、赢得青年、依靠青年的青年工作路线,是信任和赋权青年的基础。信奉人性本善,信任在好的家风下成长起来的青年个体和青年群体能够具备良好的思想品德。相信青年的历史担当与中国共产党的初心使命是一致的,实践逻辑反复证明,中国青年是推动社会变革的重要力量,这与"为中国人民谋幸福、为中华民族谋复兴"的中国共产党初心使命相契合。相信中国共青团能够团结最广大青年群体向善有为、报效祖国,这种递进式的信任体现了"相信人民"的思想本质。作为法定青年组织的共青团,与青年自组织和其他青年社会组织等共同构成青年组织的生态形态。其中,共青团是最大的青年组织,如何发挥对其他青年组织的引领作用,需要共青团在新时代进行探索。

共青团是一个政治性群团组织,这决定了其必须与党保持同步,必须在党的引领下开展工作。政治性是其第一属性,作为群众组织,共青团是青年政治态度的形塑者。中国共产党历来重视青年的作用和历史地位,将青年视为社会主义现代化的建设者和接班人,积极发挥青年作用,将青年工作作为一项十分重要的工作。共青团要坚持走中国特色社会主义群团发展道路,从夯实党执政的青年群众基础的战略高度上明确青年发展的定位。习近平总书记重视共青团的改革创新,主持召开了党的历史上首次中央党的群团工作会议,并担任中央全面深化改革领导小组组长,将共青团组织的改革纳入中央全面深化改革工作范畴。

"为谁培养人"是共青团开展工作必须思考的问题,也就是共青团

---

① 王延隆、王华华:《高等教育:现代性批判与共同体构建》,《湖北社会科学》2019年第10期。

开展青年工作是谁赋予的权力，要用什么样的政治立场、政治态度来培养青年。在不同的历史时期，为谁培养人的问题始终是中国共产党领导下的共青团的要点，也就是要培养社会主义合格建设者和可靠接班人。新中国成立以来，党的历届中央领导集体都强调要培养为社会主义服务的青少年。进入新时代，习近平总书记对党的政治传统给予继承和发扬，强调要"把培养社会主义建设者和接班人作为根本任务"①，进一步明确了共青团在新时代的主责主业，用"共青团所有工作归结到一点"和"工作主线"的提法来重申共青团组织的各项工作，使其不偏离党的轨道。

共青团最大的危机是脱离青年群众。共青团是党开展青年工作的重要抓手，党通过共青团开展青年群众工作，这是党自革命和执政以来积累的重要经验。党的十八大以来，习近平总书记指出共青团存在"机关化、行政化、贵族化、娱乐化"②的"四化"倾向，"四化"成为影响共青团巩固和扩大党的青年群众基础的最大障碍。"政党青年组织要探索政党的政治和组织行为在青年中实现的路径，探索政党的意识形态在青年中的传播路径。"③ 共青团是党联系青年的桥梁和纽带，要紧紧围绕这个职责定位来谋划改革和发展，真正从思想上、工作上、制度上把这个问题解决好。巩固和扩大青年群众基础的关键在于扩大组织有效覆盖面，扩大共青团对团员青年的有效覆盖面，让青年在共青团的组织体系里受教育，把先进的理论和政党的意识形态灌输给青年，塑造青年正确的政治态度。同时，要提升共青团对青年社会组织的引领力，共青团要通过改革坚持走青年群众路线，增强共青团与青年社会组织的黏性，通过青年精英、资金资源、政策等渠道，对其形成基本的、稳定的社会动员力。

2018年以来，习近平总书记在多个场合提出"加强对青年的政治引领"④"中国特色社会主义群团发展道路"⑤等理论命题。要加强对广大青年的政治引领，引导广大青年自觉坚持党的领导，听党话、跟党走。

---

① 习近平：《论党的青年工作》，中央文献出版社，2022，第153页。
② 习近平：《论党的青年工作》，中央文献出版社，2022，第154页。
③ 吴庆：《中国共产党政党青年观和政党青年组织的发展》，《中国青年政治学院学报》2011年第5期。
④ 习近平：《论党的青年工作》，中央文献出版社，2022，第156页。
⑤ 习近平：《论党的青年工作》，中央文献出版社，2022，第9页。

这是党的十八大以来习近平总书记对五四运动以来党的青年运动发展逻辑的深刻总结，彰显出新时代党的青年工作理论作为21世纪马克思主义青年理论的理论品质和中国特色社会主义青年发展道路的自信。加强青年的政治引领是在党的政治建设的大背景下提出的，习近平总书记总结不同社会形态、历史时期青年工作的经验，把握新时代政治引领在我国青年工作中的重要作用，基于当今国内国际的现实背景，创造性提出加强"对青年的政治引领"，这一论断把握了共青团的根本属性和青年社会化的本质过程，符合科学的发展规律，坚持了历史逻辑、实践逻辑和理论逻辑的统一，是对中国共产党青年工作理论的重大贡献。"加强青年政治引领"成为世界政党组织解决青年发展问题的重大经验。面对日益发展的青年，如何引导好他们、发展好他们，让他们成为社会发展的重要力量，是全世界政党执政面临的重大课题。建立执政党的青年组织，以共青团组织为青年政治态度的形塑者，加强青年政治引领，是中国共产党留给世界关于青年发展的重要经验和启示。

共青团是先进青年的组织，先进典型是青年成长历程中的重要引领者。青年先进典型是青年成长成才的示范者。典型教育以先进榜样为引领，传播榜样精神，善于用青年身边的典型来引领青年，让青年从朋辈中汲取精神养分，推动形成浓厚的尊重和学习典型的良好氛围。习近平总书记指出："学到的东西，不能停留在书本上，不能只装在脑袋里，而应该落实到行动上，做到知行合一、以知促行、以行求知。"① 开展先进事迹报告会、座谈会、表彰大会以及巡回演讲等活动，讲好先进典型故事，给青年带来真实的精神洗礼，能够传播巨大的精神力量。要善于将榜样的先进事迹通过艺术化的手段进行传播，比如以微电影、小说、电视剧、歌曲、戏曲等多种形式进行宣传和教育，用青年热衷的语言方式感染他们。利用网络打破榜样教育的时空限制，拓宽榜样教育的活动渠道，用青年热衷的语言和方式，增强榜样教育的影响力、辐射力和感染力。共青团和教育部门要善于挖掘青年先进典型，讲述本校、本乡、本地先进青年的感人故事；新闻媒体要在典型人物的宣传方式上不断创新。

我国自古就有"见贤思齐"的道德践履，正人君子就是古人的道德

---

① 习近平：《论党的青年工作》，中央文献出版社，2022，第149页。

标杆。我国历来就有"圣人之学是否可教"的争论。争论的结果是"所谓圣人可学,即说圣人之德可学;不仅圣人之德可学,而且人可以通过学圣人之德成为圣人"①。但学习的途径并不是简单的知识学习领会,而在于德行的养成与实践,最终成为有德行之人。传统文化为当下青年成长成才提供了丰富的精神资源和实践启示。我国传统文化中的家风家训能够为育人提供思想源泉和精神动力。推进家风家训文化的创造性转化,实际上赋予家风家训以时代特征,让家族历史上的先进人物、典型事迹成为青年学习榜样和成长规范,不断激励青年健康成长。

先进典型是青年成长成才的示范者。当前,我国重视青年典型教育,通过全国道德模范、五四青年、文明家庭等评选活动,引导青年重视荣誉、尊重英雄。通过朋辈或身边、家族内的人物的鲜活事迹、品行和案例,激发人的情感共鸣。这种先进典型的示范引领,以及荣誉教育和赏识教育,较之严厉的教育方式,更具有亲和力,更符合新时代青年道德品质教育的特点。

四 完善社会组织作为集体生活供给者的渠道

现实的个人由于"为我而存在",所以必然同他人交往,进而联合起来进行生产,并在其中同他人发生社会关系。② 个人只有在现实的生活条件下,在与他人、社会组织、社会环境的交互作用中,才能形成社会意识。个人发展依托集体的原因是个人发展条件上的有限性,只有与他人的联合,才能发展新的相互依存的社会关系和共同的社会利益。对青年而言,参与集体生活,在组织中获得教育和启迪,与他人相互学习,构成自身的发展条件。青年有组织化的诉求,青年组织化也是青年与社会互动的外在表现。青年参与集体生活,需要组织载体。我国青年集体生活的主要供给者是家庭、学校、共青团和青年社会组织。青年社会组织是作为新型的青年集体生活供给者出现的。在青年组织化的过程中,在与社会互动中,青年的个体权利意识得以产生和发展。英国社会学家

---

① 陈来:《论儒家教育思想的基本理念》,《北京大学学报》(哲学社会科学版)2005年第5期。
② 韩庆祥:《现实逻辑中的人:马克思的人学理论研究》,北京师范大学出版社,2017,第250页。

安东尼·吉登斯（Anthony Giddens）指出："组织化是一个能够进行'时空定位'的社会系统，这一定位行动是通过系统复制的自我反思和对零散'历史'的叙述而形成的。"①

融入集体生活是青年积极发展成为健康成熟个体的重要方面。青年发展离不开集体生活，它是人格养成的重要保证。从集体生活的构成来说，包括班级、社团、网络群组以及其他青年自组织等。传统意义上，青年接受集体生活的形式以班级、社团及团支部为主。市场经济快速发展和社会结构的变迁推动着青年进行自由流动。青年组织是青年集体生活的重要领域，是自发形成、自我管理、自我服务的组织，具有不稳定性，往往与传统的青年社团有所区分。针对日益发展和强大起来的青年社会组织，共青团要积极开展统战工作，以项目为牵引，通过孵化、扶持、联络等路径，搭建枢纽性平台，构建互利共赢的良性关系。引导社会组织健康良性发展，使各种社会组织成为青年发展的重要组织力量。网络社会的发展让青年的集体生活方式更加多样、内容更加丰富。网络空间成为青年活动的重要场域，青年通过网络建立起一个与现实世界平行的虚拟社会，从而在某种程度上与社会处于相对隔离的状态。

从发达国家、新型工业化国家及地区的青年工作成功经验来看，社会组织是整合社会资源、维护社会稳定的有效机制与必要条件。社会组织在现代化社会中会自然地"发育"，青年社会组织的快速发展是我国青年事业发展走向成熟的标志。青年社会组织的发展是社会进步发展的必然结果，它能够有效满足青年的发展诉求，通过自愿、协商的方式和专业的手段去服务特定的社会群体，并帮助他们解决问题。尽管社会组织具有组织化功能，但社会组织自身难以有效参与到党和政府的体制中，而对党和政府而言，也难以通过社会组织对社会进行有效管理。因此，共青团可以通过加强社会组织与党和政府的有效互动，形成对社会组织进行整合的重要机制和路径。

青年社会组织作为青年集体生活的供给者，在基层青年工作中的积极作用已经开始逐步显现，涌现了一批有特色的社会组织，参与青年工作的创新。政府通过各种政策措施积极培育社会组织，使社会组织成为

---

① 〔英〕安东尼·吉登斯：《社会理论与现代社会学》，文军、赵勇译，社会科学文献出版社，2003，第167页。

党和政府的助手和协同伙伴。政府对社会组织的扶持包括多种模式：公设民营模式、搭建平台模式、直接资助模式和购买服务模式等。所谓公设民营模式，就是政府提供硬件和平台，由私人部门负责运营。所谓搭建平台模式，就是政府为支持社会组织的发展，通过建立诸如公益创意平台等方式，积极帮助社会组织成长。所谓直接资助模式，就是政府直接给予经费支持。这种经费支持不一定是特定项目的服务购买，而是政府为鼓励社会组织的发展，通过一定的方式直接将经费补贴给社会组织。所谓购买服务模式，就是在一些需要政府提供服务的公共领域，政府不直接提供服务，而是通过公开招标等方式，向社会组织购买相关服务。比如，很多地方政府的居家养老服务就通过向社会组织购买的方式来提供。推动社会组织的发展，不但可以有效减轻政府的负担，而且能够通过共青团的引领和合理引导，形成党政部门和社会之间的良性互动，进而提高群众对政府工作的满意度和认同度。

第三节 "方法论"：运用现代化的教育理念培养时代新人

马克思"再生产"蕴含着对人的"再生产"，特别是社会中坚力量的"再生产"。如何培养社会主义新人是重大的理论和现实问题。党的十九大报告首次提出"培养担当民族复兴大任的时代新人"这一重大战略任务。其后，习近平总书记在一系列讲话、文章、回信中围绕这一议题作出一系列重要论述，重点围绕"怎样培养青年"的问题展开，这属于方法论的范畴。要深入研究习近平总书记关于培养时代新人的重要论述，以现代化的理念推进青年方向自觉、文化自信、底线自律、生活自强，以培养时代新人为目标。

一 以方向自觉引领新时代青年的理想信念教育

理想信念犹如精神之"钙"，有了它，青年大学生才能"强筋壮骨"。理想信念的确立对青年成长的作用巨大，"没有理想信念，或是理想信念不坚定，就会导致精神上'缺钙'"[①]。在现实社会中，特别是在

---

① 习近平：《论党的青年工作》，中央文献出版社，2022，第35页。

宣传思想文化和意识形态领域，存在多种复杂的，甚至不正确的意识形态内容，具有很大的迷惑性。青年干部没有经历过严峻的革命斗争考验，容易受到外界的影响。因此，是否具有坚定的理想信念就成为考验青年干部是否合格的重要标准。不仅是在革命年代，新时代依然要把"信念坚定"作为选拔培养青年干部的重要条件。做好培养选拔年轻干部的工作，把理想信念教育作为一项根本任务抓实抓好。习近平总书记指出："理想信念坚定，是好干部第一位的标准。"① 许多干部出问题，都是理想信念有所动摇，进而滋生生活作风问题乃至贪污腐败和犯罪。因此，要把坚定理想信念作为一生必修课程，强化青年干部的理想追求、政治定力和政治信仰，使之牢固树立"革命理想高于天"的坚定信念。

党的十八大以来，习近平总书记多次到高校考察并与师生座谈，还多次给青年学生、大学毕业生、志愿者回信，对青年大学生提得最多的就是理想信念问题。习近平总书记指出："现在在高校学习的大学生都是二十岁左右，到二〇二〇年全面建成小康社会时，很多人还不到三十岁；到本世纪中叶基本实现现代化时，很多人还不到六十岁。也就是说，实现'两个一百年'奋斗目标，你们和千千万万青年将全过程参与。有信念、有梦想、有奋斗、有奉献的人生，才是有意义的人生。当代青年建功立业的舞台空前广阔、梦想成真的前景空前光明，希望大家努力在实现中国梦的伟大实践中创造自己的精彩人生。"② 理想信念是人生发展的"压舱石"。在中国梦实现的过程中，个人的发展将与时代发展紧密联系，青年只有树立与时代同步发展的理想信念，才能在个人的发展中有所作为。

要坚持用理想信念感召青年、凝聚青年，坚持不懈地以新时代中国共产党青年工作理论为青年理想信念教育的根本指引，通过青年工作，帮助广大青年确立正确的理想信念。共青团要让青年明白"跟党走"的历史逻辑和历史选择，把理想信念融入全体青年的内心深处。共青团必须发挥助手和后备军作用，要把引领团员青年坚定跟党走作为一切工作的出发点，自觉将团组织置于党的领导之下，把青年团结在党的周围。

---

① 《习近平关于全面从严治党论述摘编》，中央文献出版社，2016，第123页。
② 习近平：《论党的青年工作》，中央文献出版社，2022，第80页。

要从共青团的作用发挥和时代使命出发,高扬理想旗帜,引领青年建功新时代。政治引领的基础体现为青年的政治认同、目标认同和价值认同,表现为青年对所处的政治体制、国家制度、社会形态等的政治认同,对国家的发展目标、战略规划等的目标认同,对社会主流价值观的价值认同。加强对青年的政治引领是在共同的政治、目标和价值认同的基础上,通过发挥共青团作用,将青年塑造成整体的社会力量。

要在青年中深入开展历史观教育。青年的理想信念不是与生俱来的,而是需要靠教育和引领来塑造。要通过教育和引领,帮助青年塑造正确的理想信念、思想品质和道德品质,使他们成长为"理想远大、信念坚定的新一代,品德高尚、意志顽强的新一代,视野开阔、知识丰富的新一代,开拓进取、艰苦创业的新一代"①。我们党对青年坚定理想信念、树立高尚品德、具有顽强意志、崇高政治品质寄予了殷切的期望,这也是对马克思主义青年观的创新与发展的具体表现。习近平总书记在给青年的回信中强调,要认真学习党史、新中国史、改革开放史和社会主义发展史,在学懂弄通中深化认识和理解,进而转化为思想自觉和行动自觉。"要把学习贯彻党的创新理论作为思想武装的重中之重,同学习马克思主义基本原理贯通起来,同学习党史、新中国史、改革开放史、社会主义发展史结合起来,同新时代我们进行伟大斗争、建设伟大工程、推进伟大事业、实现伟大梦想的丰富实践联系起来。"②

二 以文化自信凸显新时代青年的优秀传统文化教育

习近平总书记指出:"抛弃传统、丢掉根本,就等于割断了自己的精神命脉。"③ 新时代中国共产党青年工作理论产生的土壤是经历5000年文化浸润的中华大地。历史传承下来的包括儒家经典在内的传统文化,早已从学习的"对象物"转换为青年生命的一种"潜存系统",成为青年生活世界的重要组成部分。也就是说,传统文化早已成为一种生活体,融入青年日常生活当中,成为中华民族的"潜在记忆"。这种"潜存文化"和"潜在记忆"构成新时代中国共产党青年工作理论的传统文化渊源。

---

① 《十六大以来重要文献选编》(下),中央文献出版社,2008,第432页。
② 《十九大以来重要文献选编》(中),中央文献出版社,2021,第379页。
③ 《习近平谈治国理政》,外文出版社,2014,第164页。

青年发展成什么样，是一个实践问题。中国传统哲学为中国共产党理解青年现象、看待青年问题、发展青年事业提供了文化条件。中国的传统哲学、传统道德和传统文化为青年世界观、人生观、价值观的形成和培育提供了许多文化滋养。新时代中国共产党青年工作理论的形成和发展立足拥有 5000 年历史的中国传统文化，蕴含着深厚的中国传统哲学基础，充分运用中国传统哲学中的政治智慧，科学认识在传统哲学、传统文化深刻影响下的新时代青年。中国历史上如何认识青年、看待青年，青年面临什么样的问题、未来将如何走向，这些现实世界的问题是中国传统哲学和马克思主义哲学在青年问题上会通的基础。在中国传统文化中，《易经》蕴含着"天人合一"的系统观，引导人们从时间、空间、条件、关系等方面全方位地认识问题、分析问题。进入现代社会，这种系统观念依然影响着人们的思维方式和行为习惯，使人们逐渐形成了从整体、功能、动态、内外环境关系等多个层面看待事物、积极实践的思维方式。这些传统哲学思想构成了新时代中国共产党青年工作理论的文化渊源，也成为其系统观念的理论基础。

5000 年的历史文化，是我们国家和民族宝贵的精神财富和文化遗产。习近平总书记指出："中华传统美德是中华文化精髓，蕴含着丰富的思想道德资源……努力用中华民族创造的一切精神财富来以文化人、以文育人。"① 中华优秀传统文化作为一种文化基因，深深植根在每个国人的心中，也根植于每个青年的心中。老子、孔子、墨子、孟子、庄子等诸子百家的学说至今仍然具有世界性的文化意义。传统文化中的道德内涵为青年的道德认知提供了宝贵资源，孕育了作为受教育者的青年的朴素道德情感。② 中华传统文化伦理思想博大精深，蕴含丰富的教化育人思想。

我国传统文化蕴含丰富的文化因子，在当代具有重要的社会价值。习近平总书记在日常与青年的交流中多次引用古文经典，并且强调要从传统文化中吸收精神营养，自觉接受传统文化的熏陶，让优秀传统文化在青年中传承下去。习近平总书记曾经明确表示很不赞成把古代经典诗

---

① 《习近平谈治国理政》，外文出版社，2014，第 164 页。
② 王延隆、刘莲香、王晶：《将中华优秀传统文化融入高校思想政治理论课教学》，《高校辅导员》2018 年第 4 期。

词和散文从教材中删除，他希望学生要学习好我国传统文化经典，要让古代典籍成为"嵌在学生的脑子里，成为中华民族的文化基因"①。优秀传统文化是我国的重大教育资源和文化优势，要在新的时代条件下将其转化为培育青年和提升国家文化软实力的重要抓手。比如发源于浙江的永康学派、永嘉学派尚功利、崇事功，但并不是就功利论功利，就事功而言，崇尚的是"义利双行"。古人建立起了讲义守信的朴素诚信观，经过世代的积累、传承和传播，对公众共同价值观产生了积极的作用，在社会主义市场经济条件下，对现代诚信社会的构建有着极大的正能量效应。

中华传统文化中所蕴含的优秀思想道德与新时代中国共产党青年工作理论中青年德育的要求相契合。2014年、2017年，《完善中华优秀传统文化教育指导纲要》和《关于实施中华优秀传统文化传承发展工程的意见》两项国家层面的政策文件先后出台，为青年吸收和传承中华优秀传统文化中的思想理念和道德规范指明了具体的实施路径，将文化教育和文化传承上升到国家战略高度。要充分挖掘传统文化中的道德内涵和教育资源，将中国的传统智慧引入青年教育之中，运用优秀传统文化的思想资源，用活古人丰富的思想素材，阐发当下的社会主义核心价值观，以社会主义核心价值观涵养青年品格。教育在本质上是一种"有意识的文化活动"②。高校应重视优秀传统文化的历史价值和育人价值，研究传统文化与思想政治教育两者之间的共通性、互动性、融合性，这对高校弘扬中华优秀传统文化和提升思想政治教育的实效性具有重要的价值。当前，思想政治教育的文化属性存在被忽视或淡化的倾向，这导致了思想政治教育形式的呆板和教育实效性的不足。优秀传统文化中蕴含的文化内涵和实践意义极其丰富，其"潜移默化""以文化人"的育人机制，成为高校教育教学的重要文化方式。③

要立足现代性和现实性，讲好中国故事、家风故事、大学生自己的

---

① 习近平：《不赞成课本去掉古代经典诗词》，《新京报》2014年9月10日。
② Jan Assmann., *Collective Memory and Cultural Identity*, *New German Critique*(Cultural History/Cultural Studies, Spring-Summer, 1995), pp. 125-133.
③ 王延隆、刘莲香、王晶：《将中华优秀传统文化融入高校思想政治理论课教学》，《高校辅导员》2018年第4期。

故事，真正把社会主义核心价值观讲到青年大学生的"心坎上"，推进文化的创造性转化和创新性发展。要借鉴传统文化中"物我观照、妙悟自然"的育人语境，把枯燥的、抽象的、复杂的理论以一种鲜活的语言和形态进行呈现。要注重亲身文化实践和现实场景的运用，在活动中注入青年自身的情感和体验，实现道德教化。要利用当代青年对优秀传统文化的兴趣，寓教于乐，讲学生听得懂、感兴趣的道理。推崇青年美育，顺应学生学习习惯、思维方式的变化，引导学生的审美情趣。党的十八届三中全会强调美育的重要性，提出通过教育教学改革，实现青年审美能力与人文素养的提升。在优秀传统文化中培养学生的美学情趣，引导人们理解美、感受美、传递美。传统文化中的木文化、竹文化、石文化融合了农学、哲学、美学等多学科知识，与生活、生产、生命相结合，能够有效提升学生的学习兴趣。

抓好高校这一优秀传统文化教育的载体，让优秀传统文化基因与当代社会文化相适应，使优秀传统文化植根于当代大学生内心。要充分挖掘地方优秀文化资源，融入优秀传统文化的育人语境，要借鉴优秀传统家风家训的育人机制，研究这种蕴藏情感体验的朴素道德教育对人的教化的有效性。将传统的家风家训资源与现当代的校史资源、红色教育资源等融入高校的"第二课堂"和"第三课堂"，组织大学生在亲身实践中更好地理解优秀传统文化的精神内核和当代价值。融入优秀传统文化的审美情趣，引导人们理解美、感受美、传递美。要注重仪式感教育，在教育教学中运用美学教育手段，通过舞台艺术、行为艺术、审美艺术、语言艺术等途径，展现传统文化的魅力和活力。要推进高校文化艺术实践，开展传统文化类的校园文化活动，引导学生开设琴棋书画、诗词歌赋、丝竹笛箫等方面的学生社团，注重扩大社团活动的覆盖面以及提高学生的参与度。

三 以底线自律推进新时代青年的规矩意识教育

青年所处时代最大的现实就是人人都处于现代性社会之中，这个时代最大的文明成果就是现代文明的逐渐形成。尊重每个人的权利和自由是现代文明的精华，为了保证每个人互不侵犯各自的权利和自由，每个人都必须承担起相应的责任。现代精神最基本的就是对规则的尊重，这也是现代社会人与人和谐友善的重要基础。新时代规矩意识教育是帮助青年树立底线自律的重要途径。当代青年要实现人生价值，奉献于社会、人民，就必须坚持底线自律，增强规矩意识。

青年有活力、思想开放、敢想敢干，接受过系统的学校教育，有知识、有文化，这是青年的优势。同时，青年的劣势也是明显的，存在阅历不广、容易理想化、喜欢用自我角度来表达和认识世界的问题，甚至缺乏基本的判断力。学校是青年从家庭走向社会的过渡地带，青年在学校里不仅仅是学习好就可以，他们会碰到许多集体性、社会性的问题，需要他们用学校的规则、社会的规则来处理，而不是用他们原有的认知和在家庭里的处事方式去处理。对当下多为独生子女的青年来说，了解和运用社会规矩的意识是普遍缺失的。缺乏自律习惯和规矩意识，容易使青年自以为是，不能坚守底线，不仅阻碍自身成长成才，还可能对他人和社会造成危害。培养底线思维，在建设法治社会的背景下显得尤其重要。

尊重规矩要成为青年成长的重要原则。习近平总书记强调，要严格遵守纪律规矩，"要有内容完善、针对性强的法规制度"[1]。党的十八届三中全会通过《中共中央关于全面深化改革若干重大问题的决定》，提出"紧紧围绕提高科学执政、民主执政、依法执政水平深化党的建设制度改革"[2]；党的十八届四中全会提出全面推进依法治国，建设党内法规体系；党的十九届四中全会强调制度精神和制度意识的重要性，推进国家治理体系和治理能力现代化。可以说，党的十八大以来，习近平总书记在治国理政过程中高度重视制度建设，通过建章立制规范党员干部的行为，这对青年来说具有重要的教育警示意义。

一般来说，党的规矩包括几个方面。一是党章是全党必须遵循的总章程，是党的各级组织和全体党员必须遵守的行为规范和规则。明文列入的党纪国法是硬规矩、刚性的，必须不折不扣地执行。违反了这些规矩，就如同触碰烧红的火炉。二是党的纪律是刚性约束。对政治纪律和组织纪律必须心有所畏、言有所戒、行有所止。纪律和自由是辩证统一的，守纪律才能获得真正的自由。陈云曾经指出："真正的游泳家在水里

---

[1] 《习近平关于依规治党论述摘编》，中央文献出版社，2022，第156页。
[2] 《十八大以来重要文献选编》（上），中央文献出版社，2014，第513页。

是自由的，真正的革命家在有纪律的革命运动里，也是自由的。"① 纪律实质上是对青年的一种保护。只要青年老老实实去遵守，不违规、不越界，那就进入了一个"自由王国"。三是国家法律是党员干部必须遵守的。国家法律是一条红线，不管谁触碰，都会受到同样的处罚。党纪国法就如同一个烧红的炉子，青年要树立这样的底线自律意识。

底线思维是立足最坏情况形成的一种思维方法，底线是行为主体为实现最低预期目标且避免最坏情况发生而设定的界限。作为一种积极的思维方式，底线思维可以有效规避和防范社会治理中的重大风险和危机。习近平总书记指出："社会治理是一门科学，管得太死，一潭死水不行；管得太松，波涛汹涌也不行。要讲究辩证法，处理好活力和秩序的关系。"② 青年是最有活力、最具革命性的社会群体，同时也是容易引发社会矛盾的风险点和风险源。因此，对待青年要把握底线意识，不断加强对青年的重视、关心和爱护，坚持政治性引导和社会性发展相统一，推进青年发展事业。

四 以生活自强优化新时代青年的心理健康教育

心理健康是一个人健康的重要组成部分。美国学者亚伯拉罕·马斯洛（Abraham Harold Maslow）认为："一个人如果不理解精神健康，也就无法理解精神病态。"③ 青年心理健康是当前教育工作和青年工作所面临的一项重要议题。随着全球范围内科技的快速进步、经济全球化进程的不断推进，人类生存的自然环境和社会环境都发生了深刻变化。现今社会的教育体系带有很强的竞争色彩。在这种竞争环境下，心理健康成为现代青年必须面对的一个基本问题，青年身心健康问题亟待深入研究。《自然》杂志一项调查研究发现："40%的受访者表示他们曾因读博期间的抑郁和焦虑寻求过帮助。"④ 曾有国外研究表明，研究生遭遇抑郁和焦虑的概率比一般人群高6倍。《"健康中国2030"规划纲要》对"心理健康"进行了部

---

① 《陈云文选》第1卷，人民出版社，1995，第275页。
② 《习近平关于社会主义社会建设论述摘编》，中央文献出版社，2017，第125页。
③ 〔美〕弗兰克·戈布尔：《第三思潮：马斯洛心理学》，吕明等译，上海译文出版社，1987，第14页。
④ Chris Woolston &Sarah O'Meara, *Phd Students in China Report Misery and Hope* https://www.nature.com/articles/d41586-019-03631-z.

署,青年精神心理健康日益成为政府、公众和学界关注的焦点。

尽管青年的心理健康问题已经日益引起社会各界的重视。美国心理学家弗兰克·戈布尔(Frank Goble)曾经指出:"如果人们只研究精神错乱者、神经症患者、心理变态者、罪犯、越轨者和精神脆弱的人,那么他对人类的信心势必越来越小,他会变得越来越'现实',尺度越放越低,对人的指望也越来越小。"[①] 由此可以看出,心理学的研究绝不是仅仅针对有精神和心理疾病的人的研究,而是对最广泛的人的自我实现的研究。青年在心理发育的过程中,面对较大压力,如果不进行正常的疏导,加上自身对心理健康的认知不足,缺乏主动防治的意识,更容易加重心理问题。

青年健康是全民健康的重要基石,保障青年健康,是亿万家庭对美好生活的殷切期盼。一方面,释放社会竞争压力和进行自我调适是应对压力的主要方式。除了社会各方在物资和人力方面的投入外,青年本身也要充分了解人生轨迹的差异性和社会生活的复杂性,敢于直面自己成长过程中的苦难和挫折,接纳个体或家庭的不足与缺陷,善于运用各种心理咨询平台和救助渠道,积极接受相关诊断与治疗。对此,习近平总书记曾用"自胜者强"来勉励青年要敢于追梦,敢于接受挫折和挑战。奋斗是艰辛的,艰难困苦,玉汝于成。另一方面,要加强青年心理健康教育和服务,培育积极的社会心态,逐渐形成良好社会氛围,不断满足人民对美好生活的需要。

随着我国医疗卫生体系改革的不断深入,在治疗生理疾病方面,不论是政策设计还是物资供应都达到了新中国成立以来的最优状态。因此,青年心理健康服务体系的完善也必须逐步提上日程并尽快落地,这对广大人民群众具有重要价值。青年心理服务体系建设应包括宏观、中观和微观三个层面。宏观层面旨在明确青年心理服务体系建设的目标;中观层面是青年健康的培育和塑造,这是培育社会心态的重要一环;微观层面旨在从青年个体出发,培育健康心理、改善人际关系、促进群际和谐。青年心理健康服务体系的构建有助于进一步完善我国的健康服务体系。

---

① 〔美〕弗兰克·戈布尔:《第三思潮:马斯洛心理学》,吕明等译,上海译文出版社,1987,第14页。

第四章 新时代中国共产党青年工作理论品质创新

新时代中国共产党青年工作理论坚持以马克思主义为指导,具有鲜明的民族特点和时代特点。同时,作为开放和发展的理论,其理论品格体现在党性和人民性的统一、政治性和社会性的统一、系统性和整体性的统一、民族性和世界性的统一。在实现"两个一百年"奋斗目标历史交汇期,新时代中国共产党青年工作理论的理论品格,在与中国共产党其他领导人青年思想的比较中,凸显了其时代意义和实践意义,为全面把握其思想内涵提供了依据。

第一节 以人民为中心:党性和人民性的统一

在党的历史上,关于"党性和人民性的统一"的论证由来已久,早期主要在宣传文艺领域使用"党性"与"人民性"的概念。胡乔木在阐述党报理论时指出:"说报纸党性太重,证明我们的报纸和人民还有距离,就是人民性不够,也就是党性不够。报纸能最高限度地反映人民的呼声,就是报纸有最高的党性。"[1] 这段话把党性和人民性的关系论述得非常清楚,但语境是党开展宣传文艺工作。习近平总书记在阐述党的青年工作时,针对共青团工作中所体现的鲜明的党性和人民性的统一指出:"党性和人民性从来都是一致的、统一的。"[2] 在之后的多个场合都提到了党性和人民性的统一,这种党性和人民性的统一成为该理论的鲜明特点。

一 新时代中国共产党青年工作理论体现党性原则

任何政党都有其党性,从本质上来说,党性体现的是该政党的本质

---

[1] 胡乔木:《报纸是人民的教科书》,《解放日报》1943年1月26日。
[2] 《习近平谈治国理政》,外文出版社,2014,第154页。

属性、目标价值等，表现为政党存在的诉求、意义等。1941年，中共中央政治局下发的《中共中央关于增强党性的决定》中指出，所谓党性，即"全党党员和党的各个组成部分都在统一意志、统一行动和统一纪律下面，团结起来，成为有组织的整体"①。"党性作为一个单独概念，进入中央政治局的决议后，成为此后党的建设的重要内容。"② 中国共产党的宗旨是全心全意为人民服务，党没有其他个人的、特殊的利益，为人民谋幸福、为民族谋复兴，是党的初心和使命。认识好青年、发展好青年、赢得青年，是中国共产党的重要任务。青年作为社会中最重要的群体之一，中国共产党领导人民进行革命、建设和改革的伟大实践，从根本上说就是实现最广大人民群众根本利益的伟大实践，也必然代表青年的根本利益和要求。③

理解青年工作的党性原则，首先要明确共青团的定位。在一定意义上，"党性"与"独立性"是一对需要平衡的关系。党性是无产阶级政党领导青年团体的最高原则，独立性则是指共青团在党的领导下，根据自身特点和青年需求开展工作的能力。在党的历史上，共青团和党的关系经历了"党性"与"独立性"之间的不断调整与适应。1953年10月，党中央在《关于加强党对青年团的领导给各级党委的指示》中明确了共青团的独立性定位，强调了共青团的工作要照顾青年的特点，同时必须在党的统一领导下开展独立活动，并加强党对团的系统领导。该指示指出："团的这种系统工作与组织独立性的加强并不会削弱党的统一领导，恰恰相反，正因为充分发挥团的组织作用，便能够更广泛地联系青年群众，便能够更加发挥团作为党的助手的作用。"④ 这里较为系统地阐述了党的领导与团的独立性之间的辩证关系。共青团工作的首要原则是坚持党性原则，同时又要保持相对独立性。在两者之间取得平衡，关键在于如何妥善处理好党性与独立性之间的矛盾关系。

实践证明，党的青年工作做得好不好，其关键在于是否坚持了党性、是否反对自由主义的"独立性"。何为自由主义的"独立性"呢？简单

---

① 《建党以来重要文献选编（1921~1949）》第18册，中央文献出版社，2011，第443页。
② 刘智峰：《中央第一个增强党性文件的由来》，《学习时报》2016年3月17日。
③ 孟东方：《中国共产党代表、依靠、赢得青年研究》，人民日报出版社，2016，第19页。
④ 《建国以来重要文献选编》第4册，中央文献出版社，1993，第492~493页。

来说，就是在一定历史时期共青团脱离党的领导，过于追求"独立性"，这势必弱化、消解党的青年工作的党性原则。习近平总书记所强调的党性和人民性的统一具有鲜明的马克思主义精神品质，要求"必须把政治方向摆在第一位，牢牢坚持党性原则"①，与党的历届领导人的青年思想一脉相承。正如习近平总书记指出："邓小平同志说，共青团犯一千条错误都没有关系，但是有一条错误不能犯，就是脱离党的轨道。"② 这强调了共青团在青年工作上要把握的政治原则、政治底线。党的青年工作不能一味迎合青年，要注重政治引领。应当注意的是，党的领导不意味着对团的工作的包办代替，甚至把共青团视为行政部门来对待。共青团作为群团组织，有其自身发展的规律性。在早期党的历史上，对于处理党团关系，曾经有过取消共青团，让共青团成为党的部门的错误做法。实践证明，加强党的领导实质上就是加强党在政治上的领导，同时为青年工作留出独立运作的足够空间。

党性是第一位的，共青团的独立性是相对的。坚持党性原则，必须承认党和共青团的关系是领导和被领导的关系，但这并不意味着共青团组织体系要行政化，成为党领导的行政体系中的职能部门。共青团组织具有多重属性，在内部管理上，领导层受党的委派，活动资金由财政供给，工作人员纳入公务员体系统一招录等，这些举措使其表现出明显的"行政化"倾向，从管理方便出发，这在一定程度上抑制了广大青年的个性及发展。在对外职能上，共青团更多体现出群团组织应有的平等性原则。事实上，在共青团系统内存在一定程度上的"行政化""官僚化""机关化"现象。习近平总书记在指导共青团改革时强调的"四化"问题，主要是针对共青团应该发挥作为群团组织应有的服务性功能。共青团的独立性与坚持党性原则不仅不矛盾，而且能够通过共青团的服务性、凝聚力，将党的政策制度理念真正内化于青年的心中、外化于青年的行为上，从而更好地激发青年对共青团组织的认同感，使青年紧紧围绕在党的周围。

---

① 《习近平谈治国理政》第 2 卷，外文出版社，2017，第 332 页。
② 《习近平著作选读》第 1 卷，人民出版社，2023，第 360 页。

二 新时代中国共产党青年工作理论体现人民性导向

所谓"人民性",就是要坚持以人民为中心。人民性并非所有政党的价值目标,无产阶级政党是立足人民性的,中国共产党始终坚持人民性原则。习近平总书记指出:"坚持人民性,就是要把实现好、维护好、发展好最广大人民根本利益作为出发点和落脚点,坚持以民为本、以人为本。"① 这种"以人民为中心"的发展理念是对马克思主义"以人为本"思想的继承和发展,彰显了人民至上的价值取向。习近平总书记始终将指引青年、服务青年、发展青年作为青年工作的出发点和立足点。他经常与青年交流,给青年回信,深入了解青年诉求和现实状况,回应他们的所思所惑。

青年工作人民性导向的确立,对发展中国特色社会主义青年事业具有重要意义。新时代党的青年工作始终坚持人民性,首先意味着要将人民确立为工作的主体。《中共中央关于全面深化改革若干重大问题的决定》对改革的主体作出了明确阐述。具体来说,就是"人民是改革的主体,要坚持党的群众路线,建立社会参与机制,充分发挥人民群众积极性、主动性、创造性,充分发挥工会、共青团、妇联等人民团体作用"②。这表明全面深化改革的动力和依靠力量是人民,那么,青年事业深化改革的动力和依靠力量也就是青年。全面深化改革需要共青团发挥其作为群团组织的有效作用,组织动员青年参与到国家的改革事业中去。从共青团系统的改革来看,推动其改革的主体和依靠力量是共青团自身,是共青团通过自上而下的方式进行的改革,是广大青年团员和团干部共同参与的深刻的自我革命。共青团的自我革命,推动了共青团工作和青年工作领域的革新,使共青团工作回归主责主业,那就是服务青年和引领青年,为广大青年建立公平可及、系统连续的发展体系。

人民性导向体现为惠及人民的全面发展的价值追求。人的全面发展是党为之奋斗的崇高理想和目标,是党开展社会主义建设的内在逻辑和根本追求,这与中国共产党始终坚持党性和人民性的统一具有内在契合

---

① 《习近平谈治国理政》,外文出版社,2014,第154页。
② 《十八大以来重要文献选编》(上),中央文献出版社,2014,第545页。

性。"习近平重视的是青年的全面发展,他提出的内涵丰富的青年发展目标的观点,主要包含自由和全面两个发展维度,又包含人的需要、能力、社会关系、个性四大具体内容规定,是个广泛而又丰富的发展体系。"① 改革开放以来,我国经济社会的快速发展和取得的巨大成就,为促进青年自由全面发展提供了坚实物质基础。从自由发展的维度来看,马克思主义认为,离开社会公平的个人自由是缺少基础的,是靠不住的。青年实现全面发展、共同发展与实现个人自由是处于同一个历史发展进程中的。党全面推进青年工作的深化改革,根本目的是让青年发展打破体制束缚,让青年有更加充分、公平地成长成才、脱颖而出的机会,让广大青年都有施展才华的舞台。力求通过改革建立青年公平发展、自由发展的制度体系,让青年共享人生出彩的机会。从全面发展的维度来看,就是要树立引领青年全面发展的培养目标,通过深化改革进行青年发展的制度设计和行动方案制定。党的十八大以来,中共中央先后出台一系列关于青年发展事业的政策文件,如《中长期青年发展规划(2016—2025年)》《国家贫困地区儿童发展规划(2014—2020年)》《共青团中央改革方案》等,这为推动青少年健康发展、深化青年组织建设奠定了制度基础。习近平总书记立足国家发展的战略高度看待青年发展事业,坚持以青年发展中长期规划的制定和落实来引领青年工作。中国共青团十八大以来,共青团积极推进中长期青年发展规划的落实,并将其写入团章。各地通过进一步整合党政和社会工作资源来积极支持共青团工作,形成在党委领导下,政府、家庭、共青团、学校、企业、社会组织等多方参与的青年工作体系。

三 新时代中国共产党青年工作理论体现党性和人民性的统一

新时代中国共产党青年工作理论在中国共产党表达组织意志和体现人民利益上实现了会通。中国共产党信任青年、赢得青年、代表青年,就是信任人民、赢得人民、代表人民。新时代中国共产党青年工作理论作为当代中国科学的马克思主义青年观,体现了深刻的人民性,实现了党性和人

---

① 严静峰、鲁明川:《社会主义改革内在逻辑:人的全面发展——基于党性与人民性相统一的视角》,《科学社会主义》2016年第2期。

民性的统一。着眼于政党发展的未来,从"接班人"的视角来认识青年、吸纳青年、使用青年,体现的是中国共产党鲜明的党性原则;着眼于青年自由全面的发展,尊重青年的主体性,发挥青年的创造性,让青年发展与时代发展同步,体现的是中国共产党鲜明的人民性导向。

马克思主义认为,有生命的个体存在是历史的前提,这种富有生命的健康的个体的生产和发展,是唯物史观的逻辑出发点。习近平总书记关于青年工作的重要思想体现了党以青年为本的价值立场,形成了以促进人的全面发展为导向的发展观,满足了青少年多样化发展需求。积极培养健康劳动力,将这种健康的青年劳动力视为社会"再生产"的中坚力量。青年工作遵循以人为本、优先发展的原则,其中"以人为本"即"以青年为本","优先发展"即"青年优先"。一方面,要坚持全局意识、协同意识、整合意识,把青年的发展放在国家经济社会发展全局中进行考虑,对不同地区的资源进行优化整合,聚焦青年发展;另一方面,新发展阶段要深刻认识到青年教育和发展对扩大消费、促进内需的重要作用,其成为人的发展和社会发展的重要内生动力。

党的十八大以来,我国将劳动教育、体育教育贯穿培育健全人格的青年的全过程,把正确的思想品德教育作为青年工作的着力点,将德育与体育、劳动教育等相互联系、交融,助推青年的全面发展。以发展青年体育事业为例,"十三五"时期,习近平总书记针对体育健康工作作出一系列重要论述,不断将青少年体育纳入国家治理体系。青年体育旨在增强体质和休闲等,要以系统观念推进群众体育、竞技体育、体育产业、体育文化等协同发展。将青少年体育事业融入国家和民生发展目标,顺应时代形势变化与主题要求,充分体现了党的奋斗目标和青年发展目标的高度统一。

第二节 以发展为归宿:政治性和社会性的统一

2019年,习近平总书记在中央政治局集体学习时指出:"阐明中国共产党和中国青年运动的关系,加强对广大青年的政治引领,引导广大青年自觉坚持党的领导,听党话、跟党走。"[1] 强化对共青团的政治领

---

[1] 习近平:《论党的青年工作》,中央文献出版社,2022,第202~203页。

导，加强对青年的政治引领，体现了对青年工作较高的政治性要求。社会化发展是党基于马克思主义经典作家关于人与社会关系的基本认识，对青年发展路径和方法的科学把握。坚持政治性和社会性的统一，是习近平总书记在深刻阐述青年与政党、青年与社会关系的基础上提出相关论述的精神内涵。

一 新时代中国共产党青年工作理论注重政治性引领

党的十九大把政治建设摆在首位。面对复杂的意识形态斗争，基于对青年成长规律的科学把握，习近平总书记就加强对青年的政治引领作出一系列论述。政治引领即政治性引领，它是党的青年工作扛起政治责任最直接的体现。唯有促进青年对党、国家、民族和社会形成稳定的价值观认同、工作机制认同，才能迎来青年发展的最好时代。当前，在党的宏伟战略中，青年工作、群团组织工作被提到了重要位置，同时还被赋予了严格的政治要求和崇高的政治期望。中国共产党始终"代表青年、赢得青年和依靠青年"[1]，同时要引领全体青年在新时代中国特色社会主义建设中发挥应有作用。

坚持政治引领就是引领青年高扬理想旗帜。习近平总书记要求广大青年要把理想信念放在自身成长的突出位置。习近平总书记指出："帮助广大青年确立正确的理想、坚定的信念，应该成为团组织的首要任务。只有抓好这项工作，才真正抓到了根本上。这是党对共青团工作第一位的要求。"[2] 要给新时代青年讲清楚中国特色社会主义事业发展的历史逻辑和实践逻辑，让青年明白当代中国的历史方位、国际发展的大势，明白人类社会发展的历史必然性和中国特色社会主义制度的优越性。共青团要把握青年政治引领的关键节点，适时主动用马克思主义信仰坚定他们的人生方向，培养社会主义建设者和接班人。

坚持政治引领就是引领青年坚定跟党走。青年的走向决定着政党的未来。抗日战争时期，国民党和共产党展开了对青年群体的激烈争夺，国民党依靠"三青"，共产党依靠"青年团"。历史证明，中国共产党取

---

[1] 贺敬垒：《列宁对马克思主义政党青年工作观的探索及其当代价值》，《中共福建省委党校（福建行政学院）学报》2021年第4期。
[2] 习近平：《论党的青年工作》，中央文献出版社，2022，第30页。

得成功的原因之一就是赢得了青年,成功引领青年跟党走。坚定跟党走,是我国广大青年正确的政治选择。习近平总书记指出:"共青团是党的助手和后备军,要始终保持先进性,广大团员青年坚定跟党走,就是初心。不忘这个初心,是我国广大青年的政治选择,也是我国广大青年的人生航向。"① 这表明,跟党走是共青团引导青年正确的政治选择。中国共产党代表青年、发展青年,跟党走中国特色社会主义道路,也是当代青年正确的人生发展道路。只有坚持正确的人生航向,才能实现青年个体更好地发展。共青团要把握自身存在的价值基础,引导青年增进对中国共产党和中国特色社会主义的政治认同。共青团不是独立的,而是由中国共产党领导的,这必然要求其为党的事业和执政服务,听从党的指挥,为党充分开展青年思想政治教育,做好青年政治动员、政治引领和政治吸纳工作,自觉承担起引导青年听党话、跟党走的政治任务,把青年凝聚起来,为党和国家建设贡献力量。

坚持政治引领,本质上是为了更好地助力青年发展,是对青年根本发展方向的指引。在当代,政治性引领就是要引领青年建功新时代。党的奋斗目标是贯穿当代青年运动的主线。对青年的政治引领不仅体现在思想层面、信念层面,还体现在行动层面。要将党的政治目标、国家的发展目标、个人的发展目标三者合一。当前我国面临的根本任务是实现"两个一百年"奋斗目标,实现这个目标的重要条件是青年坚持正确的政治方向,坚守远大的政治抱负,保持与时代同心同向。需要通过共青团的努力工作,加强对全体青年的广泛联系、服务和引导,共青团要围绕党和国家重大工作部署,积极搭建青年发展平台,组织动员广大青年更好地建功立业。

二 新时代中国共产党青年工作理论注重社会性发展

马克思主义认为,社会性是人的根本属性,也是人生存和发展的主要条件。人的社会性意味着作为个体的人不能脱离社会而独立生存。人的个体条件的有限性与人的个体发展需求的多样性构成了人与人发生联系的内在动力。马克思指出,"他们的需要……的本性,以及他们求得满

---

① 习近平:《论党的青年工作》,中央文献出版社,2022,第137~138页。

足的方式"①，让人与人彼此联系起来。因此，社会性具体表现为人作为社会中的一员，在社会中获得发展的同时反过来促进社会发展。另外，人的社会性发展强调属人意义，也就是说，只有把人的生存和发展作为逻辑归宿，才是真正意义上的社会性发展。社会性发展在一定意义上表现为人的社会化程度。每个时代都利用既有的社会条件推动实现那个时代的人的全面发展，当社会发展到一定程度时，对人的发展需求的满足就显得更加迫切。社会性发展"强调中国共产党需要从社会发展的眼光去看待青年，把青年放在社会发展的过程中去对待，引导青年，制定相应的政策"②。这种社会性发展客观要求党和政府要站在青年发展利益需求的角度来考虑问题，让青年融入社会发展结构，发挥他们的作用。

马克思主义认为，利益问题是人类生产和生活中不可回避的根本问题。利益是客观存在，是人类生存的物质前提。马克思指出："人们为了能够'创造历史'，必须能够生活。但是为了生活，首先就需要吃喝住穿以及其他一些东西。因此第一个历史活动就是生产满足这些需要的资料，即生产物质生活本身。"③青年的需要是客观存在的，从某种意义上来讲，青年正处于个体发展的上升阶段，需求的满足表现得更为迫切。青年工作不能回避利益问题，其中，经济利益以及职业发展、教育、婚恋、社会保障等是青年的核心利益。任何政党要赢得青年，必须关心关注青年面临的现实利益问题，为青年的成长和发展创造平台和条件，让青年感受到国家对青年的关心关爱，才能最大限度地赢得青年群众的拥护和支持。

坚持青年社会性发展，必须使青年个人融入时代发展。从某种意义上说，近代以前，中国社会都是缺失青年这一独立群体的，青年被传统伦理和家庭教育规制于"家"的范畴中，一直没有成为独立的社会阶层。时代的发展催生了青年，近代以后，青年日益以一种共同体形式共同发展。世界青年运动的实践启示我们，青年常常面临着"寻求融入现有秩序和改变现有秩序"的矛盾。虽然各个国家青年的生活环境不同，所处的发展阶段不同，但是他们都渴望充分参与社会生活，融入时代发

---

① 《马克思恩格斯全集》第3卷，人民出版社，1960，第514页。
② 张春枝：《中国共产党青年观研究》，博士学位论文，武汉大学，2013。
③ 《马克思恩格斯选集》第1卷，人民出版社，1995，第79页。

展。青年发展与时代发展是密切联系、互为条件的,时代的发展需要青年的参与,青年发展要融入时代。习近平总书记提出,"中国梦是我们这一代的,更是青年一代的"①。青年与中国梦具有内在一致性,青年个体发展和时代发展是辩证统一的关系,"青年发展与时代同步"具有应然性和必然性。

坚持青年社会性发展,就是要将个人发展融入社会系统,就是要把青年视为社会系统中的一个组成单元,通过社会动员机制,激发青年参与社会发展的动力。青年工作的社会性意味着要用发展的眼光去看待青年,把青年个体发展和青年事业发展放在社会发展系统中考虑,并据此制定相应的青年工作制度和青年发展政策。党的十九大以来,党高度重视青年发展。2017年,中共中央、国务院发布的《中长期青年发展规划(2016—2025年)》提出,要将促进青年更好成长、更快发展作为"国家基础性"战略工程,第一次"把青年发展摆在党和国家工作全局中更加重要的战略位置,整体思考、科学规划、全面推进",并第一次明确提出"党和国家事业要发展,青年首先要发展"②。这是中国共产党在科学把握执政规律和青年发展规律的基础上总结出的宝贵经验。

推动青年社会性发展要实现青年个体和青年组织的均衡发展。一是青年个体的均衡发展。我国社会主要矛盾发生了历史性变化。在这个大的历史性变化格局之中,青年群体也越来越暴露出需求与供给不平衡,以及不同青年群体间发展不平衡不充分等问题。诸如青年思想教育、心理健康、创业就业、社会保障等问题。培养什么样的青年、怎样培养青年是新时代青年工作亟待解决的重大难题。青年的社会性发展就是青年通过学习、教育、实践获得社会生活所必需的道德品质、价值观念、行为规范,增强社会属性,提高适应和融入社会的能力。习近平总书记关于青年发展的重要论述就是集中解决青年发展的这个问题。二是青年组织的均衡发展。随着社会的发展,青年作为一种潜在的、崭新的社会资源和社会群体,推动现代社会历史的发展,由此出现了一些新兴的青年社会组织。共青团和这些青年社会组织共同构成一个青年社会系统。共

---

① 习近平:《论党的青年工作》,中央文献出版社,2022,第146页。
② 《中共中央、国务院印发〈中长期青年发展规划(2016—2025年)〉》,中国政府网,https://www.gov.cn/zhengce/202203/content_3635263.htm#1。

青团要扶持、引领、凝聚这些青年社会组织，共同服务于青年群体。

三 新时代中国共产党青年工作理论体现政治性和社会性的统一

任何政党的青年观都强调政治性，并要求这种青年观为政党政治服务，为执政党治国理政服务。中国共产党青年工作理论的发展源于党对政治性和社会性关系的认识和实践。政治性和社会性的平衡、统一、协调，是实现青年、社会、政党和谐发展的重要内因。从历史角度看，中国共产党取得革命成功的基本经验之一是动员青年参加政治运动。随着时代的变化，建设和发展新中国成为主要任务，如何实现从政治性引领到社会性发展转变的问题考验着中国共产党。进入改革开放新时期，随着国家对青年结社自由的放宽，各类青年社会组织如雨后春笋般涌现，获得飞速发展。党的青年工作要求进一步加强共青团的政治建设，通过共青团加强对青年社会组织的政治影响和政治引领。进入新时代，党在青年工作上坚持政治性和社会性相统一。党的十九届四中全会提出，要推进"国家治理体系和治理能力现代化"。习近平总书记强调，要让群团组织成为推进国家治理体系和治理能力现代化的重要力量，这体现了对共青团等群团组织的重视，也将青年发展、社会发展与治国理政紧密结合起来，实现了政治性引领和社会性发展的统一。

当代青年发展是集政治性引领和社会性发展于一体的。坚持政治性引领是为了实现更好的社会性发展。在一个风险社会，把握人生方向对青年来说非常重要。社会性发展是具有普遍性的发展，每个个体只体现为发展程度的不同，但是如果在根本方向上出现偏差，那么将是致命的。同时，在青年的社会性发展中强调政治性引领，体现出中国特色的青年工作和青年运动，是普遍性和特殊性的统一。通过共青团的组织体系，从上到下做好政治动员和社会动员，是完全能够培育好青年的。这里的前提是，要确保共青团在政治上完全接受党的领导，共青团要将自己的一切工作置于党的领导之下，确保政治性引领的正确方向。

青年的社会性发展是对青年政治性引领效果的有力支撑。青年跟党走是原则性方向，但跟党走后如何更好地发展，则是事关青年工作成效的重要问题。当代青年事业飞速发展，使全体青年享受了国家青年发展政策的红利，这势必增强了政治性引领和社会性发展的效果。从国家确立的"党和国家事业要发展,青年首先要发展"的理念可以看出,党和国家将青年发展摆在重要位置,关心关注青年的发展,落实关爱青年的各项举措。各级党委和政府充分信任青年、热情关心青年、严格要求青年,为青年发展提供更好的平台。既要对青年加强政治性引领,也要关注青年的社会性发展。

第三节 以协同为理念:系统性和整体性的统一

新时代青年工作的对象是青年和青年发展,它们各自是一个多维系统的集合体。"任何一种思想体系实际上都是一个由多角度、多层次的理论子系统构成的内容体系,也是一个典型的复杂性系统。"① 新时代中国共产党青年工作理论在理论内涵上体现出系统性。系统思维就是将思维对象当作一个整体加以考虑的思维模式。系统性是新时代中国共产党青年工作理论系统思维的体现,并在这一理论体系形成和发展中始终体现。作为科学的马克思主义理论,新时代中国共产党青年工作理论也体现出鲜明的整体性,在理论形态、理论形成、理论内涵和实践意义上都表现出整体性。

一 新时代中国共产党青年工作理论体现系统性

系统思维作为一种科学思维源远流长,但其得到系统性阐发主要是在近代。随着现代管理理论的发展,现代管理理论强调分工细作,分工细化带来的是知识生产和应用的细分。于是出现了知识上的学科化和专业化。由此,大家只关心自己的领域,导致所谓"只见树木,不见森林"的现象,同时带来了管理效率不足的问题。这促使一些学者和管理学家开始思考如何将各种分离的知识进行统合和联系,将世界视为一个系统整体,找寻"适用于同生物的、行为的和社会的万物打交道的概念和模型"②,并将这种模型应用于不同的社会领域。这些构成了系统思维

---

① 彭冰冰等:《习近平新时代中国特色社会主义思想的系统哲学解读》,《系统科学学报》2018年第1期。

② 〔美〕欧文·拉兹洛:《系统哲学引论——一种当代思想的新范式》,钱兆华等译,商务印书馆,1998,第28页。

产生的社会现实条件。

系统思维是将对象看作一个整体进行思考，强调从要素、系统、环境之间的相互作用以及结构、功能之间的相互关系的视角出发综合考虑研究对象，以实现系统内部结构的优化，进而达到高效解决问题的目的。按照辩证法的观点，系统思维在扬弃机械论、活力论的基础上，能够自觉地认识到事物发展中非系统性的存在。面对多元的发展问题，单一性、碎片化、分散式的谋划不足以形成一个完整的发展系统。从系统思维视角看，青年发展是一种系统发展，不仅要求实现青年个体与青年整体的协调发展，还要求形成由党和政府、学校、家庭、企业、社会等多元主体共同组成的育人系统。新时代中国共产党青年工作理论展现出的系统思维是一种有机的动态思维。青年作为一个有机的生命体，青年发展和社会发展是一个双向互动的有机系统，二者相互感应、相互作用、相互促进。

首先，系统性强调青年整体与个体的协同。青年发展作为一个系统概念，是以青年为主体、多要素共同作用的有机体，其内在具有鲜明的规律性。青年发展要始终坚持和强调整体性，不能把有机整体进行分解、还原。系统整体具有不可分解的特性，整体的属性、功能、行为不可归结为各部分的总和。新时代中国共产党青年工作理论是由多层次、多要素的子系统理论体系构成的，主要包括目标、对象、方法、内容等多种要素。要素是系统的基本成分，实现青年发展应从系统的构成要素入手，也就是针对内容、方法、目标等进行完善和优化。青年发展不能只就自身发展而论，应该将其看作一个统一的整体系统，放在青年教育的整体工程中来考量，不能忽视社会发展、时代发展与青年发展的相互关系，要注意青年发展的整体性。就其理论内涵而言，新时代中国共产党青年工作理论包括认识论、价值论、方法论三部分，三者之间相互贯通、自成系统。认识论是基础，价值论体现了系统的目标指向，方法论体现了系统的开放融合和动态平衡，展现了系统从低层次向高层次跨越的蓝图。

其次，强调青年系统开放与发展环境的协调。新时代中国共产党青年工作理论具有发展性的导向，是合目的性的开放思维系统。目的性是系统发展、变化、成长所反映出来的一种特性。系统论的目的性原则是达到有效结果的目的动因，它注重系统发展的结果，关注能否实现发展的目的。也就是说,一个开放的系统是通过要素间的相互协同和作用维持运行,进而实现系统优化的。系统的开放是实现系统内部与外部协同发展的基础。青年作为社会群体的有机组成部分,是以社会系统中的子系统形式存在的。青年群体这一子系统的续存,与社会大环境的开放性密切相关。不开放、孤立而封闭的系统会逐步丧失其所具备的功能。社会系统是一个自组织系统,系统的开放与环境的协调是关键。无论自然系统还是社会系统,都必须通过内在的协调作用维持系统的正常运行。如果协调缺失,任何系统最终都会走向崩塌。新时代中国共产党青年工作理论如果以内容、功能划分,可以划分出青年教育系统、青年工作系统等子系统。青年教育系统属于观念系统,可以将其视为一项培养和塑造人才的复杂工程,具有鲜明的开放性和动态性。作为社会中最为活跃的群体,青年的教育不仅是学校的职责,更是社会开放系统共同的职责。要将青年发展置于社会环境下考虑,强调学校、家庭,以及包括教育部门、妇联、共青团等在内的政府部门和群团组织,全社会都是青年教育系统的组成要素,而这些要素构成一个教育共同体,并通过整体系统协同教育资源,共同推进青年成长成才。

最后,系统性强调青年发展要素与发展目标的平衡。系统目标的动态平衡是指从某种稳定状态转变为另一种稳定状态,这是系统发展变化的规律。系统发展就是其各个子系统中的要素通过不断组织和整合,推动次级系统的逐步扩容,进而实现大系统内在的平衡与有序。新时代中国共产党青年工作理论合乎目的性原则,它要求确立明确的青年发展目标,通过制定中长期青年发展规划来把握青年在社会整体系统中的发展现状,以此审视青年发展诸要素在其中的适切性和周延性,从而确立青年在社会大系统环境下可实现的发展目标。具体来讲,就是根据中国国情,确立关于"青年如何发展""青年发展成什么样""青年发展道路"等的具体目标指向。系统整体存在从平衡到不平衡,再到新的动态平衡,并时刻相互转化的过程。从发生学意义上看,青年被社会系统赋予了相应的角色和期待,随着社会环境和时代发展的变迁,青年的成长环境发生了深刻变化。青年的"非青年化"现象凸显,表现为青年发展方向迷茫、主体意识弱化、对青年亚文化的推崇等。当系统脱离平衡状态,外在的能量和物质输入系统,系统自身会通过自组织的功能,再次走向动态平衡。

新时代中国共产党青年工作理论立足科学的认识论和价值论,力求从系统内外环境的相互作用中考察青年发展,通过对整个社会发展系统的整体研究来破解青年发展状态异常的问题。我国实施"青年希望工程",实现了制度设计、资源输入、社会动员三者的有机结合,统筹推进脱贫攻坚、教育发展和青年成长等发展目标。新时代,我国把青年的体育事业发展和教育培养放在教育系统中进行审视,符合人的全面发展规律,具有科学的实践指导作用。

站在为社会主义现代化强国建设培养人才的战略高度,树立系统思维,在满足青年身体健康需求的同时,通过发展青年体育事业来打通青年发展的"两个循环"。一是坚持发展内循环。体育事业与科学教育的关系是有机联系、相互促进的。要科学把握体育系统和教育系统融合发展的关系,深化"体教融合",通过体育学科和教育学科在思想、行动、方法、评价体系等方面的深层次融合,促进青年健康成长、健全人格、锤炼意志、全面发展。二是推动发展外循环。体育可以为国家赢得良好的发展环境,甚至成为生产力,经常融入国家外交活动中。青年体育、教育以及其他活动作为一种外交资源,在大国交往中发挥着独特作用。中国青年在与世界青年共同参与有关议题、活动和赛事的过程中,拉近了中国与其他国家的距离,展现了中国和平友善、开放自信的大国形象。

二 新时代中国共产党青年工作理论体现整体性

作为中国化的马克思主义青年观,整体性是新时代中国共产党青年工作理论的本质特征。这一整体性体现了事物之间的普遍联系,表现为其思想形成的整体性、理论的整体性和实践的整体性,是指导青年发展事业前进的学理依据。当前,青年工作的改革与创新统一于整体性思维中,站在整体性视角分析和解读这一思想体系,有利于从宏观和微观层面系统把握思想内涵,进而将其有效地应用于青年发展实践中。从理论内涵上看,它包含了党的青年工作的历史定位、青年发展的目标和路径以及青年工作实践三个层面。这种整体性主要体现在内涵的整体性、发展的整体性、逻辑的整体性等方面。

第一,内涵的整体性。中国传统哲学所运用的整体性概念,是从整体的角度出发,着眼于事物之间的有机联系和相互作用,强调部分与整体之间所内含的结构性和无时间性。新时代中国共产党青年工作理论作为一个完整的理论体系,至少包含两个基本要素。一是价值论。从青年发展需求和社会发展需要出发,价值论是一种强调青年和青年工作性质、构成、评价的哲学体系,揭示了青年之于政党、国家、社会的重要意义。从这一层面上讲,它回答了青年的作用、青年工作在国家发展中的战略地位、青年运动的主题、青年的职责使命、青年发展的目标以及如何评价青年等问题。二是方法论。方法论是分析和论证思想理论体系中价值准则存在合理性的理论。新时代中国共产党青年工作理论注重将马克思主义唯物论、辩证法和价值论运用于青年这一主题中,坚持以唯物辩证法为指导,用辩证、科学、发展的眼光认识青年、理解青年、发展青年,努力把握青年成长成才与社会发展进步的内在统一。这一思想理论不拘泥于原有的青年理论和青年发展政策,体现了与时俱进的理论品质。从理论内涵上看,党的青年工作的历史定位、青年发展的目标和路径、青年工作实践是新时代中国共产党青年工作理论的重要部分,同时也构成它的整体结构。整体离不开各部分之间相互联系、相互作用,部分又离不开整体,部分的目的和功能只有在整体中才能得以确定和发挥。在这里,党的青年工作的历史定位体现为世界观,青年发展的目标和路径、青年工作实践则体现了方法论。立足这两个要素考察,可以看出新时代中国共产党青年工作理论将价值论和方法论统一运用于青年和青年工作的发展实践中,具有鲜明的整体性。

第二,发展的整体性。马克思主义青年观是历史性地发展着的理论,其发展性体现在与时俱进。新时代中国共产党青年工作理论并非一成不变,它既根植于马克思主义青年观以及中华优秀传统文化,又是当代青年工作实践不断创新的产物,发展性和时代性是其重要的基本特性。需要用历史的眼光看待这种"发展的整体性"。每一个时代条件下产生的理论,在一定意义上都是时代的产物、历史的产物。相对于传统哲学中"结构的整体性","发展的整体性"更偏向于强调思想理论的历史性和动态性。从理解青年本质和青年发展的意义上讲,新时代中国共产党青年工作理论在历史发展进程中实现了青年本质由"潜在形态"到"显性存在"的转变,使人们真正认识到青年的本质及其发展规律,而从隐性到显性的过程则体现了理论发展的整体性。发展性同时又是一种建设性,体现在对不合理之处的批判上。新时代中国共产党青年工作理论既是对马克思主义青年观的批判性继承，又在把握时代发展趋势、青年工作实践以及人的发展的最终目标的基础上不断完善其思想内涵。这种发展着的理论对青年未来发展和青年工作实践具有重要作用。作为一种发展中的理论，新时代中国共产党青年工作理论的整体性还体现在将青年置于新时代的浪潮中，把握青年发展的差异性和阶段性，关注青年应承担的时代责任、不同层次青年之间的关系以及青年自身发展与社会发展之间的关系。这一理论将马克思主义青年观与青年工作实践相结合，形成了指导当代青年发展的整体科学体系。

第三，逻辑的整体性。新时代中国共产党青年工作理论体现青年发展的历史逻辑与实践逻辑的统一。在两个逻辑的统一中考察新时代中国共产党青年工作理论的整体性，可以透彻地研究青年发展，从纵横交错的历史和现实中抓住青年工作的主要矛盾及其本质。2019年，习近平总书记在纪念五四运动100周年大会上的讲话中阐述了五四运动以来中国青年运动的历史地位和发展演进过程，肯定了中国青年的历史贡献，明确了青年的未来发展目标。中国青年走上历史舞台是历史发展的必然结果，中国共产党诞生后，中国青年在党的政治引领下走过了百余年辉煌的青年运动历程，中国青年事业和全体青年的命运发生转变也是历史发展的必然。中国共产党青年工作理论是随着党的诞生而产生的，党从诞生的那一刻起，就与青年工作紧密相连。建党早期，党就将青年工作视为一项十分重要的工作。中国共产党青年工作理论历经百余年历史发展的变迁，但是不管怎么变，青年工作始终由中国共产党领导，并且青年工作的落脚点都是发展青年和赢得青年。同时，中国共产党青年工作理论也是实践的产物，青年发展道路和青年政策的实施是中国共产党立足不同时期的青年工作实际，通过长期探索创造的一种实践。面对实现"两个一百年"奋斗目标历史交汇期，习近平总书记提出，新时代青年要"树立远大理想、热爱伟大祖国、担当时代责任、勇于砥砺奋斗、练就过硬本领、锤炼品德修为"①。可以看出，习近平总书记从历史和实践两个维度出发，对青年历史作用、青年应如何发展、青年群团组织应该如

---

① 习近平：《论党的青年工作》，中央文献出版社，2022，第58页。

何建设进行了整体性的逻辑阐述，其中蕴含尊重历史、把握现实的历史逻辑和实践逻辑。

辩证法思维是与自然科学研究相契合的思维方式。马克思恩格斯通过抨击黑格尔式的"人工辩证法过渡"的荒谬构造，使辩证法的合理内核凸显出来。事物发展是一分为二的，既对立又统一，对立的因素能够达到统一。它是通过正反两方面观点的辩论得出的真理逻辑。辩证思维是反映和符合辩证法发展过程及其规律的思维，是对客观事物中蕴含的辩证法、辩证规律的一种认识和应用。新时代中国共产党青年工作理论遵循唯物辩证法联系地、发展地、全面地看待问题的基本观点。习近平总书记认为："唯物辩证法认为，事物是普遍联系的，事物及事物各要素相互影响、相互制约，整个世界是相互联系的整体，也是相互作用的系统。坚持唯物辩证法，就要从客观事物的内在联系去把握事物，去认识问题、处理问题。"① 这种思维运用到青年工作中，就是基于科学认识"人"或"青年"的整体性，尊重人的发展规律和价值目标。

三 新时代中国共产党青年工作理论体现系统性和整体性的统一

整体的历史观将人类历史作为一个整体来看待，认为人类历史发展经历了从分散走向整体的过程。在这个过程中，系统中的每个元素相互制约、相互影响，没有哪一个元素是占据主导地位的。同时，任何事物的实质都必须放在历史的总体中去考量和分析，从而使理论与实际在历史生活世界中保持密切联系。历史是过去、现在和将来辩证统一的总体，它并不是以某一特定阶级为基点，也不是始终围绕某一轴心旋转的，需要从多重视野交融的角度去把握事物发展的全貌。将理论与历史相联结，才能在社会历史中体验到其强大的生命力。

如乌杰教授所言："高层次的系统整体出现了系统低层次组成部分所不具有的新质的特征。"② 从系统的整体性来看，教育发展、思想发展、文化发展和组织发展构成了青年发展的子系统。子系统内部原本呈现出孤立而又分散的发展形态，但经过整体协调和逐渐演化，它们能够达到

---

① 《习近平谈治国理政》第 2 卷，外文出版社，2017，第 204 页。
② 转引自张华夏《系统哲学三大定律：乌杰〈系统哲学〉解析》，人民出版社，2015，第 140 页。

一种具有内在整体性、协调有序的非对抗发展状态。当前，青年发展涵盖经济、政治、文化、社会等多个方面，必须正确看待和科学规划青年群体的发展问题，准确找到青年发展系统中的主要矛盾，深挖青年发展的关键问题和制约因素，统筹规划、重点突破，以实现作为整体的青年事业发展系统的动态平衡。

新时代中国共产党青年工作理论强调整体性原则。也就是说，无论是有机还是无机的系统构成要素，都因为相互关联而构成整体，但在形态上、功能上却不是各构成要素的简单相加。系统中构成要素的差异在整体系统组织中也会表现出来。习近平总书记对青年发展的价值目标，在不同时期有不同的阐述，针对青年大学生、青年人才和青年干部也有不同的论述。在青年工作的思考和青年思想的建构中，习近平总书记始终统筹考虑青年发展的整体环境，把青年工作与青年教育、职业生涯、创新创业等结合起来，力求以一种整体性视角分析青年发展与整个社会发展的关系问题。新时代中国共产党青年工作理论将系统性和整体性融为一体，把青年作为一个发展系统来看待，把共青团发挥的作用放在社会大系统中去定位，以一种系统交互思维和整体性视角来看待外在环境系统对青年系统的影响。这种整体性和系统性对国家制定青年发展政策具有重大的理论指导意义。

系统论认为，系统是开放的整体，系统运行必须保持与外在环境的交互作用，这必然要求系统始终保持开放状态。中国发展需要进一步扩大对外开放，而不是一个国家自己唱独角戏，需要各方参与。从青年发展视野来看，新时代中国共产党青年工作理论兼顾民族性和世界性的统一。新时代党的青年工作理论统筹把握国际国内发展趋势和青年发展的内在逻辑，明确青年在世界发展中不可或缺的地位。青年是世界的未来，青年关系到民族进步和世界发展，青年应自觉担当起世界的责任。中国青年是中外友谊发展的桥梁和纽带，中外友好关系的建立离不开中国青年。习近平总书记指出，青年是促进世界各国交流合作的助推器，他对青年寄予厚望，"希望各国青年用欣赏、互鉴、共享的观点看待世界，推动不同文明交流互鉴、和谐共生，积极为构建人类命运共同体添砖献瓦"①。

---

① 习近平：《论党的青年工作》，中央文献出版社，2022，第115页。

第四节 以开放为手段：民族性和世界性的统一

新时代中国共产党青年工作理论从形成和发展来看，产生于中国，但面向世界，立足解决人类面临的共同问题——青年发展问题。这种对发展模式和发展目的的统一最终体现为民族性和世界性的统一。面对全世界青年发展的共同危机，习近平总书记坚持用马克思主义的立场和观点去观察世界形势，分析青年在世界各国发展中的得失问题，并作出科学判断，为制定青年政策、描绘青年发展蓝图提供了可靠依据。可以说，新时代中国共产党青年工作理论实现了民族性和世界性的统一。

一 中国特色社会主义青年发展道路彰显民族性

世界上各民族之间存在差异，不同国家、民族的青年发展水平、方式和路径各不相同。世界各国的青年理论的形成和发展均是立足各自的民族和文化土壤建构起来的。新时代中国共产党青年工作理论具有鲜明的民族特色，与民族实际及中国青年现状紧密结合。习近平总书记指出："只有坚持从历史走向未来，从延续民族文化血脉中开拓前进，我们才能做好今天的事业。"① 因此，要立足本来，民族文化是我们国家的"本来"，是我们的重大文化资源。

作为青年思想的主体，中国青年生活在中华民族文化的熏陶下。民族性是一个民族固有的习性，它基于习俗和传统，使民族意识能够代际传承。新时代中国共产党青年工作理论是为满足民族发展需求而产生的，它以民族性为根基，旨在为国家培养担当民族复兴大任的时代新人，这些时代新人应具有民族品格和民族特征。"习近平坚持以民族风格的维度审视青年发展，强调中华优秀传统文化对青年发展的时代价值，明确青年成长离不开中华优秀传统文化的滋养，青年工作要在传统文化中汲取营养和有益启示。"② 以起源和内涵为着眼点，青年发展与民族精神在理念、信仰、价值追求等层面具有内在一致性。

---

① 《习近平著作选读》第 1 卷，人民出版社，2023，第 283 页。
② 李士峰：《习近平关于青年发展的四维审视》，《中国青年社会科学》2017 年第 5 期。

新时代中国共产党青年工作理论注重青年发展的民族性，紧密结合中国实际，回答了青年的时代课题，体现出鲜明的民族特色。这种民族性是区别于世界其他国家青年思想的显著特征，体现在由于国情和历史文化的不同，青年发展的起源、内涵、途径、意义等都各不相同，从而更凸显民族性和本土文化特色。新时代中国共产党青年工作理论以民族文化为底蕴，与中国发展实际、文化特征相结合，体现了其鲜明的民族特色。我国青年发展事业在新时代取得了巨大成就，为世界各国提供了青年发展事业的"中国方案"。

新时代中国共产党青年工作理论的民族性主要体现在民族文化传承和创新两个视角上。首先是传承中华优秀传统文化。青年要成为引领民族文化发展和创新的重要力量，青年自觉弘扬优秀传统文化，可以带动整个社会的思想道德水平提升。为此，习近平总书记要求青年要做传承和弘扬优秀传统文化的实践主体。他强调："要继承和弘扬我国人民在长期实践中培育和形成的传统美德……努力实现中华传统美德的创造性转化、创新性发展，引导人们向往和追求讲道德、尊道德、守道德的生活，让13亿人的每一分子都成为传播中华美德、中华文化的主体。"① 在转型社会和网络时代下成长起来的青年，其思想多元化，对传统文化的认识和传承存在明显的代际差异。国家的政策体系、教育体系越来越重视本民族优秀文化的传承，同时注重积极推进优秀民族文化"走出去"，青年成为传播的主力军。其次是民族文化的创新。青年的学习能力强，对中华优秀传统文化要坚持创造性转化和创新性发展，在学习中不断发展进步，在取精去粗的过程中逐步发展和创新本民族的优秀文化。传统文化借助青年的创造力，融入青年的流行元素，不仅可以在国内更好地弘扬，更加有助于透过青年这一窗口，展示中国传统文化的时代魅力。

二 立足全球青年发展事业诠释世界性

当前，随着经济全球化和信息化进程的不断推进，国家和民族的空间边界日渐模糊，各国的联系越发紧密，世界青年的思想观念、价值追求以及青年运动的走向也趋向一致，这使得当代中国马克思主义青年观

---

① 《习近平谈治国理政》，外文出版社，2014，第160~161页。

呈现出明显的世界属性。习近平总书记关于青年发展世界性的重要论述，主要是指在时代发展和人类文明进步的实践中，青年发展超越了民族和地域的界限，成为各民族国家普遍存在和关注的理论问题与实践问题。新时代，无论从理论角度还是实践角度，青年发展都呈现出世界属性。从理论上看，新时代中国共产党青年工作理论始终坚持以"世界历史"的眼光揭示青年发展的规律和趋势，而且具有世界普遍认同的内在成长机制。从实践角度看，新时代中国共产党青年工作理论重视青年的教育和创新创业工作，这也是世界各民族国家普遍存在的教育现象。

马克思主义哲学认知里的世界是有机整体，从整体视域去把握，才能深刻认识整体中的局部以及局部中的整体。马克思曾设想未来时代"哲学……变成当代'世界的哲学'"①。青年具有人类共同的特性，它是人类 18~35 岁年龄段的代名词，寓意青春。人类共有的青春特性集中体现为中国和世界青年在生理上的共通性。新时代中国共产党青年工作理论对青年的认知，既是中国的，也是世界的。全球化时代，世界早已成为一个命运共同体，全球范围内青年人口的流动性、交流的频繁性、发展权益的共通性等构成新时代中国共产党青年工作理论世界性的现实基础。

新时代中国共产党青年工作理论的形成，与其对中国青年、世界青年社会性发展问题的解答密切相关。当今世界，青年的发展早已与世界融为一体。青年发展关乎世界利益，各国有责。可以说，世界的任何一处发展与变革，都与青年息息相关，都有青年的参与。共谋全球青年发展之路已成为世界各国发展的共识。谁发展好青年，谁就能赢得未来。

让世界了解中国、让中国走向世界不能仅仅依靠产品输出，更需要注重文化输出。"青年是中国文化的重要载体，是中国精神的符号代表。中国青年在与各国青年共同奋斗、分享青春、交流思想、畅谈未来的同时，中国文化和精神也伴随着青年的言语、行为展现出来并铭刻在国外青年的心里。"②

世界历史是人类社会发展的基本趋势，始终在人的异化和主体化互

---

① 《马克思恩格斯全集》第 1 卷，人民出版社，1995，第 220 页。
② 韩喜平、周颖：《习近平关于青年成长思想研究》，《思想教育研究》2016 年第 3 期。

动中向前发展,其发展历程为个人的全面发展创造了条件。世界历史也是人自身全面发展的历史,之所以如此,原因在于人是一切社会关系的总和,人的发展与社会发展辩证统一。正如马克思所说:"每一个单个人的解放的程度是与历史完全转变为世界历史的程度一致的。"[1] 从这个意义上说,世界历史的发展指向人的全面发展,全面发展的人是具有世界历史性的人。从普遍交往的视角来看,历史向世界历史转变的过程也是世界政治、经济、文化相互渗透、相互影响的过程。在这一过程中,每一个民族国家或个人的活动都不可能脱离世界历史这个整体而存在和发展,会受到世界历史力量的支配。世界历史就在这个普遍性的生产和交往中不断从低级向高级迈进。也只有通过普遍交往,历史才能成为世界历史,"单个人才能摆脱种种民族局限和地域局限而同整个世界的生产(也同精神的生产)发生实际联系,才能获得利用全球的这种全面的生产(人们的创造)的能力"[2],才能最大限度地实现人的解放和全面发展。

马克思认为,普遍交往是人全面发展的前提条件,"一个人的发展取决于和他直接或间接进行交往的其他一切人的发展"[3]。人只有通过交往,其肉体和精神才能相互塑造,能力才能获得新的发展。随着全球化步伐的加快,普遍交往日益成为青年全面发展的必要途径和条件。

第一,通过普遍交往来消解狭隘的地域性局限。通过普遍交往,"地域性的个人为世界历史性的、经验上普遍的个人所代替"[4]。狭隘的地域性的生产、生活和教育活动往往局限于单一国家、民族等内部,这些地域保持着自给自足和闭关自守的状态,这就造就了具有狭隘地域性的个人。存在于某一孤立地域内从事生产活动的个人,其发展也孤立于整个世界交往系统,缺乏与社会的交往与联系,必然受到传统的束缚,导致人本身的力量发展缓慢,呈现出一种低层次、低质量的发展状态。要消除这种局限性,就必须打破地域限制以及区域、民族和国家的界限,还应融入世界历史的交往浪潮中,成为将民族性和世界性有机统一起来的

---

[1] 《马克思恩格斯选集》第1卷,人民出版社,2012,第169页。
[2] 《马克思恩格斯全集》第1卷,人民出版社,1995,第169页。
[3] 《马克思恩格斯全集》第3卷,人民出版社,1960,第515页。
[4] 《马克思恩格斯选集》第1卷,人民出版社,2012,第166页。

"世界历史性的人"。只有通过交往的普遍扩大，个人才能实现自身全面发展的目标。

第二，通过普遍交往促进多元文化的交融和生产。文化在生产和消费的过程中能够对个体产生影响和涵化作用。文化凝聚着人们的智慧和力量，是人们学习的对象和客体，后人都以各自的文化为出发点，并将文化视为青年发展的基础。文化产品通过青年的自主学习和消费转化为新的文化形态和文化产品。青年在多元、跨区域的文化的交融、生产、消费中不断发展。在狭隘的国家、民族、地域性存在中，个人交往范围受限，因此人们对共同创造的优秀文化成果的继承和利用也有限，这就导致了个人发展速度缓慢、发展程度低下。只有扩大普遍交往，个人才能广泛参与文化的创造与消费，最终实现全球文明的共享。唯有如此，个人才能摆脱狭隘的地域性限制，获得更广泛的生产能力，实现自身的全面发展。

第三，普遍交往促进了人与人之间普遍依存的社会联系。人是社会性的存在物，若要实现发展目标，离不开人与社会关系的协调，其发展过程必须在社会中才能完成。从历史角度看人与人的依存关系，一种是以血缘、地缘为纽带的相互依存关系，这是一种在简单自然经济条件下朴素的人与人的依存关系。另一种则是建立在商品经济基础上的各个国家、民族以及个人之间的相互依存关系，这种关系主要是一种以物为媒介的、人与人之间的依存关系。在这两种关系中，前者制约了个人的发展，而后者通过商品交换促成的世界普遍交往，使各民族走向了互融互渗、共同成长的历史进程，人类社会也呈现出一种整体化、依存化的发展态势，从而为人的素质和能力的全面提高提供了普遍丰富的社会关系。现阶段，在经济全球化和信息化加快推进的背景下，通过提高青年社会交往能力来实现其全面发展，成为一项紧迫任务。

从以上观点可以看出，普遍交往是人的全面发展的前提和基础，在人的全面发展中，普遍交往是不可或缺的重要元素，也只有在普遍交往中，青年的全面发展才更具有动力。在经济全球化背景下，当代青年只有通过普遍的物质交往、精神交往、文化交往以及日常生活交往，才能使自身发展更具有普遍性和全面性，从而推动整个社会在政治、经济、文化、精神等各领域的全面进步。

三 新时代中国共产党青年工作理论民族性和世界性的统一

只有民族的才是世界的，只有引领时代才能走向世界。马克思主义理论坚持与国家和民族相结合，既体现民族心理，又具有世界意义。随着我国青年政策、规划和行动的实施，这一思想体系得以不断地发展和完善。新时代中国共产党青年工作理论对中国和世界青年发展具有重大现实指导意义。

新时代中国共产党青年工作理论的世界意义在于为全世界青年发展提供一种模式和一种选择，体现了一种动态的真理观。真理是历史的产物，历史是一个时空交会的动态历程，因此真理亦是一种动态的真理观。所谓动态的真理观，强调的是世界上没有绝对的、永恒的真理，而真理的客观性是由真理的历史性与实践性决定的。这种真理的动态性旨在反对将真理绝对化与僵化，反对将真理定于一尊，反对把真理当成某一集团、某一阶级的统治工具或是狭隘利益的附属品。因此，真理可以说是社会合理化的理论标志。全球青年发展有共通性，但这种共通性是在历史发展过程中暂时性的共识。新时代中国共产党青年工作理论的世界性必须在理论与实践动态的过程中看待，没有绝对的、固定的青年理论可以直接移植到任何国家的青年发展实践中。

身处中国的青年面临的是两个维度：中国的维度和世界的维度。中国的维度是，身处国家历史记忆共同体里的青年，有着共同的文化基因和历史记忆，国家为每个青年公民提供一个充分、公平且充满竞争的发展机会。这种青年发展带有明显的民族特性和历史文化特性，是中国特色的青年发展模式。世界的维度是，中国的青年发展与世界其他国家的发展是平等的，不以国家大小、种族为区分，中国青年平等地参与国际青年事务，在国际舞台上充分展示、充分发展。具体到青年教育的角度，"既要考虑民族性层面的内容，考虑国民在国家这个历史记忆共同体里平等的、共同的参与，也要考虑世界性层面的国家与国家之间的平等相处，给予本国人民自由和批判的可能"[①]。可以看到，现代民族国家的国家教

---

① 郑富兴：《现代国家教育目的的世界性与民族性——浅析日本教育中"日本人"形象的变迁》，《外国教育研究》2006年第1期。

育目的制定包括两个层面：一是具有普遍性的世界性理念；二是具有特殊性的民族性内容。

历史正在逐步成为世界历史。《共产党宣言》指出："各民族的精神产品成了公共的财产。民族的片面性和局限性日益成为不可能，于是由许多种民族的和地方的文学形成了一种世界的文学。"① 马克思恩格斯所说的"世界文学"正是由多种"民族和地方的文学"构成的。世界文学只是一个缩影，包括文学在内的精神产品、文化产品都是人类共同的精神财富。经济全球化进程扩大了中国和世界交往的范围，在缩小人们交往空间和减少交往时间的同时，无法消除因民族文化而产生的隔阂和误解。正如美国学者本尼迪克特所言："长久以来被预言将要到来的'民族主义时代的终结'，根本还遥遥无期。事实上，民族属性是我们这个时代的政治生活中最普遍、最具合法性的价值。"②

中国青年的发展既立足民族历史和本土青年发展的实际，又处于整个世界历史的发展进程中，是民族性和世界性的有机统一。青年发展的民族性和世界性体现了个性与共性的辩证关系，它们之间虽有差异、对立，但这并不意味着二者是完全分立和脱离的。青年发展的民族性离不开世界性，民族性越强，往往越能吸收和融合世界性的元素，从而展现出更强的世界性。同时，青年发展的世界性也寓于民族性之中，不可避免地要通过民族性来体现。因此，二者始终处于一种相互区别又相互依存的关系中。全球化进程是不可逆转的时代发展趋势，青年在这样的历史洪流中既要注重发挥民族特色，又要关注世界意义的生成。只有坚持青年发展民族性和世界性的统一，才能真正激发青年发展的生命力和创造力，实现青年自身的全面发展。

---

① 《马克思恩格斯选集》第1卷，人民出版社，2012，第404页。
② 〔美〕本尼迪克特·安德森：《想象的共同体》，吴叡人译，上海人民出版社，2003，第2页。

第五章　新时代中国共产党青年工作实践方略创新

理论的意义在于回归现实，现实每一次发展所达到的新高度，都为新的理论提供支撑。这就是马克思所说的随着"新的发展阶段"，不断地"彻底从头重新开始"的理论建构。发展是一个最普遍的范畴，而普遍的范畴只有在最发达、最充分发展的社会现实里，才能从较不普遍的范畴中独立出来，取得自己的形貌，成为有实际意义的理论。将理论形成的历史背景转换为社会发展意义上的行动，对新时代中国共产党青年工作理论的探讨不仅包含其历史定位与意义，更加重要的是探讨其功能与作用。新时代中国共产党青年工作理论立足现实，提出青年发展新起点的理念，而一旦新的起点被现实所呈现，就可以从它开始，把其他较不普遍的范畴一一展现出来，这就是新时代中国共产党青年工作理论在新的发展阶段的实践意义。党的十九大作出了我国社会主要矛盾发生根本变化的科学判断，提出了"不平衡不充分发展"的概念，这种不平衡不充分在青年发展事业中同样存在，克服这种不平衡不充分是我国青年工作的重要导向和根本任务。习近平总书记站在继往开来的历史节点上，深刻把握当代青年、青年群体、青年组织、青年运动中存在的矛盾和问题，从政治引领、思想引领、文化引领等方面为中国新时代青年发展提供了思路和方向。

第一节　新时代中国共产党青年工作的实践导向创新

新时代中国共产党青年工作理论是在深刻把握青年成长规律和青年工作特点的基础上逐步形成的科学理论，它阐述了正确认识和培育青年的基本原则及发展路径。在青年工作的具体实践中，这一理论体现为认识青年、信任青年、发展青年三个层面，并在这些范畴之间不断联系和转化，从而形成了完整的理论体系。理解新时代中国共产党青年工作理论的实践价值,理应摆脱单纯理论、文本整体性研究的束缚,坚持理论逻辑、历史逻辑和实践逻辑的高度统一,构建以理论为根基,以"解读—分析—实践"为逻辑框架,以青年的现实境遇为问题导向的价值体系,以探寻新时代中国共产党青年工作理论的实践价值。

一 系统观:青年工作的思维方法

新时代中国共产党青年工作理论的形成基于对青年这一概念和群体的科学认识。马克思主义青年观有着自成体系的理论传统。马克思主义认为,青年是推进社会变革的重要力量。透过马克思主义理论家和实践家对青年观的理论叙述可以发现,随着时间、空间的不断延伸,人们对青年的研究愈加深入,视野愈加宽广,认识愈加深刻。把对青年的军事、政治上的需要逐步扩展到经济、文化的向度上,把现实社会对青年需要和利益关系的考虑延伸到历史发展中青年的使命的向度上。

中国共产党早期领导人均是在青年时期投身革命,他们用实践和奋斗证明了青年是社会变革的倡导者和中坚力量,是可以作为主力军推动社会不断向前发展的,是可以担负起民族和历史使命的。早期共产党人已将马克思青年观带入中国,已充分认识到了青年对社会、国家、民族的重要作用和显著地位。新中国成立后,党不断发展马克思主义青年观,逐步形成了中国共产党青年工作理论。把党的青年理论融入青年教育,不断探索服务好青年、运用好青年、发展好青年的路径。

回望中国百余年青年运动,在抗日战争和解放战争时期,青年是民族救亡运动和人民解放运动的主力军,是冲锋在前、牺牲在前的革命先烈;在社会主义建设和改革开放新时期,青年是实业兴邦和逐浪商海的主力军,是用开放思想、艰苦奋斗缔造"从无到有、从弱到强"传奇的建设先驱;在当今科技兴国、人才强国的新时代,青年是创新创业和国际交流的主力军,是技术革命、产业革命的强大推动力。习近平总书记指出:"历史和现实都告诉我们,青年一代有理想、有担当,国家就有前途,民族就有希望,实现我们的发展目标就有源源不断的强大力量。"[1]

科学认识青年和共青团的历史作用,是党的青年工作取得成功的前

---

[1] 习近平:《论党的青年工作》,中央文献出版社,2022,第17页。

提。中国青年事业发展的重要法宝正是坚持党对青年工作的领导,坚持党建带团建,走出了一条符合中国青年发展逻辑的正确道路,为全世界青年事业发展提供中国方案。进入新时代,综观全世界范围内的群体性和暴力恐怖事件,多半与青年相关。中国青年保证了整个社会的总体稳定和向上发展,其根本原因是坚持了党对青年工作的政治引领。政治属性是中国共青团的根本属性,共青团的重要政治任务是培养中国特色社会主义事业的接班人,让中国青年相信党的理论、听从党的指挥、遵从政治原则、守住政治底线。

如何正确认识和看待青年成为亟须破解的难题。这涉及党要培养什么样的青年和怎样培养青年的实际问题。首先,从历史发展来看,要重视并信任青年。在五四运动中,青年展现出积极作为和勇于担当的精神风貌。在中国革命、建设、发展的各个时期,青年发挥自身特点和优势,抛弃个人私利,积极投身革命洪流和国家建设之中。青年在历史上发挥着独特的进步作用,人们必须紧紧依靠青年、信任青年。其次,从现实情况来看,要理解和引导青年。习近平总书记关于"一代更比一代强""抓好青年时期的价值观培育很重要""当代青年要积极担负时代使命"等的一系列论述,正是对青年成长特质与如何发展青年、教育青年的深刻阐述。要正视现实,深刻把握青年特质和发展规律,凸显青年在实现中国梦中的重要地位。最后,从青年利益的角度出发,要切实维护青年的基本权益。马克思认为:"人们为之奋斗的一切,都同他们的利益有关。"[①] 当今世界出现的各种青年活动,在很大程度上与青年的利益需求紧密相关。习近平总书记非常重视青年权益问题,强调要走进青年、倾听青年,从青年的切实需要出发,关注青年发展状况和利益诉求,确保青年发展权益问题得到有效解决。

新时代中国共产党青年工作理论是一个系统整体,系统观贯穿在理论形成的过程中。青年发展是中国特色社会主义事业的重要组成部分,涉及宣传思想文化工作、群团组织建设、教育发展、民生建设、文化建设、国家安全等多个领域。要整体谋划青年发展,运用系统观统筹考虑党的青年工作理论的整体构建。作为一个理论体系,它包括党的青年工

---

① 《马克思恩格斯全集》第1卷,人民出版社,1995,第187页。

作的历史定位、青年发展的目标和路径、青年工作实践三个部分。① 青年发展需要破解各种力量和资源之间互相割裂的问题，明确青年工作的多方协同工作格局，强化青年工作育人目标的整体合力。新时代中国共产党青年工作理论涵盖的内容，无论是从青年工作的顶层设计还是青年发展的具体举措来看，都不是孤立隔绝的存在，而是具有紧密关联的全面性思想体系。

二 价值观：青年成长的价值遵循

在时代变革的背景下，青年发展呈现出多元化趋势，并且表现出不同的类型。一是平顺式职业发展，这类人有清晰的关于学习与工作的概念和想法，毕业后能够顺利地找到稳定的工作，开启自己的职业生涯；二是挑战式职业发展，这类人未遵循传统的职业生涯发展路径，为满足个人理想、完成自我实现而选择经历不同的风险，比如选择创业；三是滞留式职业发展，这类人处在教育、工作和失业的恶性循环中，往往被动等待，可能面临失业和家庭问题，易被社会边缘化。这些不同的职业发展类型和成长方式遵循的是不同的价值追求，而不同的价值追求塑造了不同的青年。青年拥有更多元的价值观，不同于老一辈人认为个人的成功和金钱的积累才是最重要的思想，新的价值观影响着青年的思考。青年期望不要把传统强调的个人成就观念强加在他们身上，自我实现和生活质量才是他们所重视和追求的，这是他们参与社会并与社会互动的方式。

在后物质主义时代，由于经济结构逐渐成熟，人们开始脱离以物质为主的思考方式，开始追求满足非物质层面的需求。主流价值观的改变，让这一代的青年开始勇于追求和创造自己的未来。青年的关注焦点不再仅仅是经济，而是更侧重于自我实现和生活质量的提升。从物质到非物质层面的追求、从被动地接受到主动地争取，这一代青年的主流价值观发生了颠覆性变化，青年们正在走自己的路。青年不愿成为经济体制下机械的躯壳，深陷困境之中，而是尝试跳脱既有的框架，找到自我并寻

---

① 王延隆：《习近平总书记关于青年工作重要思想的整体性研究——纪念五四运动 100 周年重要讲话的学习与理解》，《中国青年研究》2019 年第 7 期。

求实现自我价值。青年创业成为青年实现自我的新渠道。

教育的扩张使青年在新的多元价值中成长，青年的思想和价值观呈现多元化。同时，迅速成长起来的青年一代，在迅速变化和转型的社会中，也表现出一些不适应，一些青年从校园转型到社会时不如预期般容易与顺利。青年发展两极分化的趋势也日趋明显，一方面，高学历、高收入的青年精英们在社会中的作用愈加明显，个人发展的获得感很高；另一方面，一些青年在"比上不足、比下有余"的思维下，只能以简单的消费来感受自主性，购物、美食、旅游等逐渐成为青年们追求的生活格调。网络空间的开放，容易让一些青年陷入价值迷失的境地，对青年的自我认同、政治认同等产生影响。新媒体对青年的影响已经远远超越了信息传播的方式和路径等技术层面本身，从根本上改变了"Z世代"青年的生活社交模式和在政治文化参与中的表达方式。

在价值多元的背景下，更需要有一种统一的青年观来引导他们发展，增强他们的独立性和自主性，提升他们的能动性。新时代中国共产党青年工作理论蕴含科学的、系统的青年成才观和青年工作观。要坚持党对青年和青年工作的领导，以社会主义核心价值观为引领，引导青年坚定共产主义理想信念。习近平总书记关于青年价值观的重要论述，有助于辨别和抵制错误思想，为新时代青年成才教育提供了根本遵循。因此，要理直气壮地用社会主义核心价值观引领青年，使青年坚定理想信念，避免受到工具理性、私利主义等错误价值观的侵害，使价值观认同成为青年的自觉意识。

值得强调的是，中国共产党自成立以来，始终从红色江山后继有人的战略高度出发，重视培养"时代新人"。在不同历史阶段，中国共产党培养"新人"的主线都是使青年成为引领时代发展的全新力量。尽管在不同历史时期对"培养什么样人"和"为谁培养人"的理解和实践重点有所不同，但始终重视价值标准的塑造。

党的十八大以来，中国特色社会主义进入新时代，这是党的青年工作最为基本的历史方位。培育"时代新人"成为党的青年工作追切的命题。青年作为"新人"角色出场，面临世情、国情、党情的深刻变化，中国共产党需要把握好中国特色社会主义现代化建设和中华民族伟大复兴中人的"再生产"这一重大课题。中国共产党培养"新人"贯穿着政党如何创造价值和传递价值的逻辑，不仅为政党自身创造价值，也为全体人民创造价值。倡导价值创造和价值获得是党培养"时代新人"的核心逻辑，具体来说包括以下几个方面。

（一）体现为党育才的价值目标

政党培养自己的青年必然体现自身的价值主张。中国共产党为更好地培养"时代新人"，在共产国际的帮助下成立了中国社会主义青年团。《中国社会主义青年团纲领》明确了青年团的组织属性是中国青年无产阶级组织，其基本的政治立场是坚持马克思主义，这与党的政治立场和价值主张是完全一致的。这种价值主张的一致性是党通过共青团管理青年事务的内在逻辑，这些主张成为具体培养"新人"的指导方针、组织原则和行动指南。不同时期"新人"的前缀，无论是"无产阶级革命新人"，还是"时代新人"，都表明了这种"新人"应该坚守的价值标准和价值立场。培养"新人"的关键是在意识形态层面确立"为党育才"的政治标准，必须遵循根本的政治原则，那就是坚持社会主义标准。社会主义是培养"新人"所遵循的基本政治原则和框架规范，培养"新人"的本质属性是社会主义的。

培养"新人"必须以国家发展需要和人民利益为中心，体现以"为党育才"为核心的价值目标。不同发展阶段，党对培养"新人"的认识论和方法论以及工作侧重点既有延续性，也有差异性和时代性。但是，尽管在政治要求、培养目标和培养手段、资源投入上有所不同，"合格的社会主义建设者和接班人"的目标是保持不变的，这既是中国共产党培养"新人"的实践经验，也是百余年来的价值坚守。认识把握培养"新人"要理清历史和逻辑相统一的价值标准，"时代新人"的培养既包含使青年习得传统道德的知识、行为和规范，也包含通过教育引领让青年确立正确的历史方位和价值立场。

（二）体现功能性、社会性和情感性的价值层级

培养"新人"存在多重维度的价值组合，从价值层级上看，体现了功能性、情感性、社会性价值的统一，具体包括如何为党服务、如何为社会建设服务以及政党如何获得好的口碑。培养"新人"的价值范畴是包含上述多重价值的融合体。价值层级的存在，区分了党在不同时期对

"新人"的认识论和方法论立场。功能性价值、社会性价值和情感性价值三者处于不同层次,功能性价值是基础和核心,社会性价值是支撑,情感性价值是目标。价值层级的功能定位决定了不同时期培养"新人"的优先秩序。

从功能性价值来看,这是中国共产党培养"新人"的核心价值。党通过共青团完成对最广泛先进青年的政治吸纳,通过"少先队—共青团—党"这一链条传递价值主张和政治使命,最终实现功能性价值,并提升情感性价值。百余年来,党面临着不同的时代背景和外部环境,在培养"新人"的过程中存在价值焦点转移、价值层级变化的可能。新中国成立前,党的青年工作的核心是让作为社会中坚力量的青年觉醒,通过宣传动员让青年成为革命斗争的主力军。这支革命主力军首先要具备明确的政治立场,这强调了功能性。新中国成立后,中国共产党成为执政党,如何发展社会生产力、如何发展青年上升为主要矛盾,培养"新人"的社会性价值逐步得到重视。

从社会性价值来说,能够肩负社会责任的人,需要具备基本的素质修养和学科知识。整个培养过程体现为人力资源的"再生产"。坚持青年个体自由全面地发展,这种发展具有可持续性、创造性和开放性。正如马克思所说:"人以一种全面的方式,也就是说,作为一个完整的人,占有自己的全面的本质。"①"全面的方式"意味着,除了劳动外,还要培养和发展某一领域的能力。以个性为特征是人发展的第三形态,这是人不断实现自由全面发展的过程。青年发展正是不断克服"人的依赖性"的历史残留、反思"物的依赖性"的现实制约,向着人的"自由个性"积极迈进的过程。

从情感性价值来看,党通过培养和关爱青年,让青年获得前所未有的发展机会和自我价值实现的力量。改革开放后,尤其进入新时代以来,党和国家确立了党管青年原则和青年优先发展理念,对青年发展的资源和资金投入更加充分,制定了《中长期青年发展规划(2016—2025年)》,系统性地谋划了青年更好成长的路径。但同时,也注重对青年的思想建设,从政治上着眼、从思想上入手、从青年特点出发,帮助他

---

① 《马克思恩格斯全集》第42卷,人民出版社,1979,第123页。

们早立志、立大志，从内心深处厚植对党的信赖、对中国特色社会主义的信心、对马克思主义的信仰。在同步推进功能性价值、社会性价值的基础上，我们要体现情感性价值的重要性。

（三）体现价值主张、价值传递和价值实现的逻辑进路

功能性价值反映中国共产党的价值主张。从新民主主义革命时期的"无产阶级新人"就强调无产阶级属性，培养"新人"要为党服务，这是中国共产党培养"新人"的核心和出发点，也是中国共产党的基本价值主张，可以从功能性价值上反映出来。所谓中国共产党的价值主张，是培养"新人"赋予培养主体的实在价值，界定党的内在需求与培养"新人"属性间的具体关系，以及确认培养"新人"对党本身的现实意义。党价值传递的过程，是通过"新人"的培养实现的。这些"新人"能够不断将党的政治主张贯彻在日常工作中，传递党的价值主张，为党的执政提供全新的解决方案和价值描述，巩固党在青年群众中的执政基础。

社会性价值是连接价值主张与价值传递的纽带。百余年培养"新人"的实践告诉我们，既要重视青年，也要发展青年。中国共产党培养"新人"的历史正是对如何重视青年和发展青年两者内在规律的认识发展史和实践运用史。其中，政策导向和制度设计成为关键。中国共产党百余年来的发展历程中形成的青年发展政策，为新时代青年发展提供了历史借鉴。中国共产党青年发展政策的不断完善与健全，反过来又使青年能够普遍地形成按社会规范思考和行动，把社会发展的客观需要、党的事业的发展需要内化为青年个人的心理动因，从而促使青年产生一种按社会要求、党的事业发展需要和青年发展规律来行动的内驱力。也就是说，社会对青年产生一定的角色定位和发展期望，在党的引领下，青年不断自我发展、自我完善，进而引领社会。新时代确立了青年优先发展的原则，这表明国家对青年发展的重视和投入程度进入了全新的阶段。

情感性价值推动价值实现。在中国共产党培养"新人"的过程中，功能性价值、社会性价值、情感性价值三者构成了相互制约和相辅相成的内在联系，在"价值主张—价值传递—价值实现"的过程中提升了情感性价值。中国共产党培养"新人"的历史演进正是对三者辩证关系及其内在规律的认识发展史和实践运用史。中国共产党培养"新人"遵循

着从价值主张到价值传递，再到价值实现的逻辑进路。培养"新人"的功能性价值主要解决的是"为谁培养青年"的问题；培养"新人"的社会性价值主要解决的是"培养什么样的青年"的问题；培养"新人"的情感性价值主要解决的是"党和青年形成什么样的关系"的问题。这三者的辩证统一，构成了中国共产党培养"新人"历史演进的脉络。

青年培养标准是中国共产党青年工作的基础性问题，核心是要解决"培养什么样的青年"和"为谁培养青年"的问题。在不同的历史阶段，青年培养标准随着国家发展而不断变化。青年培养标准的演化是连续的、动态的，蕴含着深刻的政治价值、历史背景和文化意蕴。革命战争年代倡导培养无产阶级革命新人，新中国成立后坚持培养"社会主义新人"，改革开放时期倡导"四有新人"，新时代则培养"能够担当民族复兴大任的时代新人"。

在新中国成立以来的不同历史时期，对青年培养标准的理解和实践重点是不同的，对"培养什么样的青年"和"为谁培养青年"的理解和实践必然印上了时代的烙印。青年的发展不仅包含身体的发育、知识的获取、性格和人格的完善，还包含正确价值观的确立。青年是时代的先锋，中国未来社会的价值导向在很大程度上取决于青年的价值选择。青年发展与时代发展的特殊性，决定了我们要厘清青年培养标准的双重维度，唯有如此，才能更好地为国家培养青年。

第一，新时代中国共产党培养青年的全面发展标准和价值标准的合一。中国共产党培养青年的历史进程富有中国特色，它是立足中国现实，适应时代深刻变迁的过程。中国青年培养在促进经济社会发展、开拓创新、推进可持续发展等方面的巨大成就和优势无可否认。中国共产党成立以来，青年在国家发展中的角色是随着国家战略发展方向不断调整的，也随着社会发展的主要矛盾变化而不断调整。作为宏观的概念，它必然具有在各个学科中、各种语境下普遍适用的基本含义。一个科学的青年培养标准必须包括发展性和价值性两个维度的考量。所谓全面发展标准，包含着青年个体自由全面的发展，而这种发展具有可持续性、创造性和开放性。所谓价值标准，它是指发展的目的性，即发展的最终目的是什么，以及发展成果由谁共享的问题，必然要求这种发展体现人民性和政治性。建党百余年来，中国共产党培养青年的标准是因时而变、不断与时俱进的，其内在的发展逻辑是围绕不同时期的时代主题展开的。中国特色的青年培养实践要坚持培养目标上的个体自由与集体共识相统一，培养方式上的共同发展与优先发展相统一，培养路径上的政治引领与教育引领相统一，培养策略上的循序渐进与整体推进相统一。

历史经验表明，青年培养中全面发展标准和价值标准的统一正是中国特色青年发展道路的重要经验。中国共产党培养青年的标准具有全面发展标准和价值标准双重维度，强调青年的全面发展标准主要解决的是"培养什么样的青年"的问题，青年的价值标准主要解决的是"为谁培养青年"的问题，这二者就构成了中国青年培养标准的基本脉络。

青年培养标准建构的关键是在意识形态层面确立发展中心标准。青年培养标准建构的主体性根据，是坚持人民主体标准。青年发展过程始终贯彻和坚持人民主体原则，基本内涵要求是"把人民拥护不拥护、赞成不赞成、高兴不高兴、答应不答应作为衡量一切工作得失的根本标准"①。中国共产党培养青年首先必须将青年的全面发展作为重要的评价标准。同时，青年培养标准还必须遵循根本的政治原则，那就是坚持社会主义标准。要把青年一代培育成德智体美劳全面发展的社会主义建设者和接班人。

人的本质是在社会关系互动中体现的，人只有在社会条件下才能成长和发展。追求人的自由全面发展是人和历史向前发展的价值归属。马克思认为，人的自由问题的解决有赖于把人看作具体的人而不是抽象的人。马克思在《关于费尔巴哈的提纲》中提出："人的本质不是单个人所固有的抽象物，在其现实性上，它是一切社会关系的总和。"② 马克思提出，以"人的依赖性"为特征是人发展的第一形态，以"物的依赖性"为特征是人发展的第二形态，以"自由个性"为特征是人发展的第三形态，这是人不断实现自由全面发展的过程。马克思这一系列关于人的全面发展学说为中国共产党解决发展问题提供了理论基础。

青年需要克服内在的、外在的各种约束和困难，使自己身体、心理、能力以及社会关系得到充分的发展和完善。青年的需要与社会发展的状

---

① 《十八大以来重要文献选编》（下），中央文献出版社，2018，第352页。
② 《马克思恩格斯选集》第1卷，人民出版社，2012，第139页。

况息息相关，环境影响青年的发展需求。随着时代进步和生产力的发展，人民群众的需要日益多样化。青年是对这些变化感知最敏锐、意识最强烈的社会群体。从历史上看，中国共产党带领人民解决温饱问题、实现总体小康进而迈向全面小康的奋斗历程，正是不断克服"人的依赖性"历史残留、反思"物的依赖性"的现实制约，向着人的"自由个性"积极迈进的过程。

社会的变化影响着青年的发展，青年的发展又反作用于国家的发展。发展是坚持唯物史观的根本要求。新的社会制度之所以能够代替旧的社会制度，是因为新的社会形态比旧的社会形态更能推动社会发展，新的社会形态是发展的必然产物。不同社会环境下坚持什么样的青年培养标准以及由此形成什么样的发展样态，成为衡量青年培养质量的根本标准。社会对青年产生一定的角色定位和发展期望，通过执政党的引领，青年不断自我发展、自我完善，进而引领社会。

历史与逻辑的统一是马克思主义的重要原则，也应是正确评价青年培养标准的重要原则。青年培养标准必须以国家发展需要和人民利益为中心，体现深刻的价值目标。每个时代都有每个时代的精神，每个时代都有每个时代的价值观念。认识把握青年发展的中国模式，就是要坚持历史和逻辑相统一的价值标准，厘清道德与政治在青年发展中的重要作用。青年道德养成是中国特色的社会语境，既包含习得传统道德的知识、行为和规范，同时也包含通过教育让青年确立正确的历史方位和价值立场，让青年在政治和道德的双重环境下获得个体道德发展。社会主义核心价值观对青年发展的意义，其实就是一种德，既是个人的德，也是一种大德。中国共产党培养青年强调明大德，就是要让青年树立国家责任意识，让青年在革命、建设和改革发展中发挥重要作用。

中国共产党对青年培养始终坚持价值标准，这主要可以分两个历史阶段来分析。一是新中国成立以前，党的青年工作的核心是让作为社会中坚力量的青年觉醒，通过宣传动员让青年成为革命斗争的主力军，这种革命主力军必然要求他们首先要具备明确的政治立场；二是新中国成立以后，党在全国执政，把发展社会生产力和培养青年的问题摆在了重要位置，发展性标准愈加得到重视。党的十八大以后，国家对青年发展的资源、资金投入更加充分。

社会结构的剧烈变革，使得社会作为各种人际关系的总和，对青年成长和发展产生了深刻的影响。任何一种青年全面发展标准都必须与社会发展保持同步。在激烈的社会变革中，要走出一条符合时代要求的青年发展道路。着眼于现实和未来，青年在政治素养、劳动技能、道德水准、价值导向等方面的发展水平关系到国家未来的发展走向。培养青年的前提是对青年思想和价值观进行正确的指引，统一青年群体的思想认识，使他们自发自觉地在党的领导下成长成才。建党百余年来的历史经验表明，青年培养的全面发展标准和价值标准的统一正是中国特色青年发展道路的重要经验。

　　第二，善于从中国共产党培养新人的历史实践中汲取经验和智慧。考察中国共产党在不同历史时期对培养时代新人的认识，可以看出中国共产党关于青年的认识是对马克思关于人的全面发展学说的继承和发展，把青年作为社会主义新人的主要对象，不同时期的"时代新人"其内涵具有深厚的历史根源和鲜明的时代特色。青年作为新人出场，是具有历史延续性的，在不同的历史时期有不同的内涵。

　　一是，革命战争年代，培养无产阶级革命新人。中国共产党早期领导人陈独秀在《爱国心与自觉心》一文中以进化为原则阐述社会的发展变化。他认为，社会应该培养青年的爱国心和自觉心。青年要养成自觉奋斗的意识，明辨新旧制度、阶级之间的差别，把个人利益与国家利益相结合，在生理、心理两方面达到一定的标准。具体来说，青年首先"应于生理上完成真青年之资格"[1]，改变"美其貌，弱其质"的"病夫"体质，求得"面红体壮"；其次在心理上，青年应"精神上别搆真实新鲜之信仰"[2]。在培养青年的目标上，他指出，青年应是自主而非奴隶的，进步而非保守的，进取而非退隐的，世界而非锁国的，科学而非想象的，并具有以勤、俭、廉、洁、诚、信等德行为基础的爱国思想。

　　与陈独秀不同，李大钊注重青年精神塑造。他认为近代中国社会的青年大多数并非具有新思想的新生一代，指出"今日中华之青年，犹是崇拜老辈之青年，崇拜古董之青年也"[3]。李大钊认为，青年觉悟可以拯

---

[1]　《陈独秀文集》第1卷，人民出版社，2013，第142页。
[2]　《陈独秀文集》第1卷，人民出版社，2013，第142~143页。
[3]　《李大钊全集》第1卷，人民出版社，2013，第330页。

救国家和民族于危难之中,提出"青春中华"的政治主张。在当时,具有先进政治思想意识的中国人还很少,有觉悟的青年是中华民族的未来希望所在。"国家不可一日无青年,青年不可一日无觉醒,青春中华之克创造与否,当于青年之觉醒与否卜之。"① 这突出了青年觉醒与国家兴亡的关系,显示了青年社会地位的重要性。青年必须树立历史使命感,李大钊曾写道:"为世界进文明,为人类造幸福,以青春之我,创建青春之家庭,青春之国家,青春之民族,青春之人类,青春之地球,青春之宇宙,资以乐其无涯之生。"② 这种开阔胸襟、历史使命感是新时代青年理应具备的重要品质之一。

在新民主主义革命时期,毛泽东概括了"真正共产主义者"的理想人格。毛泽东重视道德对人成长和发展的重要作用,高尚的道德情操成为中国共产党人理想人格的重要组成部分。雷锋、张思德是那个时代社会主义"新人"的典型代表。这些优秀的青年典型把有限的生命投入无限的为人民服务之中,这正是社会主义新人的最高准则,也是社会主义"新人"应当具备的素质。毛泽东特别强调青年人要保证身体健康、理论与实际相结合、脑力与体力相结合。毛泽东在五四运动二十周年纪念会上明确提出了青年培养标准的命题。他指出:"看一个青年是不是革命的,拿什么做标准呢?……只有一个标准,这就是看他愿意不愿意、并且实行不实行和广大的工农群众结合在一块。"③ 他认识到青年是中国革命的重要依靠力量,把青年工作和工农民众结合起来,主张广大青年要到工农民众中去,变为工农民众的宣传者和组织者,这为抗战时期青年运动的顺利开展奠定基础。在革命战争年代,中国共产党对青年的期待和标准是希望青年能够为推动革命胜利服务,成为无产阶级新人。

二是,新中国成立后,培养"社会主义新人"。新中国成立后,以毛泽东同志为主要代表的中国共产党人开始探索社会主义建设的实践,这一时期为造就全面发展的时代新人奠定了一定物质基础。毛泽东针对新社会需要什么样的人、应如何塑造的问题进行了深层次的思考。直到"八大"后,逐步"形成了只有处理好人的问题,才能促进经济和科学

---

① 《李大钊全集》第1卷,人民出版社,2013,第329页。
② 《李大钊全集》第1卷,人民出版社,2013,第318页。
③ 《毛泽东文集》第2卷,人民出版社,1993,第566页。

发展的思维程序"①。毛泽东把新社会所要塑造的人称为"新人"。对于何谓"新人",从他的著作、谈话、书信中,可分析出它包含两层含义:一层是相对于新中国成立前被压迫、被奴役的人,新人意味着新生;另一层是指人在政治、经济、社会生活各个方面都具有崭新的风貌。在他的文章著作中也阐明了新人的特点,即先进性与能动性。

1953年,毛泽东在青年团二大期间作了《青年团的工作要照顾青年的特点》的重要指示,其中提出"三好"方针,"要使青年身体好,学习好,工作好"②,这是党对培养什么样的青年做的"画像",目的是引领青年一代更好地成长。中国共产党要求把青年培养成政治上、业务上全面发展的人才,也就是"又红又专"的人才。1957年,毛泽东提出:"我们的教育方针,应该使受教育者在德育、智育、体育几方面都得到发展,成为有社会主义觉悟的有文化的劳动者。"③ 这成为很长一段时期内我们党关于培养青年标准的经典表述。新中国成立初期,党培养青年的根本任务就是要引导青年树立社会主义觉悟,确立集体主义价值观,并把个人理想建立在这一新的价值观基础之上,把青年培养成为有文化的劳动者。这样的培养标准是合乎历史发展现实的,限于当时的历史条件和生产力状况,青年培养的标准是培养合格的社会主义国家公民。

在整个社会主义建设时期,中国共产党注重青年在恢复国民经济、取得民主革命胜利、开展经济建设、完成社会主义三大改造等历史任务中的作用,充分发挥青年的积极性,围绕着党的中心任务,开展适合青年自身发展特点的青年运动。毛泽东指出:"青年学生、知识分子也只有跟共产党在一起,才能走上正确的道路。"④ 他强调了在社会主义建设时期,要在党的领导下发挥青年学生的作用,坚持青年与工农相结合,使青年将青春融入党和国家的事业中去,将个人价值的实现融入社会价值的实现中去,更好地服务国家发展。青年在为党和国家作出突出贡献的同时,也将在自己的岗位上推动自身的发展。

三是,改革开放时期,培养"四有新人"。改革开放初期,党和国

---

① 萧延中:《巨人的诞生》,江西人民出版社,2005,第186页。
② 《毛泽东文集》第6卷,人民出版社,1999,第278页。
③ 《毛泽东文集》第7卷,人民出版社,1999,第226页。
④ 《毛泽东文集》第2卷,人民出版社,1993,第256页。

家各项事业的恢复和发展急需各类青年人才。邓小平围绕实现四个现代化应该培养什么样的人的问题进行思考和谋划。他指出："任何事情都是人干的，没有大批的人才，我们的事业就不能成功。"① 他多次强调人的因素在生产力发展中的重要性。20世纪70年代末80年代初，他逐步形成并提出了将青年培养成为有理想、有道德、有文化、有纪律的社会主义新人的战略目标和历史任务。他号召青少年学习张海迪，争做"四有新人"。培养"四有新人"反映了改革开放初期我国社会主义事业发展的客观需要。邓小平深切地感受到"培养什么人"的问题是教育发展首先要解决的问题。1995年，中共中央正式提出"实施科教兴国战略"②，旨在通过发展教育解决青年发展面临的问题。

进入21世纪，面对青年培养的新形势和新任务，江泽民在"四有新人"标准的基础上，提出了青年要成为"德育、智育、体育、美育等全面发展的社会主义事业建设者和接班人"③ 的目标。他对培育"四有新人"进行了具体的创新阐述和发展，有针对性地提出青年培养的具体要求。江泽民特别强调了美育对青年发展的重要性。1990年，他在与北京大学学生代表座谈时提出了"六有标准"④，这些标准发展了马克思主义关于人的全面发展的学说，把青年的崇高理想放在了首位。2007年，胡锦涛提出"四个新一代"的青年培养标准："理想远大、信念坚定的新一代，品德高尚、意志顽强的新一代，视野开阔、知识丰富的新一代，开拓进取、艰苦创业的新一代。"⑤ 从"四有新人"的具体内容来看，"有理想、有道德、有文化、有纪律"有明确的指向和现实针对性，它所追求的是现代意义上的合格公民，鲜明地体现出对青年个体价值的重视，兼顾了个体生存发展和社会全面发展之目标。同时，它强调价值标准。从"四有新人"到"六有标准"，再到"四个新一代"，培养社会主义建设者和接班人都是中国共产党培养青年的价值归宿。

四是，新时代，培养能够担当民族复兴大任的时代新人。青年作为

---

① 《邓小平文选》第2卷，人民出版社，1994，第221页。
② 《十五大以来重要文献选编》（上），人民出版社，2000，第513页。
③ 《江泽民文选》第2卷，人民出版社，2006，第332页。
④ 参见《毛泽东邓小平江泽民论青少年和青少年工作（增订本）》，中国青年出版社，中央文献出版社，2003，第237页。
⑤ 《十六大以来重要文献选编》（下），中央文献出版社，2008，第432页。

时代新人登场，面临着世情、国情、党情的深刻变化，面临着中国特色社会主义现代化建设和中华民族伟大复兴中人的"再生产"的重大课题。党的十八大以来，习近平总书记在不同场合对培养时代新人的要求、方法、重要意义以及时代新人与时代使命、民族复兴的关系进行了深刻的阐述，形成了系统完整的论述。党的十九大报告提出"培养担当民族复兴大任的时代新人"①的新要求。这是在新的历史方位，结合党的中心任务，结合青年一代的状况和青年肩负的历史使命而提出的。"时代新人"的提出进一步明确了青年应该具备的综合素质，深刻回答了党在新时代"培养什么样的人、如何培养人、为谁培养人"的根本问题。

从"时代新人"阐述的要求和标准来看，"担当民族复兴大任的时代新人"是对新时代青年培养的具体要求和标准。"民族复兴"即中华民族伟大复兴的中国梦，"时代"指中国特色社会主义新时代，"新人"的内涵即"有理想、有本领、有担当"。"担当民族复兴大任"的表述直接表明青年的发展应坚持正确的价值立场，将个人的发展融入时代的发展之中，同时内在地要求青年要实现全面发展，以具备担当民族复兴大任的能力和素质。时代新人培养标准具有总体性的特征，蕴含着系统思维和整体思维。也就是说，作为时代新人，青年只有意识到自身的总体性与完整性，恢复对"总体的人"的追求，向着更理想的成长状态跃升，才能成为担当民族复兴大任的时代新人。

新时代党的青年工作的重要功能在于使学生成为一个有本有源、历史感深厚的"时代新人"，在快速变迁的社会环境中，更加彰显党的青年工作在培养青年中的重要地位。青年工作要厚植青年的爱国主义情感，提升其对祖国的自豪感和回报祖国的使命感，使青年不再是一个只生存于现在而不知过去、未来的人。要将青年工作有关内容融入日常育人实践，形成系统培养合力，潜移默化地影响和引导青年。这要求当代青年明确其个体命运与群体、民族命运的关系，在时代大变局中不迷失方向，勇于肩负新时代中国特色社会主义发展新使命。习近平总书记重视劳动教育，将青年全面发展的标准从过去的"德智体美"拓展到"德智体美

---

① 习近平：《决胜全面建成小康社会 夺取新时代中国特色社会主义伟大胜利——在中国共产党第十九次全国代表大会上的报告》，人民出版社，2017，第42页。

劳"全面发展，也就是"努力培养担当民族复兴大任的时代新人，培养德智体美劳全面发展的社会主义建设者和接班人"①。从政治素养、劳动技能、道德水准、价值导向、方法途径等方面对青年健康成长提出要求。全面实施大中小学劳动教育，把劳动教育纳入青年培养全过程，体现了对青年培养标准的进一步丰富和发展。

第三，构建新时代中国特色的青年培养模式。中国共产党的青年理论生生不息，不断发展、开放，是基于实践的积累和演进。青年在国家发展中的使命是随着国家战略发展的方向不断调整的，青年发展的路径在持续推进中。探寻青年发展的实践历程，才能走好青年发展的中国道路。

一是培养目标，个体自由与集体共识相结合。青年的成长体现出明显的个体性发展取向，主要表现为追求保持自身个性的独立。实现青年的自由全面发展意味着要使青年保持自身的个性。

任何事物的功能和形态都是在历史过程中生成与发展的。中国青年从自发性到自觉性的发展，政党的组织和领导发挥了关键作用。青年发展的过程是从个体主义走向集体主义的过程。随着社会的发展，青年与社会不断互动，从原子的个体开始趋向于集体中的个体，逐渐适应社会并改变社会。在这个互动的过程中，一方面，要通过规范约束使青年符合社会期待，另一方面，青年也要在这个过程中改变自我，实现角色的再创造。②社会化让青年开始思考个人与社会的关系，开始融入自身所处的社会，开始理解自身所处的现实生活，从而使"我"和"我们"达到和谐统一，逐渐从个体主义走向集体主义。

爱国主义教育是个人主义走向集体主义的重要载体。首先，要正确阐释国家和个人的相互关系。广大青年认识个人与国家关系，离不开社会实践和自身所处的时代条件。新时代是中国特色社会主义发展新的历史方位，也是国内外形势复杂多变的历史阶段。面对新的国内国际环境，青年迫切需要具备全球眼光和国际视野，清醒地认知中国与世界的关系，理性对待中国的崛起，并客观研究来自国外的挑战。其次，要正确处理"国家"与"民族"的关系。近代以来，"民族"是与"国家"紧密缠

---

① 习近平：《论党的青年工作》，中央文献出版社，2022，第186页。
② 风笑天：《青少年社会化：理论探讨与经验研究述评》，《青年研究》2005年第3期。

绕在一起的一个重要概念。民族与国家相互辅助的内在关系决定了从情感的角度去理解"爱国主义",离不开对民族精神的深刻把握。民族精神反映了一个民族独特的精神气质,其核心是国民对待民族或国家利益的态度,所以爱国主义和民族精神之间本身就是互通的。最后,要正确把握自由的限度。培养自由全面发展的青年,要着眼于提升青年的道德水平和认知能力,培养青年独立思考和判断的能力。青年的自由全面发展与人的全面自由发展具有逻辑一致性。中国共产党青年工作的价值逻辑是实现青年的自由全面发展,但同时必须认识到"自由"发展的限度和"全面"发展的程度两个维度的问题。

二是培养方式,共同发展与优先发展相结合。根据马克思主义的观点,人民群众是历史的创造者。中国共产党把人民立场作为中国青年发展的鲜明立场,这既符合唯物辩证法关于逻辑起点的科学界定,也符合我国青年发展的基本特点。它概括了本质属性、揭示了理论主题、构建了思想脉络,为深化对科学理论的阐释和运用提供了前提条件。人民群众是新时代中国特色社会主义的实践主体,蕴藏着无比的智慧和巨大的力量。[①] 中国共产党自成立以来,始终把青年作为革命、建设、改革和发展的中坚力量,通过组织化动员把青年组织和凝聚起来。一切发展为了人民,是中国特色社会主义群团发展道路的内在主旨,而实现这一切的力量基点则是一切发展依靠人民。青年是人民群众中最活跃的一分子,应实现青年和全体人民群众的共同发展。

经过改革开放40多年的积累,中国经济实力得到快速发展。随着青年发展组织制度的逐步完善,青年的自主发展有了更大的空间。市场经济的进一步发展和对外开放的深入,促进了青年主体意识的逐步觉醒,青年的行为、思维方式更趋个性和多元,这催生了青年在心理健康、创业就业、婚姻恋爱、社会保障、职业发展等方面新的更高水平的需求。首先,可以使尚未形成组织的青年加入组织性的网络,为青年培养提供组织和平台;其次,已经组织起来的青年,要通过党组织、共青团以及其他组织化力量,获得更多的发展性资源;最后,可以利用党组织的执政优势,为青年发展提供制度性支持。

---

① 邹升平:《坚持新时代中国青年运动的正确方向》,《中国教育报》2019年5月9日。

三是培养路径,政治引领与教育引领相结合。青年的道德养成是培养过程中的重要方面。青年道德养成一方面来自个体的良知,另一方面来自社会道德环境和道德行为。其中,教育是不容忽视的环节,它是社会空间中最有影响力和最关键的场域。可见,教育的重要性体现在它是连接道德与政治的重要媒介。从古今中外的教育实践来看,教育都带有明显的意识形态性。道德必然与这个国家的国体、政体、统治阶级意志相统一。

从青年群体特点来看,由于青年社会经验不足等特点,他们对自身和社会的认识存在局限性,不加以引导而仅靠其自我成长发展是不够的。只有在个体与集体冲突和融合的过程中,青年才能更好地认清自我、认识世界,形成正确的世界观、人生观和价值观。党的青年工作的历史经验表明,坚持和强化党的领导,是中国特色社会主义青年运动的本质体现。正如习近平总书记指出:"邓小平同志说,共青团犯一千条错误都没有关系,但是有一条错误不能犯,就是脱离党的轨道。"[①] 这强调了共青团在青年工作上要把握的政治原则、政治底线。中国特色社会主义群团发展道路的成功经验表明,青年的发展离不开政治引领,进一步讲,就是要坚持中国共产党对青年的引领。

坚持党对青年运动的领导,这既是五四运动以来青年运动的经验总结,也是新时代中国青年运动的坚强政治保证。[②] 党的十九大以来,党把政治建设摆在首位,将青年的政治引领置于党的政治建设的大背景下进行实践,探索我国青年发展和青年运动的内在规律。党通过共青团加强对青年的政治引领。从人的发展与社会发展的关系来看,个体的发展必须紧密建立起与社会的联系,这是作为社会组织的共青团存在的基础条件和现实需求。青年培养要在保持青年的个体发展独立性和共青团的引领性的互动中确保青年发展的正确方向和路径。

共青团本身的属性就表明,从成立的那刻起就体现出鲜明的政治属性。在共青团发展的过程中,曾经党和团不分家,共青团在一段时间内甚至作为党的职能部门存在,没有走上独立群众组织的道路。[③] 共青团

---

① 《习近平著作选读》第1卷,人民出版社,2023,第360页。
② 胡献忠:《读懂中国青年运动:概念、逻辑与模式》,《中国青年研究》2019年第11期。
③ 王晓书、邹金红:《邹金红中国共青团产生的历史条件探究》,《中国青运史辑刊》2017年第3期。

的出现合乎历史发展逻辑和现实需要,作为社会中坚力量,共青团面对着复杂多变的社会环境,青年发展关系到政党延续和社会发展。历史证明,作为党领导青年的先进群众组织,共青团在青年发展中的引领作用不容忽视。作为党的青年组织,共青团是党的青年工作的主要承担者,这就要求必须将政治属性作为根本属性,充分发挥共青团的政治优势和组织优势,协调各方力量,积极回应和解决青年关心的核心问题,当好青年事务的协调者、承接者、推进者和督促者。

四是培养策略,循序渐进与整体推进相结合。整体的历史观是指历史是一个活生生的事物发展过程。在这个过程中,每个元素都处于和其他元素紧密相连的地位,没有一个元素可以被看作整个历史发展过程中主导的、占支配地位的东西。同时,任何事物的实质必须在历史的总体中加以观察与分析,不断地使理论与实际保持紧密地联系,以免僵化。历史是过去、现在与将来辩证统一的总体,并非以某一轴心为中心旋转,也不是以历史发展过程中某一特定阶级为基点。

青年的培育标准是将青年发展与社会实践的发展相联结,由此衍生的特点有三。一是青年培育在历史的发展过程中,与其他因素紧密相连,青年发展不是孤立的发展;二是青年发展的意义必须在历史的社会环境脉络中加以诠释与理解,方能适切地掌握;三是青年发展必须在传统与现代的辩证之中找寻适切定位,不应为某一意识形态或机制所规制,从而限制发展视野。青年发展也同样具备开放的方法论特色,一是要强调发展的重要性,为新青年在社会生活中寻求定位;二是要重视时代性,对青年发展的策略选择要不断地在时代发展中反省与调试,包括对青年所面临的外在环境以及青年与外在环境的关系等问题,都能作出深度的反省与剖析。

青年发展应坚持循序渐进与整体推进的统一。探索青年全面发展标准的过程,是不同运动形式、物质层次之间以生成和灭亡为标志的循环转化过程。现实世界中的一切运动变化的实质,就是在结构、功能和形态上产生优于旧事物的新事物。任何时期的青年发展都要遵循客观规律,把握循序渐进原则,深化落实阶段性政策变革,将宏观制度的建构转化为微观个体的发展方向,自上而下和自下而上互动式、相对而行地贯彻整体的青年发展观念。青年发展应当更加注重整体性,构建整体青年发展观的理论框架。要坚持系统思维,把青年发展和社会主义事业发展放在系统的框架中进行审视,符合青年发展规律和社会发展规律,最终形成以人民为中心的发展理念,把有利于人民群众作为发展的出发点和落脚点,最终实现青年发展与社会发展的有机统一,形成相互作用、相互促进的循序渐进、螺旋式上升的发展。

五是坚持功能性价值、社会性价值、情感性价值相结合。① 在功能性价值和社会性价值的实现过程中,共青团将发挥很大的作用。共青团通过为党巩固青年群众基础,将党的政策、制度、理念、成就等真正内化于青年心中,激发青年对党和国家的认同。共青团要为党做好凝聚和引领青年的工作,巩固和扩大共青团的组织体系和影响力,强化联系青年的有效性,扩大其覆盖面,努力提升共青团的政治引领力、价值观塑造力,以及为党育人工作的实际成效。情感性价值的发挥是功能性价值、社会性价值的升华,是目的和归宿。要切实发挥共青团政治引领的重要作用,把共青团建设成为广大青年在实践中学习中国特色社会主义和共产主义的学校,加强党对青年的政治引领。要把增强政治性、先进性、群众性作为共青团改革的根本方向。各级团组织要肩负起深化改革的主体责任,拿出自我革命的精神,肩负起引导广大团员青年扣好对党忠诚的"扣子"的重任。要切实履行好为党育才的根本任务,团结带领广大青年听党话、跟党走,成为担当民族复兴大任的时代新人。

同时,党团要构建起意识形态与组织忠诚之间的制度性衔接关系。一要巩固党团共同的意识形态基础。党团共同的意识形态基础的巩固是一个双向的过程,党在理论上要与时俱进,团要紧跟党的理论创新的步伐。各级团组织必须坚持以习近平新时代中国特色社会主义思想为指导,深入实施"青马工程",加强团各级组织的思想建设和理论建设,凝聚党团意识形态共识,增强"四个意识",坚定"四个自信",做到"两个维护"。二要提升共青团的组织忠诚度。"助手和后备军"是党在政治体系中赋予团的组织定位,这种组织定位的前提是组织忠诚。

---

① 王延隆:《中国共产党培养"新人"的历史嬗变、价值逻辑与实践向度》,《思想政治教育研究》2023 年第 5 期。

三　政治观：青年工作的方向指引

所谓政治观，是公民对政治世界的总体看法，包括公民在参与政治系统和政治行为过程中形成的价值观念和行为方式。在特定的社会制度之下，政党政治必然要求公民形成一种共同的政治价值观。作为执政党，天然地会将他们的政治价值观念传递给青年一代，以保持政党后继有人，延续政党文化。中国共产党的青年工作，根本上是为了帮助青年树立正确的人生价值观，帮助青年正确处理人生价值和社会价值的辩证统一关系。中国特色青年工作体系以党的领导为核心，以共青团的组织为保障，这一体系运行的过程体现了中国共产党的政治价值观。党对青年工作的政治引领，需要青年群体和青年组织承担起引导群众，尤其是引导青年听党话、跟党走的政治任务。新时代中国共产党青年工作理论要求新时代青年在大是大非问题面前立场坚定、旗帜鲜明，经得住风浪考验，在民族复兴的快车道上"不跑偏、不脱轨"。

党的十八大以后，中国共青团在坚定政治理想、发挥政治作用方面的职能不断强化。中国共青团发展的政治属性不仅表现在优秀青年和先进青年组织自身的政治性上，更表现在引导和影响大多数青年，构建青年群体"政治自觉"方面。中国共青团的首要任务是培养社会主义建设者和接班人。重视共青团改革，就是要坚持建设好服务青年发展的共青团组织，从而为青年发展提供政治保障和思想保障。共青团要旗帜鲜明地坚持党管青年原则。习近平总书记指出："全党要关注青年、关心青年、关爱青年，倾听青年心声，做青年朋友的知心人、青年工作的热心人、青年群众的引路人。"[①] 坚持党引领青年健康成长，坚定青年共产主义信念，是新时代中国共产党青年工作理论的重要原则。要坚持党对青年运动、青年政策的领导，建立健全党联系青年的工作机制，形成全社会共同参与、共同关心青年的工作合力，让改革和发展的成果切实惠及青年。

新时代中国共产党青年工作理论中蕴含的政治观集中体现为三点。其一，基于认识论视角强调青年工作的战略地位。习近平总书记提出：

---

① 习近平：《论党的青年工作》，中央文献出版社，2022，第125页。

"青年兴则国家兴，青年强则国家强。"① 将青年发展与中国梦目标相融合，强调青年的健康成长是实现中国梦的重要基础。把青年视为新时代最具梦想和追求的一群人，注重在推进实现中国梦的伟大进程中培育青年的主体意识、促进青年的全面发展。其二，基于发展观视角界定青年工作的努力方向。新时代我国青年发展方向就是：与人民一道，与国家一起。目前我国处于和平稳定发展的阶段，青年要参与维护好这个大局。新时代中国青年运动不是搞轰轰烈烈的政治运动，而是要做青年心理上的内在组织动员。和平年代的青年组织的动员性依然存在。在国家发展和转型需要的创新创造和技术革新中，青年是主体。当代青年运动就是组织动员好青年为中国特色社会主义事业发展贡献智慧和青春。习近平总书记激励青年要树立对国家和民族的认同感和责任感，倡导政府、学校、家庭以及社会机构加强对青年的社会主义核心价值观培育和优秀传统文化教育。其三，基于实践视角指明青年成长的正确道路。习近平总书记重视青年的实践锻炼，要求广大青年既要钻研理论知识，又要积极掌握工作技能，不断提升与时代发展相适应的能力与素质。共青团作为培养青年的重要力量，要坚持以服务青年为导向，积极引导青年发扬艰苦奋斗精神，通过开展青年创业、岗位实习、科技创新等活动，提升青年实践锻炼能力。

习近平总书记要求青年要具备"斗争思维"，培养"斗争本领"。所谓"斗争思维"，指的是在理论上重视事物矛盾的斗争性，在实践上注重运用"斗争与革命""变革与破坏"的方式来解决矛盾和问题，以打破旧世界、旧事物的矛盾统一体为目的的思维倾向。② 运用辩证法思维科学认识矛盾，掌握矛盾分析法，在实际工作中敢于正视矛盾，树立斗争思维以解决矛盾，这是新时代青年工作的重要方法。习近平总书记指出："任何贪图享受、消极懈怠、回避矛盾的思想和行为都是错误的。"③ 2019年，习近平总书记在中央党校（国家行政学院）中青年干部培训班

---

① 《习近平谈治国理政》第3卷，外文出版社，2020，第401页。
② 赵丽欣、陈春生：《"斗争思维"形成的理论根源及其认识误区——中国共产党思维方式转型的理论探源》，《学术交流》2012年第5期。
③ 《十九大以来重要文献选编》（上），中央文献出版社，2019，第11页。

上的讲话，特别指出了共产党员要有"斗争精神"和"斗争本领"①，这是基于矛盾分析的原理得出的，也是中国政治语境下对青年成长的目标和能力的要求。综观全世界范围内青年事业的发展，在党将政治建设摆在首位的时代背景下，习近平总书记在科学把握青年成长规律的基础上提出的关于青年政治引领的重要论述具有更深的意义。党的"政治引领"优势，越来越成为中国青年事业发展的首要逻辑，这是历史逻辑和实践逻辑在青年发展中的体现。

中国共产党青年工作理论的百年发展演化是马克思主义青年观中国化的历程。中国共产党自成立之日起就将目光投向青年，并在党的全国代表大会上专门作出了有关青年运动的决议。"青年运动为本党重要工作之一，所以对于社会主义青年团应极力加以组织上、指导上之援助。"②陈独秀、李大钊、瞿秋白等早期中国共产党主要领导人非常重视青年及青年工作。新中国成立以后，党结合中国特色社会主义国情和中国青年的现实情况，进一步发展了马克思主义青年观，形成了一脉相承又具有中国特色的青年工作理论。

党的十八大以来，中国共产党对以共青团组织为统领的青年工作进行了与时俱进的改革和创新，表现出了"增强政治属性，回归主责主业"的功能特征。按照结构功能理论的理解，模式维护是维持组织系统连续性的基本功能，系统运行中需要内部成员建立价值共识，并身体力行地建立一致性的行为准则，以确保系统整体处于平稳状态。共青团的基本属性和特征是作为青年的政治组织，这是建团之初就确立的基本方针。模式维护功能要求其将政治属性储存并配置于系统内，使共青团始终保持具有政治性的理念、文化、符号，并向全体组织成员传递共有价值观。党的十八大以来，以习近平同志为核心的党中央分析研究新形势下共青团面临的新情况新问题，要求团中央面对新形势新变化，更好发挥团的政治功能，增强团的政治属性，回归团的主责主业，避免陷入事务主义倾向。共青团贯彻《中共中央关于加强和改进党的群团工作的意

---

① 《信念坚定对党忠诚实事求是担当作为 努力成为可堪大用能担重任的栋梁之才》，求是网，http://www.qstheory.cn/yaowen/2021-09/01/c_1127818143.htm。

② 《建党以来重要文献选编（1921~1949）》第 1 册，中央文献出版社，2011，第 265 页。

见》，进一步落实党对共青团的政治要求，走中国特色社会主义群团发展道路。通过深化改革引导共青团回归主责主业，更加自觉地接受党的政治领导。新时代共青团增强政治性不仅体现在理论层面，而且体现在实践层面。

党的十九大以来，在党中央治国理政的宏伟战略中，共青团被赋予了严格的政治要求和崇高的政治期望。针对共青团工作中存在的职责履行不够到位，动员青年建功新时代力度不够，联系青年、服务青年和引领青年的能力和水平有待提高的问题，全团认识到跟党走是共青团必须坚持的正确政治选择。在实现第二个百年奋斗目标的历史新征程上，青年要有正确的政治站位，远大的政治抱负，保持与时代同心同向。共青团要引导青年按照党的要求健康成长、为实现中国梦而团结奋斗。习近平总书记在同团中央新一届领导班子集体谈话时指出："共青团要做好青年思想引导工作、增强吸引力和凝聚力，必须站在理想信念这个制高点上。"① 青年在哪里，团组织就建在哪里；青年有什么需求，团组织就要开展有针对性的工作，努力使团组织成为联系和服务青年的坚强堡垒。共青团要把握青年政治引领的关键节点，在青年面对重大政治社会事件、处于人生彷徨时，主动用马克思主义信仰坚定他们的人生方向。新时代共青团的工作重心是把握自身的政治属性和群众属性。要把握政治属性，积极应对自身存在的"四化"问题。共青团通过自上而下的改革，动员广大团员青年和团干部共同参与深刻的自我革命，推动共青团工作和青年工作领域的革新，使新时代共青团的工作越来越回归主责主业。

新时代中国共产党青年工作理论是在继承中国共产党青年工作理论逻辑与揭示新时代青年工作现实逻辑的互动中逐步发展起来的。习近平总书记深刻地把马克思主义经典作家关于青年工作的重要论述作为新时代做好青年工作的思想资源，同时着眼于对青年的认知和对当下青年工作的深刻把握，把青年工作放在了"两个一百年"奋斗目标中进行谋划，在实践中逐渐形成了青年工作的思想体系。每个阶段的青年工作总是与时代发展、世界与中国的关系、党和国家的中心工作等密切相关。

---

① 习近平：《论党的青年工作》，中央文献出版社，2022，第29页。

不同时期有不同的侧重点，总体来看，随着中国共产党执政能力的提升，中国共产党青年工作理论在中国青年事业的改革发展实践中不断丰富，这些构成了新时代中国共产党青年工作理论进一步丰富和发展的实践条件。

一是强化政治属性，要坚持把培养社会主义建设者和接班人作为根本任务。"培养什么样的人，为谁培养人"是一切社会教育的首要问题。我国的社会性质决定了青年成长的基本方向是要服务于社会主义社会建设，围绕中国共产党实现民族复兴的崇高使命而不懈努力。习近平总书记强调："政治性是群团组织的灵魂，是第一位的。群团组织要始终把自己置于党的领导之下，在思想上政治上行动上始终同党中央保持高度一致。"① 增强政治性要求各级团组织切实加强党的政治领导，始终把自己置于党的领导之下，确立符合组织宗旨的政治指向，加强对青年的政治引领。共青团要坚持党的领导，自觉将共青团的一切工作纳入党的领导，切实保证团工作的正确方向。共青团要按照党的路线、方针、政策和要求，紧密联系实际，深入贯彻落实中央党的群团工作会议精神，切实纠正"四化"问题。通过加强共青团各级组织党的建设，坚决守住政治原则和政治底线，保持共青团"有位"和"有为"的统一。共青团保持独立自主开展活动和自觉接受党的领导是统一的。"团的这种系统工作与组织独立性的加强并不会削弱党的统一领导，恰恰相反，正因为充分发挥团的组织作用，便能够更广泛地联系青年群众，便能够更加发挥团作为党的助手的作用。"② 这需要明晰两者辩证统一的关系。要将党管青年作为处理党团关系的根本原则，明确共青团的根本任务是培养社会主义建设者和接班人。历史反复证明，共青团不能脱离党的轨道，否则容易偏离工作重心，陷入"先锋主义"或者"团跟着青年走"的错误导向。

二是改革青年政治组织。政治性也叫政治属性，这种政治属性体现出的政治观点和价值指向，"构成一事物区别于他事物的特殊的本质"③。建团百余年来，在不同历史时期，团的政治属性在政治建设实践中不断建构、修正、演化和完善，体现出共青团实现组织发展、政治进步的总体趋向。共青团政治性在实践中不断形成、发展、优化，这是共青团百

---

① 习近平：《论党的青年工作》，中央文献出版社，2022，第107页。
② 《建国以来重要文献选编》第4册，中央文献出版社，1993，第492~493页。
③ 《毛泽东选集》第1卷，人民出版社，1991，第309页。

余年发展历程的一条主线。中国共青团政治性伴随团百余年奋斗的光辉历程，在党的领导下在政治建设实践中不断建构，彰显出政治属性和社会属性的统一。从建团早期共青团对组织独立性的认识偏差，到新时代共青团政治性的全面增强，体现了共青团在政治性认知和实践上的不断发展和完善。共青团增强政治性的内在逻辑是在确立"政治性是第一位的属性"原则基础上，把握群众性特点，建设先进性组织，围绕时代性主题。新时代中国共青团增强政治性的实践进路是全面加强党对共青团的政治领导，加强共青团对青年的政治引领，全面落实中长期青年发展规划，不断深化共青团的改革创新。

三是深刻把握共青团的第一属性是"政治性"。中国共青团从成立之初就具有鲜明的政治属性。2015 年，习近平总书记在党的历史上首次召开的中央党的群团工作会议上，提出"切实保持和增强党的群团工作和群团组织的政治性、先进性、群众性"①的"三性"导向，并强调"政治性是第一位的属性"。共青团的政治性具有"坚持围绕中心、服务大局，发挥桥梁和纽带作用，将青年群众最广泛、最紧密地团结在党周围"②的基本内涵。在党的领导下，共青团被赋予"党的助手和后备军"的政治定位，这使其在根本要求上区别于一般青年组织。共青团不仅要具备一般青年组织的功能属性和发展属性，更要增强作为政治组织的政治属性和价值属性。

共青团在特定的历史条件下，在与党的关系互动中，逐步形成以政治建设指导思想、目的方向、方针原则为核心的政治观，并在规范自身政治行为的过程中体现政治性。政治性的变迁由多种因素共同作用，体现为驱动力、支撑力和阻滞力三个方面的耦合。驱动力由共青团先进的指导思想、组织的自我意识和应对外部环境变化的政治调适行为共同作用而成，是影响团政治性建构的决定性力量；支撑力是基于政党和青年群众的基础性支持，直接源于党团关系的动态变化和青年政策体系的设计，构成团政治性建构的基础；阻滞力体现在团的指导思想、目的方向、

---

① 习近平：《切实保持和增强政治性先进性群众性 开创新形势下党的群团工作新局面》，《人民日报》2015 年 7 月 8 日。

② 习近平：《切实保持和增强政治性先进性群众性 开创新形势下党的群团工作新局面》，《人民日报》2015 年 7 月 8 日。

方针原则与青年群体变化、社会结构变迁等不相适应，折射出团的发展需求和现实供给间的矛盾。

在共青团政治性建构的历程中，不同历史时期表现出不同的特点，也体现了共青团从年轻走向成熟的过程。党作为共青团的缔造者，在各历史阶段为共青团锻造青年政治组织、开展青年工作指明了方向。从成立之日起，共青团就公开宣布在政治上和党保持高度一致，主要任务和奋斗目标也趋于一致。当前在意识形态竞逐的新形势下，正确看待共青团的政治性，对于新时代调适共青团的组织行为，不断推动共青团沿着正确的政治航向前行具有重要意义。

梳理建团百余年来共青团政治性变迁的历史，可以看到，从建团早期共青团对组织独立性认识的偏差，到新时代共青团政治性的全面增强，体现了共青团政治性认知和实践的不断形成、发展和完善。围绕政治性的变迁，不同历史时期共青团的政治性特征表现也有所不同。

（一）"确立党的政治领导，发挥先锋作用"的政治性特征（1922~1949年）

中国共产党成立后，为统合全国青年力量，在共产国际的帮助下成立了中国社会主义青年团。《中国社会主义青年团纲领》明确了青年团的组织属性是中国青年无产阶级组织，其基本的政治立场是坚持马克思主义，这与党的政治立场是完全一致的。1922年，陈独秀在团的一大会议上指出，青年团要"发挥马克思实际活动的精神，把马克思学说当做社会革命的原动力"①。青年团秉承中国共产党的政治主张，确立党的政治领导地位，完全服从党的方针政策。1924年，《对于青年运动之议决案》在方针原则上明确了党对团实行绝对性的政治领导，这是团政治性的基本指向。团的三大决定将中国社会主义青年团改名为中国共产主义青年团，组织名称的更改，体现了党团政治属性保持绝对一致的意图。

由于中国共产党在1922年加入共产国际，而中国社会主义青年团在成立的同时就加入了青年共产国际，在共产国际相关规定的影响下，党团对如何加强政治领导存在一定分歧。一方面，青年共产国际直接隶属于共产国际，并且在紧密联系中工作；另一方面，中国共产党也是共产

---

① 《陈独秀文集》第2卷，人民出版社，2013，第250页。

国际的一分子。这让早期青年团领导人认为，两者是独立的组织，彼此间是"平起平坐、相互帮助的关系"①。1922年，时任团中央书记施存统提出："社会主义青年团（或少年共青团）在政治上是要服从共产党的；但本团与中国共产党，只规定政策应该'协定'，并没有决定应该绝对服从。"② 团的二大决议也提出："共产主义青年团组织虽无政治上的独立，然决不因此而取消其组织上的独立。"③ 可见，早期青年团对政治领导和组织独立性的认识存在一些模糊。

但总体上，党作为共青团的缔造者，两者组成成员和革命任务相同、工作对象相近，是革命事业的共同体。从1922年《关于少年运动问题的决议案》提出要对青年开展"革命教育"，到1923年《青年运动决议案》"引导青年投身国民运动"④，再到1925年《团中央52号通告》首次明确团工作"深入群众"的方针，以及1937年《现阶段青年运动的性质和任务》明晰青年先锋作用的发挥，承担"救国"的时代责任。青年团在党的政治领导下，致力于实现"建设一切生产工具收归公有和禁止不劳而食的初期共产主义社会"⑤ 的奋斗目标，切实在革命斗争中发挥先锋作用。抗日战争后，党对共青团进行了机构改造，基于革命斗争需要和党团工作分工上的重合，在党内成立了青年部，围绕抗日战争成立了青年救国联合会，领导各地青年参与抗日。但强调先进性的同时，青年团的群众属性有所缺失，未从青年实际出发选取适合自身特点的工作方法，有犯"先锋主义""闹独立性"⑥ 的偏向。

在新民主主义革命时期，青年团在政治上无条件接受党的领导，同时作为独立的组织，又有组织自主性的诉求。这种党团关系在1949年《中共中央关于建立中国新民主主义青年团的决议》中得以确立，同时该决议也明确重新建立的青年团，必须是党领导下的先进青年的群团组织。可以看出，"如果强调政治上的依赖性，组织上的自主性可能会受到

---

① 郑长忠：《组织资本与政党延续——中国共青团政治功能的一个考察视角》，复旦大学博士学位论文，2005。
② 施存统：《本团与中国共产党之关系——政策、工作、组织》，《先驱》1922年第23期。
③ 转引自胡献忠《中国共青团历次全国代表大会概览》，中国青年出版社，2012，第35页。
④ 《建党以来重要文献选编（1921—1949）》第1册，中央文献出版社，2011，第265页。
⑤ 《建党以来重要文献选编（1921—1949）》第1册，中央文献出版社，2011，第74页。
⑥ 《任弼时选集》，人民出版社，1987，第491页。

影响；如果强调组织上的自主性，政治上的依赖性可能会式微"①。早年的青年团在某种意义上缺乏平衡两者矛盾的经验。

（二）"贯彻党和政府政策，注重群众属性"的政治性特征（1949~1978年）

新中国成立后，中国共产党开始全面执政，共青团作为党"可靠助手和后备军"的定位更加清晰。1949年，中共中央正式决定重建中国新民主主义青年团。任弼时在中国新民主主义青年团第一次全国代表大会上更是明确指出，要"保证党对中国新民主主义青年团的正确领导"②。新建的青年团在组织上要贯彻民主集中制，政治上要"接受共产党和民主政府的政治领导"，思想上要"进行毛泽东思想的教育"③。要正确处理好"党委如何领导青年团、青年团应如何工作"的党团关系的两大命题。1953年，毛泽东指出，"青年团对党闹独立性的问题早已过去了"④，现在必须解决"缺乏团的独立工作"这一问题。也就是说，党不能取代团的工作，更不能包办团的工作。共青团各级组织要广泛、直接联系青年群众，要注重青年工作的群众属性和群众规则，由青年依法依章独立讨论和执行工作。1953年，《关于加强党对青年团的领导给各级党委的指示》强调："必须切实注意加强对青年团的领导。"⑤ 强化党对青年团的政治领导，增强青年团对青年教育和培养工作的主动性和自觉性，动员青年积极参加国家建设。

1956年，社会主义建设蓬勃开展。在筹备新民主主义青年团第三次全国代表大会会议的前夕，团中央书记处围绕青年团如何服从党的领导、如何实现群众化以及团的民主生活等问题进行了深入研讨，旨在解决青年团如何更有效地围绕党的中心任务、按照青年特点开展独立活动、如何组织动员广大青年参与经济建设等关键问题。关于青年团群众化的问题，会议明确指出，青年团"是群众团体，除了动员内部成员、贯彻党

---

① 康晓强：《百年来中国共产党与中国共青团之间关系的逻辑主题及启示》，《中国青年研究》2021年第5期。
② 《任弼时选集》，人民出版社，1987，第485页。
③ 《建国以来重要文献选编》第2册，中央文献出版社，1992，第415页。
④ 《毛泽东文集》第6卷，人民出版社，1999，第276页。
⑤ 《建国以来重要文献选编》第4册，中央文献出版社，1993，第491页。

和政府的政策外,还应当反映青年的意见,把国家各方面的真实情况告诉青年"[1]。认识到青年团的群众属性,意味着既要在群众工作中贯彻党的主张,又要反映青年的心声,并将两者紧密结合起来。会议前夕的充分研讨,为新民主主义青年团第三次全国代表大会的顺利召开奠定了坚实的思想基础。

青年团的工作广泛涉及政治、经济、教育等多个领域,其中居于首位的是思想武装工作。毛泽东高度重视青年教育,强调青年不仅要学习专业知识,更要学习政治理论,他指出:"没有正确的政治观点,就等于没有灵魂。"[2] 青年团积极响应党培养社会主义新人的目标要求,积极承担起教育青年的重任。1955年,党中央发出"绿化祖国"的号召后,青年迅速成为这一运动的主力军。全团针对《关于对中学和师范学校学生进行社会主义思想教育的联合通知》《关于动员青少年开展大规模造林运动的指示》等文件,组织开展了集中学习活动,旨在引导青年树立社会主义觉悟和集体主义价值观,同时组织动员青年积极参与恢复国民经济、开展经济建设、完成社会主义"三大改造"等历史任务。

这一时期,青年团按照党中央的要求,使群团组织回归群众组织的本质属性,走与青年群众相结合的道路。广大青年在党的号召下,在青年团的带动下,以极大的热情参与国家建设,服务党政中心大局。在党的正确领导下,广大青年奔赴祖国最需要的地方,参加突击队、生产队、垦荒队等组织,体现出青年运动应有的正确方向。

(三)"坚持'四化'为中心,拓宽社会职能"的政治性特征(1978—2012年)

1978年,共青团十大的召开,标志着中国共青团的组织系统开始恢复。1980年,共青团十届二中全会决议提出,要把"以'四化'为中心进一步把全团工作活跃起来"作为新时期共青团工作的指导思想。从这次会议可以看出,共青团在新时期的政治建设指导思想更加清晰。在日常工作外,把关心青年切身利益、活跃青年业余文化生活提上工作日程,

---

[1] 郑洸、叶学丽:《中国共产党与中国共青团关系史略》,中共党史出版社,2015,第21、82、221页。

[2] 《毛泽东文集》第7卷,人民出版社,1999,第226页。

"说明团组织已经意识到工作必须适应青年的特点和要求,才能吸引青年,调动青年干'四化'的积极性"。随后,共青团十一届二中全会决定开展为期两年的以学习整党文件为内容的教育活动,在学习教育活动中推动团的组织建设,抓牢共青团干部和青年团员的政治教育。

在改革开放的大背景下,时任团中央第一书记宋德福指出,"未来的工作,要不断加大团的维权职能和服务比重",共青团服务青年的职责得以重视和加强。1979 年,团中央在北京召开会议,专门研究共青团工作重点转移的问题,会议提出"共青团组织一定要以'四化为中心把全团工作活跃起来'"[①]。1982 年,共青团十一大确立"推荐优秀团员作为党的发展对象"[②] 的制度安排,在接班人政治体系中赋予共青团特有的政治地位。通过共青团"推优"政治录用的形式,构建了一套严密、完整、有效的优秀社会青年人才政治吸纳机制。1988 年,《关于共青团体制改革的基本设想》"第一次把代表和维护青年的具体利益明确地确立为共青团的一个社会职能,这是对共青团传统职能的历史性补充"[③]。这表明,共青团正在探索如何体现自身特点、推进政治建设指导方针的转化。在改革开放背景下,共青团积极组织动员青年投身经济建设主战场。1993 年,共青团十三届二中全会通过《在建立社会主义市场经济体制进程中我国青年工作战略发展规划》;2003 年,共青团十五大修改团章,首次新增"积极协助政府管理青年事务"[④] 的职能,共青团社会职能进一步拓宽。

改革开放和社会主义现代化新时期,共青团形成了"党有号召,团有行动"的政治话语体系,同时也确立了服务青年的工作宗旨,共青团主导青少年发展事务的工作机制进一步形成。

(四)"增强政治属性,回归主责主业"的政治性特征(2012 年至今)

党的十八大以来,以习近平同志为核心的党中央分析研究新形势下

---

① 郑洸、叶学丽:《中国共产党与中国共青团关系史略》,中共党史出版社,2015,第 221、182 页。
② 《中共中央文件选集(一九四九年十月——一九六六年五月)》第 10 册,人民出版社,2013,第 257 页。
③ 郑洸、叶学丽:《中国共产党与中国共青团关系史略》,中共党史出版社,2015,第 182 页。
④ 《十六大以来重要文献选编》(上),中央文献出版社,2005,第 385 页。

共青团面临的新情况新问题,要求团中央面对新形势新变化,更好发挥共青团的政治功能,增强共青团的政治属性,回归共青团的主责主业,避免陷入事务主义倾向。近年来,共青团贯彻《中共中央关于加强和改进党的群团工作的意见》,进一步落实党对共青团的政治要求,走中国特色社会主义群团发展道路。通过深化改革,共青团回归主责主业,更加自觉地接受党的政治领导。新时代,共青团政治性增强不仅体现在理论层面,而且体现在实践层面。

党的十九大以来,在党中央治国理政的宏伟战略中,共青团被赋予了严格的政治要求和崇高的政治期望。在实现"第二个百年"奋斗目标的历史新征程上,青年要有正确的政治站位,远大的政治抱负,保持与时代同心同向。"帮助广大青年确立正确的理想、坚定的信念,应该成为团组织的首要任务。只有抓好这项工作,才真正抓到了根本上。"[1] 对此,共青团十七大报告指出:"引导当代青年按照党的要求健康成长、把青春梦想融入中华民族伟大复兴事业、为实现中国梦而奋斗,是共青团的根本任务。"[2] 共青团要把握青年政治引领的关键节点,在青年面对重大政治社会事件、处于人生彷徨时,主动用马克思主义信仰坚定他们的人生方向。

新时代共青团的工作重心是把握自身的政治属性和群众属性。要把握政治属性,积极应对自身存在的"四化"问题。共青团既要自觉接受党的领导,又不能完全照搬党政部门运作模式,要保持青年工作的主动性和相对独立性,走出一条全方位多样化引领青年思想、工作体系现代化转型的发展道路。要发挥群众属性,坚定青年对中国共产党和中国特色社会主义的政治认同。2016年,《共青团中央改革方案》全面部署了广泛联系基层、联系青年的工作机制,要求共青团干部经常性联系一定数量、不同领域的团员青年,充分体现新时代共青团的群众属性。共青团要做好广泛的青年政治动员、政治引领和政治吸纳工作,引导青年听党话、跟党走,把青年凝聚起来,为党和国家建设贡献力量。

---

[1] 习近平:《论党的青年工作》,中央文献出版社,2022,第30页。
[2] 团十七大文件起草组:《共青团十七大报告学习精神辅导读本》,中国文联出版社,2013,第41页。

第二节 新时代中国共产党青年工作的实践功能创新

新时代中国共产党青年工作理论的功能主要表现在其实践意义上。新时代中国共产党青年工作理论的价值归根结底是实现青年发展,它贯穿"发展为了青年、发展依靠青年、发展成果由青年共享"的实践逻辑,符合马克思主义一贯坚持的实现"人的全面自由发展"的发展目标和发展指向。新时代青年发展的根本指向是推进后工业化进程。以习近平同志为核心的党中央将青年人才视为经济发展的基础性、战略性资源,这体现了党对青年发展规律、社会发展规律的深刻把握和严格遵循。

一 铸魂功能:构筑时代新人培养的整体性框架

马克思提出的人的自身"再生产",包含了对自己生命的再生产和他人生命的再生产,这种人的再生产构成了历史的前提和条件。中国特色社会主义事业的发展同样需要符合社会发展需求的人才,也就是习近平总书记所指的"担当民族复兴大任的时代新人"。青年是时代的主人,作为时代新人出场,是历史的选择。自中国共产党成立以来,国家和民族的发展迎来了崭新的阶段,中国共产党成为中国人民和中华民族的主心骨。建党以来,我国社会主要矛盾以及国家与社会的力量对比都在动态变化中,尽管如此,在中国共产党领导下,中国青年始终是推动国家和社会变革的重要力量。

回顾青年发展的历史,在中国共产党成立之前,中国正经历五四爱国运动。"作为20~40年代的学生运动和青年运动的主角,学生、青年知识分子以及初期的共产主义者,事实上大都可以被包含到'新青年''五四青年'这一类别之中。"[①] 在剧烈变革的社会进程中,尤其能体现青年被赋予的重要社会角色以及社会对青年的殷切期望。五四运动以后,一些进步的青年知识分子接触到了马克思主义理论。新中国成立后,我

---

① 陈映芳:《"青年"与中国的社会变迁》,社会科学文献出版社,2007,第91页。

们用"革命青年"这一概念来定义中国社会中的"青年"角色。① 这一历史时期的青年以社会主义革命、建设为己任,在党的领导下展现出坚定的革命性和鲜明的建设性,他们积极响应国家自上而下的组织动员,投身抗美援朝、青年突击队、青年垦荒队等社会主义革命和建设事业中去。习近平总书记指出:"改革开放是中国人民和中华民族发展史上一次伟大革命,正是这个伟大革命推动了中国特色社会主义事业的伟大飞跃。"② 这一时期的青年成长于社会快速发展时期。青年社会化加速推进,家庭、学校、单位、社区、网络媒体等深刻塑造着青年的社会化进程,影响着青年的政治意识和社会心理,而政党、国家、社会三大要素则构成了青年成长的整体环境。

不同时代的青年承载着不同的历史使命,而不同的社会环境又催生了青年多样化的价值观念、思维方式和行为习惯。特别是面临世界百年未有之大变局,价值观的冲突对青年而言更加凸显,意识形态斗争对青年的争夺也愈加明显。进入新时代,以习近平同志为核心的党中央立足中国青年发展实际,阐明了青年在中国特色社会主义伟大征程上的重要地位和作用,将青年发展与巩固党的青年群众基础、中华民族伟大复兴紧密结合起来。习近平总书记特别强调要坚决贯彻政治建设的根本要求,将青年视为"两个一百年"奋斗目标中经济和社会发展的重大战略资源,推动青年发展与社会发展同步进行,着力培养时代新人。

意识形态引领在青年成长中占据重要地位。意识形态作为一种"观念的科学",随着时代的发展被赋予了多重意义。沃特·卡尔尼斯曾言:"在意识形态概念的历史进程中,马克思的重要性怎么强调都不为过。"③ 党的十八大以来,习近平总书记多次强调政治引领的重要性,指出不仅要加强党对共青团的政治引领,还要通过共青团组织加强对青年的政治引领。习近平总书记强调:"加强对广大青年的政治引领,引导广大青年自觉坚持党的领导,听党话、跟党走。"④ 将青年政治引领工作置于青年

---

① 王延隆、李姗姗:《建党以来中国青年与社会互动的历程、逻辑与启示》,《中国青年研究》2020年第12期。
② 《十九大以来重要文献选编》(上),中央文献出版社,2019,第721页。
③ Walter Carlsnaes, *The Concept of Ideology and Political Analysis* (New York: Greenwood Press, 1981), p. 26.
④ 习近平:《论党的青年工作》,中央文献出版社,2022,第202~203页。

思想、青年发展和青年运动的重要位置，是新时代我国青年工作的重要特点。总结中国青年教育、青年发展的成功经验，离不开中国化的唯物史观对青年思想政治教育的科学指导。

新时代中国共产党青年工作理论中蕴含着培养时代新人的整体性思维方式。青年的思想成熟是一个系统发生的过程，是内在的成长需求驱动和外在的教育引领共同作用、相互联系的总体。外在的教育引领包括共青团、学校教育、意识形态、宣传思想工作、职业生涯规划、技能培训等。新时代中国共产党青年工作理论系统回答了"青年如何全面发展"的整体性问题，体现了青年发展的整体性框架设计。解决如何培养青年的难题，不能仅停留在对青年教育的指引上，还应关注青年的重大利益诉求。事实上，要赢得青年，就不可避免地要回到利益本身。马克思主义从来不回避利益问题。从坚持"以人民为中心"和"青年优先发展"可以看出马克思主义对青年利益的关切，既把青年视为党和国家未来的创造者，又关心关注青年成长需求和发展诉求，将青年的发展纳入经济社会发展战略中去。

立足时代背景，确立为实现中华民族伟大复兴的中国梦而奋斗的主题。共青团始终把围绕中心、服务大局作为工作主线。党的十九届五中全会提出"统筹中华民族伟大复兴战略全局和世界百年未有之大变局"[1]，表明实现中华民族伟大复兴是当下党和国家的战略全局，共青团工作要围绕这个战略全局。把"为实现中华民族伟大复兴的中国梦而奋斗"作为中国青年运动的时代主题。回顾中国青年运动的历程，共青团从民族复兴的不同历史阶段出发，围绕党和国家工作大局，找准青年发展工作的结合点，引领和激励青年对标时代主题。在新民主主义革命时期，共青团引领青年投身社会各阶层、各岗位，与工农群众相结合，共同为中华民族独立、人民解放而斗争。在社会主义革命和建设时期，共青团紧扣培养党的事业"接班人"的青年成长目标，强化青年学习教育，以高效的政治动员激励有志青年为国民经济恢复和社会主义建设奉献青春力量。在改革开放和社会主义现代化新时期，共青团围绕社会主义市场经济建设的主要任务，提升生产力水平、科技创新能力，努力攻

---

[1] 《十九大以来重要文献选编》（中），中央文献出版社，2021，第663页。

克现代化建设和科技体系建设中的一系列难题，提升国际竞争力。党的十八大以后，习近平总书记提出"培养担当民族复兴大任的时代新人"①的战略任务，共青团发挥群团组织的动员优势，加强对青年的理论武装、政治引领，坚定正确的政治方向，激励广大青年在新时代中国特色社会主义建设的新征程上发挥生力军作用。

二 协同功能：推进大国崛起中青年与国家协同发展

中国的现代化进程取得了巨大成就，当前中国已经日益走近世界舞台的中央，这是大的历史背景。新时代，对中国共产党和中国人民应如何去适应这种新形势的转变，习近平总书记给出了深刻的回答。那就是要坚持"四个自信"，其具体表述不应为青年发展事业的体制、青年发展的问题、青年发展的模式，而应是对这些方面的自信。20世纪80～90年代西方流行的社会学理论，已然不能解释当代中国正在发生的生动的青年实践现象。青年发展的中国逻辑和中国道路作为一个重大的理论和实践命题被正式地提出来，那就是在中国特色社会主义道路、制度、理论和文化视野下，对青年发展现实的总结以及对未来发展规律的把握和前瞻。

党的十八大以来，国家层面推进全面深化改革的逻辑起点是将人作为重大的战略资源进行谋划，突出党团在青年发展中的重要引领作用，对共青团加强青年政治引领提出了一系列新要求。加强对青年的政治引领，符合中国青年发展的历史逻辑和实践逻辑。世界青年发展的实践证明，青年个体从不成熟到成熟，需要有外在的力量帮助其更好地完成社会化转型，政党引领是很重要的途径。中国共产党历来重视通过中国共青团这一青年组织实现对青年的政治引领。按照"政治过硬、素质优良"的要求，共青团改革动态地、系统地审视青年这一发展主体，保证内在要素和外在环境要素相协调，注重重要环节、要素、领域改革的关联性、系统性、可行性，以形成一种整体育人效应。

第一，结合青年成长和国家发展的需要，肩负大力培养时代新人的新使命。新时代中国共青团青年发展工作的目标，是培养时代新人。人

---

① 习近平：《论党的青年工作》，中央文献出版社，2022，第166页。

的思想形成是一项复杂"工程",高等教育要打造具有专业素养的大学生,更要培育"担当民族复兴大任的时代新人"。青年作为时代新人登上历史舞台,合乎历史发展逻辑和现实需要。青年工作的重要功能是培育一代代信仰坚定、情感深厚的"时代新人","爱国主义是由于千百年来各自的祖国彼此隔离而形成的一种极其深厚的感情"①。青年工作要厚植大学生爱国主义情感,提升其对祖国的自豪感和回报祖国的使命感,使大学生不再是一个不知过去、未来的"单向度"的人。要将青年工作内容体系融入书本和"第二课堂"实践中,打造教育"组合拳",春风化雨般浸润影响学生。这要求当代青年明确其个体发展与群体、民族命运的关系,在时代大变局中把好"航向",勇于肩负中国特色社会主义发展新使命。

共青团何以存在?回答这个问题,必须从人的发展与社会发展的关系入手。马克思主义认为,人是一切社会关系的总和,也就是说,人的本质属性只有在社会中才能充分体现。因此,个体的发展必须紧密地建立起与社会的联系,这是共青团存在的基础条件和现实需求。青年是党和国家的未来希望,只有依靠广大青年,党才能不断从胜利走向胜利。马克思曾指出德国革命的主体,"实现这一变革的将是德国青年"②。中国的辛亥革命、五四运动等,都是广大青年振臂高呼的结果。青年的成长成才发生在建设社会主义现代化强国和实现"两个一百年"奋斗目标的新征程上。因此,青年必须与祖国同呼吸共命运,与时代同频共振。目前,我国已经全面建成小康社会,正走在建设社会主义现代化国家的新征程上,需要青年在党的引领下肩负起伟大时代赋予的使命。

第二,坚持"四个自信"的原则,激发中国共青团引领青年发展的新活力。"四个自信"是中国共产党人的重大理论创新,也是实现民族复兴的精神动力。当代青年应该用发展的眼光看中国,敢于挑起实现中国梦的重担,走出具有中国特色的青年发展道路。"中国共产党自成立之日起,一方面把共产主义确立为自己的远大理想,同时,又结合每个阶段的时代特征,确立了指引青年奋斗前行的具体的理想信念。"③坚持道

---

① 《列宁全集》第 35 卷,人民出版社,1992,第 187 页。
② 《马克思恩格斯全集》第 2 卷,人民出版社,1957,第 629 页。
③ 吴鲁平:《青年兴则国家兴 青年强则国家强》,《青年研究》2017 年第 6 期。

路自信，中国青年必然要坚持中国特色社会主义不动摇，这是青年成长发展的根本基础。党的成就启示我们，中国特色社会主义是正确选择，青年发展的道路不应有所偏移。理论自信是对中国特色社会主义理论体系正确性、真理性的自信。青年发展道路以马克思主义为方向，青年应主动学习马克思主义理论，了解马克思主义为什么能"行"，相信马克思主义可以"行"，进而在发展中践行马克思主义。

改革开放40余年，国家雄厚的经济基础、丰富的物质文化为青年发展提供了更多机会。市场经济的进一步发展和对外开放的深入，促进了青年社会组织的蓬勃发展。进入新时代，社会与青年同步发展，青年催生出新的更高水平的心理健康、创业就业、交友婚恋、休闲娱乐、职业发展等需求。中共中央、国务院制定并实施《中长期青年发展规划（2016—2025年）》，首次"把青年发展摆在党和国家工作全局中更加重要的战略位置，整体思考、科学规划、全面推进"[①]。中国青年的良好对外形象以及内在素养的提升，成为彰显中国特色青年发展道路和制度优越性的"重要窗口"。实践证明，发展中的青年对中国特色社会主义制度充满自信，这是青年发展的制度保障。中华文化源远流长、博大精深，是青年发展的精神食粮。只有对中国特色社会主义文化的先进性保持自信，青年发展道路才会顺畅平坦。

第三，立足中华民族伟大复兴实践，谱写中国共青团引领当代青年的新篇章。在新时代背景下，随着经济转型的跃动变迁，社会作为群体关系的综合体，对青年成长成才产生深刻影响。引领青年发展需要立足当下的基本世情国情，并在此基础上发挥共青团的组织优势和政治引导作用，使广大青年在民族复兴的实践中树报国之志、践报国之行。党的十八大以来，党中央多次强调统筹推进"五位一体"总体布局。贯彻新发展理念，实行更高层次的开放型经济，加快"三产"迭代升级，为青年发展筑牢物质基础，让青年人才为高新技术产业增添活力。随着共享经济、数字经济等新模式的出现，经济发展模式的重构也在加速，青年与社会的关系呈现为一种新状态。通过互联网，青年构建起一个"平行空间"——网络社会，在相当大的程度上，青年与社会处于互不干扰的

---

① 风笑天：《青少年社会化：理论探讨与经验研究述评》，《青年研究》2005年第3期。

状态，需要不断寻求新途径以打破这种状态。借助新技术为青年打造丰富的文化资源，让青年在享受发展成果的同时也能够贡献力量，助推广大青年又好又快发展。

马克思恩格斯提出了人的自由全面发展的目标。人的全面自由的发展与青年的自由全面的发展具有逻辑一致性。新时代青年的发展需要将理想与现实相统一，中国共青团应引领当代青年立足中华民族伟大复兴的实践，谱写人生篇章。中国共产党青年工作的价值逻辑是实现青年的自由全面发展，但同时必须认识到这里"自由"发展的限度和"全面"发展的程度，以及在中国语境下价值共识的重大意义。与社会的不断互动，使青年从原子的个体开始趋向于集体的个体，逐渐适应社会并改变社会。应引导青年参与"五位一体"总体布局建设。继续推进"西部计划""三支一扶""特岗教师"等帮扶项目，让青年学生学以致用，回馈社会，提升国民总体受教育水平。创新社会管理新模式，共建共享公共服务。通过"选调生""少民计划"等多种人才选拔培养方式，鼓励大学毕业生走进基层、服务基层，为基层社会发展添砖加瓦。共青团要进一步明晰社会职能，整合原子化青年。打造绿色发展新亮点，推进美丽中国、乡村振兴建设，呼吁更多青年回乡发展，守住心中那份美丽的乡愁。

第四，加强对外交流，为构建人类命运共同体贡献中国青年的新智识。联合国教科文组织曾提出，"青年塑造未来"。青年的发展具有重要的世界意义，肩负着改造世界、塑造未来的深层使命。当代青年处于经济全球化飞速发展的时代背景下，他们思想开放、价值观多元包容，在相互碰撞中更易于接受不同民族文化，对世界和平、发展有着更为深刻的认同，对推进各民族、各国家交流融通、和平发展、文明进步具有重要作用。当前，经济全球化、市场化、信息化交替融合，给党的青年工作带来更多思考："一是如何构建虚拟社会中的团青关系，二是如何构建团组织与青年社会组织的关系，三是如何在有效服务中实现思想引导。"[①] 运用网络新媒体教育青年，是共青团未来重点研究的领域。在全球视域下、国家治理的大格局中，共青团作为青年组织的"良师益友"，应通过孵化、联络等多种路径，搭建互利共赢的枢纽性平台。

[①] 胡献忠：《新中国 70 年党的青年工作变迁逻辑》，《中国青年社会科学》2019 年第 2 期。

中国传统社会青年因封建伦理约束几乎没有被组织起来,"直到近代青年才作为独立的社会群体走上历史舞台,体现出了社会发展的进步性。'五四运动'以后,青年走出了家庭,成为独立的社会力量走上历史舞台,带来了家庭结构、关系的深刻变迁"①。青年在政治素养、劳动技能、道德水准、价值导向等方面的发展水平关系到国家未来的发展走向。建团百余年来,青年在国家发展中的角色是随着国家战略发展方向不断调整的。"新时代青年对外工作要在党的坚强领导下,创新开展青年外事工作和青年人文交流的方式方法,有效应对意识形态风险和数字化时代的挑战,继续发挥青年对外工作在服务青年全面发展和党的中心工作上的功能,实现青年对外工作与人类命运共同体构建的同频共振,让青年对外工作在实现中华民族伟大复兴的历史征程中留下更加浓墨重彩的一笔。"② 如今,我们国家已经由富起来走向强起来,需要在国际社会有更多"话语权",需要由跟跑者向领跑者转变。处在"世界百年未有之大变局"中的新时代青年无疑是共建"一带一路"、推动构建"人类命运共同体"的主体,也是传播中国传统文化、传递中国理念价值、开展对外交流合作的生力军。

三 窗口功能:青年作为展示新时代中国特色社会主义制度优越性的"缩影"

青年发展是一个全新的理论命题,它涵盖体育和娱乐、价值观教育、领导力培养、工作技能和生活技能培训、环境教育等多方面,是一个具有全球共通性的话题。中国的青年发展与全世界的青年发展,在内涵上存在一致性,那就是促进青年平衡地分享思想和信息,培养青年的领导能力并支持他们的专业发展。

时代发展推动了世界青年的整体主义和共同发展。习近平总书记提出了"人类命运共同体"理念,阐述了坚持走开放包容的中国特色青年发展道路的世界意义。"人类命运共同体"理念内在地包含处理中国与

---

① 王延隆、李姗姗:《建党以来中国青年与社会互动的历程、逻辑与启示》,《中国青年研究》2020年第12期。

② 王志鹏:《中国共产党建党百年来青年对外工作的发展历史和基本逻辑》,《青年发展论坛》2021年第3期。

世界两个系统维度相互关系的思考,蕴含着超越国界的理论视野和系统思维。习近平总书记指出:"这个世界,各国相互联系、相互依存的程度空前加深,人类生活在同一个地球村里,生活在历史和现实交汇的同一个时空里,越来越成为你中有我、我中有你的命运共同体。"① 在现代世界历史进程中,从宏观来说,资金资本的全球扩展正逐步打破传统民族、区域等地缘因素的限制,资本交往迅速推动了国家、族群、个体之间的交往和联系,进而促进了人类历史从由自然经济主导的民族历史向由资本经济主导的世界历史转变。新时代形成了"你中有我、我中有你"的交往格局,这种交往格局是中国青年与世界青年共同面临的机遇和挑战。

随着我国对外开放的进一步深化和全面深化改革的实施,新时代中国共产党青年工作理论将随着共建"一带一路"倡议的实施而更具全球意义。② 新时代中国共产党青年工作理论具有世界性意义,其开放性和包容性体现在系统中的世界青年和中国青年两个视角。青年充满生机和活力,具有生理、心理上的优势。青年本身也乐于交流,在国际交流中能够获得成长。当前,青年交流已突破了地理限制,具有共通性,全球化正成为青年交流的趋势。通过"让中国青年走出去,把国外青年请进来",中国青年可以在世界舞台上展现自我、锻炼自我,同时,国外青年也能通过中国青年认识真实的中国。习近平总书记指出:"青年人最富有朝气和梦想,也最容易相互沟通和理解。"③ "青年人思想活跃、眼界开阔,熟悉互联网等新媒体工具。除面对面交流外,你们可以运用互联网等增进相知相识相交,深入了解对方。"④ 习近平总书记顺应国际发展趋势,尊重经济全球化背景下青年发展的客观规律,创造有利条件支持青年的对外交往。

经济全球化的加速推进以及中国国际地位的提升,客观上需要一股代表中国未来的力量参与国际对话。青年在国际交往中发挥着润滑剂和催化剂的作用,加强国家间的青年交往是增强政治互信、改善双边关系

---

① 《习近平谈治国理政》,外文出版社,2014,第272页。
② 王延隆:《习近平总书记关于青年工作重要思想的整体性研究——纪念五四运动100周年重要讲话的学习与理解》,《中国青年研究》2019年第7期。
③ 习近平:《论党的青年工作》,中央文献出版社,2022,第63页。
④ 习近平:《习近平出席第十五届中越青年友好会见活动时的讲话》,《人民日报》2015年4月8日。

的重要手段和通行做法。习近平总书记主张文明平等地对话、交流、互鉴，指出"文明因交流而多彩，文明因互鉴而丰富"①。他勉励青年要"积极传播中华文化、讲好中国故事，用青春的激情打造最美的'中国名片'，促进中国梦和各国人民的梦相通相融，共同为人类和平与发展的崇高事业作出贡献"②。青年要做传播中国文化的使者，中国走向世界不仅是产品的输出，更是中国文化、中国精神和中国制度的"走出去"。习近平总书记指出："中国的未来属于年轻一代，欧洲的未来属于年轻一代，世界的未来属于年轻一代。"③ 这指出了全球青年的历史担当，获得了全球广泛认同。

中国青年发展政策是展现中国特色社会主义制度优越性的"重要窗口"。中国特色青年工作体系包含了青年政策、工作模式和共青团组织，它是中国特有的，这种青年工作体系为全世界青年发展提供了可供学习借鉴的样板。新时代中国共产党青年工作理论是从中国青年事业发展的历史性成就和历史性变革中得来的，以习近平同志为核心的党中央紧密结合新的时代条件和实践要求，不断完善这一思想体系，让这一思想体系表现出渐变性，并维持内在的稳定与统一，以更好地引领中国青年事业发展走向现代化。中国青年发展的成功经验也为世界青年发展提供中国方案。

第三节 新时代中国共产党青年工作的实践方法创新

党的十八大以来，以习近平同志为核心的党中央高度重视青年工作。习近平总书记亲自主持召开了党的历史上第一次中央党的群团工作会议，指导制定了新中国历史上第一个青年发展规划，出席全国教育大会、全国高校思想政治工作会议并作重要讲话，同青年代表座谈、亲切交流并给青年回信，就党的青年工作理论创新提出了一系列新观点新思想新论断。进入新时代，以习近平同志为核心的党中央牢牢把握党对青年工作的领导权，明确提出党管青年原则，强调"全党要把青年工作作为战略

---

① 《习近平著作选读》第 1 卷，人民出版社，2023，第 228 页。
② 习近平：《论党的青年工作》，中央文献出版社，2022，第 55 页。
③ 习近平：《论党的青年工作》，中央文献出版社，2022，第 62 页。

性工作来抓"①，深刻揭示了青年工作在党和国家事业全局中的战略地位；指明把青年一代培养造就成德智体美劳全面发展的社会主义建设者和接班人，是青年工作的根本任务，对青年一代提出殷切希望，即广大青年要不断增强做中国人的志气、骨气、底气；提出"新时代好青年"的四项要求：有理想、敢担当、能吃苦、肯奋斗。青年是开放的复杂系统，青年发展需要树立系统观念，这正是新时代解决青年发展问题应有的思维方式。进入新时代，我国青年的发展愿望更加迫切，推进青年事业发展的改革任务更加艰巨。习近平总书记立足中华民族伟大复兴的战略全局，将青年工作纳入国家治理体系，将青年事业改革发展纳入经济和社会发展的总体布局，推进新时代青年工作的顶层设计、方法创新和制度保障，为新时代青年工作创新提供了基本遵循。

一 顶层设计：把青年工作作为战略性工作来抓

新时代以来，以习近平同志为核心的党中央高度重视青年工作，通过座谈会议、文件发布、战略规划等丰富多样的形式，提出要把青年工作作为一项战略性工作来抓，对青年工作的重视达到了史无前例的高度，这标志着党对青年工作在社会发展中重要地位的认识得到了发展和深化，"把党对青年工作的规律性认识提升到了新的高度，开辟了马克思主义青年观的新境界"②。其中最重要的成果就是把习近平新时代中国特色社会主义思想确立为共青团的行动指南并载入团章，尤其是王沪宁在共青团十八大开幕式的致词中正式提出了"习近平总书记关于青年工作的重要思想"③ 这一科学概念，这具有重大的现实意义和深远的历史意义。新时代中国共产党青年工作理论的国家治理意义体现在新时代的青年发展政策上。青年发展政策通过具体的制度设计、政策规划的实施，来实现新时代中国共产党青年工作理论从理论层面向实践向度的转化。

---

① 《习近平著作选读》第 1 卷，人民出版社，2023，第 58 页。
② 倪邦文：《科学内涵、时代价值与理论品格——论习近平总书记关于青年工作的重要思想》，《中国青年社会科学》2018 年第 5 期。
③ 王沪宁：《乘新时代东风　放飞青春梦想——在中国共产主义青年团第十八次全国代表大会上的致词》，《人民日报》2018 年 6 月 27 日。

（一）加强党建引领，构建党团队一体化培养机制

"青年跟谁走"是直接关系中国特色社会主义事业的重大命题。历史经验表明，青年在社会化的进程中，不能仅仅依靠自我成长来融入社会，还需要政党和社会组织的引领，方能成长为社会发展所需要的人。换句话说，青年在个体与集体的冲突和融合中才能更好地认知自我、认识社会、认识世界。在不同的年龄段，少年有先进组织——少先队，青年有先进组织——共青团，这两个组织是针对不同阶段的少年儿童和青年进行共产主义教育的"预备学校"。让青年和少年儿童从小就树立一个先进的标杆，让他们在一个先进的集体和组织中接受锻炼，这既能够提高他们的抱负水平，也能够完善他们的人格和能力素质。中国青年的成长有着少先队的前置培养，让青少年在稍微成熟的个体阶段在组织内成长，形成党团队一体化的培养机制，体现了意识形态自觉与青年成长发展的统一。

党管青年是党在长期领导中国革命建设实践中创立并形成的具有中国特色的青年工作制度成果。党是共青团的开创者和领导者，在不同的历史时期有不同的表现。在新民主主义革命时期，党团是革命事业的共同体，建党早期，党团甚至不分家。新中国成立以后，团作为党的可靠助手和后备军，在巩固和扩大党的青年群众基础，组织动员广大团员青年投身社会主义建设、改革和发展中发挥了重要作用。只有加强党的领导，青年对自身的地位和作用的认识才会越充分，才能充分肯定自身在历史进程中的重大作用。回顾百余年来的党团关系，以团来引领青年永远跟党走是正确的青年发展路径。历届党的中央领导集体秉持党管青年、党建引领的原则，不断丰富和发展中国青年工作制度体系。实践证明，党建引领得好，中国特色青年发展道路会迸发出新活力；脱离党的领导，中国青年事业发展注定会失败。

"从《党章》《团章》《队章》中可以看出，共产党、共青团、少先队是一体的，它们都有着共同的政治愿景和政治目标。"① 根据章程中的表述：党是先锋队，团是生力军和突击队，队是预备队。这三个组织分

---

① 钟良：《党团队"六个一体化"建设培养合格建设者和可靠接班人》，《中国共青团》2020年第6期。

布在青年成长的不同年龄阶段,既有衔接也有交叉。共产党、共青团、少先队的目标是一致的,共产党、共青团、少先队一体化建设以为中国特色社会主义事业和共产主义事业培养合格建设者和可靠接班人为目标,保证队员强烈向往加入共青团,在共青团中逐步建立起共产主义信仰,理解并认同中国特色社会主义制度,进而渴望成为共产党员。共产党、共青团、少先队一体化培养机制就是要遵循青年成长的规律,系统地看待青年成长的问题。要将人视为过程的整体,不同时期教学和培养的目标、方式、手段、内容要进行统筹和衔接,突出教育教学的价值性,做到党通过共青团、少先队吸引、凝聚、引领少年儿童和青年。

从一个青年个体发展来看,其经历少年儿童到青年等不同阶段,这几个不同的时间序列之间有内在的联系。青年工作、共青团工作与少先队工作是密切相关的。党的十八大以来,党中央关心重视少年儿童和少先队工作,强调要把培养青年与培养少年儿童统筹考虑。习近平总书记在致中国少年先锋队第八次全国代表大会的贺信中指出:"少先队是建设社会主义和共产主义的预备队。"① 这表明,在新时代,少先队要高举队旗跟党走,传承红色基因,培育时代新人,团结、教育、引领广大少先队员做共产主义事业接班人,为坚持和发展中国特色社会主义、实现中华民族伟大复兴的中国梦时刻准备着。以少先队、共青团、共产党三方层层递进逐级引领中国青年成长成才,共产党、共青团、少先队一体化体现了循序渐进、整体演变的工作方法。

共产党、共青团、少先队一体化建设要进一步完善青年培养的体系,实现青年全链条培养。一是思想引领一体化。要把习近平总书记关于青年工作的重要思想与习近平总书记关于少先队和少年儿童工作的重要论述结合起来,并贯彻到少先队、共青团工作中去,为新时期少年儿童和青年教育工作提供理论指导和方法借鉴。以培养社会主义建设者和接班人为根本目标,以入党的标准发展团员,以入团的标准培养少先队员,树立优秀典型,让加入共产党、共青团、少先队成为青年和少年儿童成长的目标。要让共产党、共青团、少先队组织走进青年和少年儿童心中,

---

① 《习近平书信选集》第1卷,中央文献出版社,2022,第290页。

使共产党、共青团、少先队的要求融入血脉，做到无缝衔接。① 二是青年成长一体化。顺应时代发展、青年和少年儿童思想行为的变化以及外在发展环境的变化，创新组织设置和活动载体，为他们提供更多的发展机会。重视青少年和儿童的参与，引导他们提高学习成绩，参与社会活动，提升专业技能。共产党、共青团应该着眼于满足他们的发展需求，将青年与资源联系起来，支持他们的学业和职业发展。三是组织建设一体化。加强党团队组织的衔接，理顺共青团和少先队的组织关系，强化共青团"全团带队"的职责，加强指导教师的配备。《中国少年先锋队章程》明确规定："我们队的创立者和领导者是中国共产党，党委托中国共产主义青年团直接领导我们队。"② 各级共青团组织要切实增强政治意识，自觉将共青团的工作纳入党的领导，自觉承担起指导少先队建设的政治责任。要重点加强各类学校中的团干部、少先队辅导员等专职教师队伍建设，按照属地原则，由共青团牵头开展统一的规划、培训和管理。

（二）强化宣传引领，将青年意识形态引领上升为国家战略

社会存在决定社会意识，青年意识形态深受这一规律支配。青年融入社会的过程，也是其政治意识形态融入社会的过程。在经济全球化时代，世界被丰富多元的价值观念所充斥，各国对青年意识形态的争夺日益激烈。美国等西方国家加紧了对我国青年意识形态领域的渗透，我国青年发展面临着经济全球化带来的多重挑战。对此，习近平总书记强调："经济建设是党的中心工作，意识形态工作是党的一项极端重要的工作。"③ 国家重视青年意识形态工作和互联网治理，并将它们上升到国家安全的战略高度。

加强青年意识形态教育，不仅限于教育层面，更应当将青年教育与成长纳入国家战略层面。共青团要做好青年网络政治动员，必须发挥引领作用，利用青年群体数量优势，培养政治过硬的"青年网军"，把握议题属性、主流媒体的导向，重视网络意见领袖的参与，推动网络动员

---

① 本刊编辑部：《精心打造党团队组织紧密衔接的红色链条》，《少先队活动》2020年第4期。
② 《中国少年先锋队章程》，《中国共青团》2020年第15期。
③ 《习近平谈治国理政》，外文出版社，2014，第153页。

持续发挥影响力，充分动员、扩大覆盖面。针对新媒体时代"Z世代"空间的网络化扩张，以及"娱乐至死""网络至死"等网络风险问题，应当将对"网络环境中的价值走向""网络时代政治发展""网络媒体中的议程设置"等问题的探讨作为青年意识形态建设的切入点和重点。在新媒体时代，要从个体化意识和意见领袖等角度，强化网络场域中"教育者"的身份建构，以期提高青年对网络空间各类错误观点和思潮的辨别力与抵御力。

在信息化时代，意识形态安全是国家安全体系中的重要内容。要加强主流意识形态的内容生产，把握意识形态教育与网络新媒体新技术的融合，善于运用青年更加喜欢的娱乐化、生活化的方式传播主流价值观。党的十九大报告把"加强互联网内容建设"① 作为牢牢掌握意识形态工作领导权的重要措施之一。网络空间是意识形态工作的"最大变量"，要强化网络空间社会主义意识形态话语权。在顺应网络新媒体传播规律的基础上，在对青年进行教育引领的过程中，利用新型的传播方式和案例化教学方式，把学术化和逻辑化的思想通过案例化教学的方式灌输给青年。教育教学环节要重视历史观教育，引导教育对象正确看待历史事实和社会现实，实事求是地进行教育引领，克服"历史虚无主义"思想倾向，坚定价值观自信、文化自信和意识形态自信。

（三）坚持规划引领，统筹推进青年发展政策规划和实施

坚持规划引领是党治国理政的重要方式。党和国家通过实施"五年规划"，围绕战略目标，将整个工作过程划分为诸多小阶段，明确各个阶段的具体任务，通过规划和政策的实施，不断推进青年事业发展。完善了在党的领导下开展青年思想道德建设的工作机制。2022年4月21日，新中国历史上第一部专门关于青年的白皮书《新时代的中国青年》正式发布，客观呈现了党的十八大以来中国青年发展事业取得的巨大成就。中共中央、国务院印发的《中长期青年发展规划（2016—2025年）》将青年思想道德建设摆在首位，突出了思想道德建设"总开关"的重要地位。以该规划为指导，根据"党管青年"原则，构建了党委主导、政府负责、共青团协调、各部门齐抓共管的青年思想道德建设工作机制。

---

① 《十九大以来重要文献选编》（上），中央文献出版社，2019，第29页。

2015 年 7 月，习近平总书记领导召开了党的历史上第一次中央党的群团工作会议，拉开了共青团深化改革的大幕。《共青团中央改革方案》《全国青联改革方案》《学联学生会组织改革方案》《中央团校改革方案》等相继印发，通过一系列重大改革举措，不断增强共青团的政治性、先进性、群众性。青年问题是个系统问题，其问题本身的整体性要求我们用整体性的方法来解决。要坚持对涉及青年发展的组织、资源、资金、政策等进行统筹，构建青年发展"多规合一"的体制，逐步打破青年发展碎片化的局面，提升青年治理的现代化水平。①

具体来说，一是将"相信青年"作为青年政策制定的依据，充分赋权青年和中国共青团，形成中国特色的青年工作机制。共青团将通过自身建设和改革，更好地提升做好青年工作的能力和水平。二是将"惠及青年"作为青年政策制定实施的归宿。青年发展不能简单地用数字和指标来计算和衡量，需要关注青年的普遍幸福感和发展的全面性，构建包括青年教育、就业、组织动员、权益保护、助困、预防青少年犯罪等在内的政策体系。② 共青团的重要职责就是落实《中长期青年规划（2016—2025 年）》，将其作为促进青年发展的战略性工程，把青年发展摆在国家工作全局中进行整体统筹，推进青年与社会发展同步。共青团干部要建立与青年联系的扁平化、常态化机制。实施共青团干部直接联系青年制度，这一制度对共青团干部积极参与当地政策和实践的改进意义重大。这些措施包括起草政策建议、反映实际变化、通知和吸引主要利益攸关方，制定政策议程，进行数据分析和研究等。当青年从决策过程的一开始就参与其中，而不仅仅是提供反馈时，青年自身就提升了解决问题的能力，体验到了自尊、希望和归属感。在这一导向之下制定的青年政策将与青年的需求相对接。与此同时，青年参与青年政策的制定和实施是有益的。最常见的结果是政府部门获得了青年的真实需求和诉求。在青年政策实施中，青年参与有助于青年与其他相关者建立更好的互动关系。总的来说，组织和系统能够更好地配合政策和实践的转变，

---

① 王延隆、李姗姗：《建党以来中国青年与社会互动的历程、逻辑与启示》，《中国青年研究》2020 年第 12 期。

② 王延隆：《习近平总书记关于青年工作重要思想的整体性研究——纪念五四运动 100 周年重要讲话的学习与理解》，《中国青年研究》2019 年第 7 期。

以满足青年的需要,建立一种信任和包容的文化。

重视形象塑造,将青年作为建设党团形象的重要载体。中国共产党注重通过加强青年工作重塑政党形象。政党形象是一个政党给其成员以及社会大众的一种整体印象感知,是一个社会对某个政党的集体记忆。政党形象评价的主体是多元化的,不同的主体有不同的认识,因此它是大众综合的感知。从政党形象评价的内容来说,是大众对政党的执政绩效、社会声望、集体风貌的集体描述,尽管同一个政党在不同的历史时期有不同的表现,但社会大众对其的评价则具有稳定性。这与政党的宗旨和过去的表现密切相关。因此,政党形象也是一个历史的概念。

政党形象还包含其他多重视角:从历史和现实看,有政党的历史意识形象和现实发展形象;从评价对象看,有政党的国内形象和国际形象;从政党的行为方式来看,有政党自我革命形象与政党领导社会革命形象;等。也就是说,所谓政党形象通常是建立在特定政党宗旨和价值理念之上,能够基于外部环境的发展变化,通过政党组织成员的个体形象以及该政党在执政或者日常活动中表现出的集体形象的总和来展现。中国共产党始终给民众以年轻和活力的政党形象,是因为自党诞生开始,始终在源源不断吸收青年作为党的中坚力量,依靠共青团不断地塑造党重视和发展青年的形象。

从发展向度看,由单向型灌输到三维型互动转变。当前的媒介传播已经进入自媒体时代,政党形象建构已经融入政党活动、媒体传播和人民群众的三维互动之中。第一,政党宗旨和价值理念的宣扬是构建政党形象的内在要求。执政党如果不能及时扩大其执政的社会基础,把其角色由代表一定阶层的利益转换为代表全社会的利益,就会人为地减少其执政合法性来源。[①] 应加强以党的宗旨和价值观念为核心的"青年大学习"活动,培养好一支马克思主义意识形态的青年宣传队伍,阐释好新时代党和人民的关系,要用大众化的语言和方式扩大"立党为公、执政为民"执政理念的宣传,让社会大众所知晓和认同。第二,要进一步提升党对包括网络在内的媒体资源的领导力和引领力。在网络场域,青年是十分活跃的一支力量。在开放和国际化的新闻传播环境下,应加强对

---

① 孙景峰:《新加坡人民行动党执政形态研究》,人民出版社,2005,第216页。

竞争性的国外媒介资源的内容审查，严格限制涉及意识形态的信息源。要通过建立和加强青年网军队伍，进一步强化话语权，主动提供新闻，形成正面新闻报道的舆论氛围。建立和完善各级政党组织的发言人制度，在某些影响政党声誉的负面事件发生之后，发言人要主动澄清或者提供说明，掌握新闻舆论发言权和引导权，充分利用公共关系技巧处理危机事件，将对党和政府的负面影响降至最低。政党组织成员自己认定的政党形象如何是一方面，关键是社会大众对政党的声誉、威望、地位的认知如何。第三，要积极重视政党形象的社群传播。青年是展示中国对外形象的重要力量。要抓好共青团作为联系青年群体，乃至青年联系社会大众的载体这一角色，关注社会公众的利益诉求，把握人民群众对党的政党形象的新诉求、新需求，抓好政党形象采集、分析、研判、监测一体化的社会舆论和意识形态专项工作，建立起广大人民群众参与的庞大的社群传播队伍，把握政党形象建设需求与供给的互动关系，建立完善高质量的政党形象工作体系。

从发展模式看，由政治性动员向社会性发展延伸。中国共产党传统上对政党形象的构建主要是通过政治性动员来实现的。进行新时代，要利用政党的组织体系，强化政治性动员，同时要创新社会性发展模式。首先是进一步加强政治性动员和政治引领。中国共产党对青年进行政治引领，涉及一个核心问题：不同历史时期应确立何种价值标准。当前，认识和评价青年的标准随着时代的发展发生了深刻的变化。改革开放激发了社会活力，网络的发展拓展了青年活动的时空范围，促进了青年组织的蓬勃发展。在这样深刻变动的青年和青年组织的环境中，如何科学认识和评价青年，如何将青年思想从理论转化为政策，如何更好地关注青年、尊重青年、发展青年和服务青年，考验的是中国共产党的政治智慧。政治性动员能够有效整合政治分歧，形成政治共识，是政党和社会组织进行社会动员的重要方式。其次是优化社会发展模式。政党形象强调社会性发展，意味着中国共产党需要从社会发展的视角去看待人民对美好生活的向往，把人的发展放在社会发展的过程中去考量，制定科学的符合人民发展需求的政策措施。以共有的精神信仰、文化艺术、宗教习俗为牵引，铸牢中华民族共同体意识，进一步增强党对社会大众、社会组织的动员力、凝聚力。加强基层治理能力建设，构建马克思主义、共产主义的信仰场所和中国共产党治国理政的展示场所，通过宣传展示，结合基层场所的建筑要素、标识系统，潜移默化地感染人民群众。

从发展策略看，由内生性驱动向外向型推动拓展。政党形象宣传是一项策略性很强的工作。习近平总书记指出："要抓紧做好顶层设计，打造新型传播平台，建成新型主流媒体，扩大主流价值影响力版图，让党的声音传得更开、传得更广、传得更深入。"① 在新媒体条件下，政党形象宣传必须实现主流价值影响力版图由党内到党外、国内到国外的拓展。一方面，要加强内生性驱动，也就是发挥中国共产党自身的内驱力，通过党的自我革命和领导社会革命的实际行动建构良好的政党形象。各级党团组织要坚持"打铁必须自身硬"，加强党的纪律建设和法规建设，深入开展反腐败斗争，建立作风优良的党员干部队伍和团员干部队伍。通过青年形象，反映中国共产党的自我形象，在伟大的历史节点和历史时期，让中国共产党的"伟大、光荣、正确"的政党形象更加鲜亮，更加深入人心。另一方面，要实现外向型推动，也就是要强调政党形象国际化，不仅局限于党内和国内，更要将传播环境国际化，构建起中国共产党全方位、现代化的形象识别体系。要发挥好青年对外交流的作用，提升官方主流媒体的公信力和传播力，发展和完善党的部门和重大活动的新闻发言人制度，通过主办、参与国际政党论坛和在国外主流媒体积极发声，形成政党形象国际传播的宣传矩阵。加强与国际组织的合作，拓宽文化交流和沟通以及社群传播的渠道，让体现中国共产党、中国元素、中国文化、中国精神的文化产品和文化产业走向世界，让世界了解中国共产党的历史贡献、政治品格，让中国共产党的大党形象获得更多的国际认同。

把握青年才能把握未来，青年对未来的信念和信心是大国崛起的重要因素。大国崛起与人的发展密切关联，培养与大国崛起相匹配的青年人才至关重要。全面发展既是青年群体自我发展的内生需要，也是社会对青年群体的整体期望。作为一个百年大党，随着中国共产党治国理政逐步成熟，中国共产党政党形象也逐步丰满，并且深入党内外、国内外。新时代全新的改革开放型政党形象必将紧紧依靠青年，在团结带领全国人民共同奋斗、应对各类风险挑战中更加立体地展现出来，带领中国更

---

① 《习近平谈治国理政》第3卷，外文出版社，2020，第319页。

好地走近世界舞台的中央。

二 方法创新：新时代青年思想实现全方位多样化引领

人类社会发展史也是个人发展史，个人的发展和社会发展处于同一个历史过程。综观建党以来的中国社会发展，党对中国青年发展起到了重要的引领作用，青年的发展与时代发展是紧密联系的。社会发展中的经济、语言、文化塑造着每个时代青年个体。青年要能够看清时代发展趋势，理解"青年发展与时代同步"的逻辑关联，主动融入时代发展的大潮，不断向前发展。①

（一）坚持理论灌输与实践养成的统一

"马克思主义基本的教育方法应该与语境、政治、社会和文化实践相联系，强调理论和实践的一一对应性。"② 科学的理论必然是建立在社会现实之上，用以解释全人类社会发展的客观规律。也就是说，脱离了实践的理论灌输是没有生命力的。对青年思想的引领要将理论灌输和实践养成统一起来，在实践中将抽象的理论转化为青年能够接受和认同的话语，进而内化为共同的理想信念、价值理念和道德观念。美国学者莱夫和温格曾经指出："任何知识都存在于文化实践中，参与到这种文化实践中去，是学习的一个认识论原则。"③ 要构建基于情境的教育活动，引导教师灵活自主地开展教育教学活动，用多样的教学体验让学生增强对教育活动的认同感和获得感。探索改进教育教学、理论宣传和新闻报道的方法，针对不同教育对象，灵活采用多样的教育策略。

尽管新时代面临着青年价值多元化的挑战，但是依然不能否认理论灌输在青年价值养成中的重要作用。加强对青年的理论灌输有助于青年不断认识新的社会主要矛盾，解答新的时代课题，这对于推动国家治理现代化进程至关重要。高校要切实办好思想政治理论课，这是对马克思

---

① 王延隆、李姗姗：《建党以来中国青年与社会互动的历程、逻辑与启示》，《中国青年研究》2020年第12期。
② Hamedan Iran, *Neo Pragmatism and the Stage of Education* (Procedia-Social and Behavioral Sciences, 2014), pp. 2357-2359.
③ 〔美〕J. 莱夫、E. 温格：《情境学习：合法的边缘性参与》，王文静译，华东师范大学出版社，2004，第99页。

主义灌输理论的具体实践。邓小平指出："坚持宪法和法律所保障的各项自由，坚持对思想上的不正确倾向以说服教育为主的方针。"① 可见，虽然理论灌输在教育效果上存在一定的局限性，但是仍然可以作为重要的教育途径。高校思想政治理论课是对青年进行理论灌输的主渠道，加强理论教育能够保证青年对中国特色社会主义制度特有的理念、内涵、特点、价值的把握与继承，培养他们正确认识个体发展与国家、社会发展的关系，深刻认识到国家治理现代化与个人发展的紧密联系。

理论灌输与实践养成的结合点在于促进青年知识和技能的增长。知识和技能是青年发展的重要因素。青年不仅把自己想象成一个贡献者，而且想象成有能力引领变革的领导者。这种信念常常因在政策和实践中创造变化并在组织内实现这些变化而得到加强。通过领导的机会，青年学会了欣赏不同的观点，与他人合作，并尊重不同的意见。青年有机会与社会互动，并扮演对群体做出贡献的角色，与中年人建立有效的伙伴关系，这既有助于年轻人提高领导技能，拓宽人脉，还有助于青年发展积极的社会角色和身份认同。要加强青年的社会参与，需要给他们创造条件和机会。刚刚走出社会的青年在学术素养、公共演讲、社会活动、项目规划等技能上的发展机会有限。要在青年人和中年人之间建立信任关系，使青年掌握复杂的技能，选择和追求有意义的实践。对正在经历不稳定或在具有挑战性的环境中工作的青年来说，这可能需要一定的时间考验。政府部门、青年组织和各类学校要为青年提供获取网络、思想和经验的途径，对参与社会有困难的青年，要给予深切关注、尊重，营造良好的青年发展环境。

（二）把握个性发展和价值共识的统一

青年时期常常被视为动荡和充满风险的阶段，这个阶段也是探索、学习和成长的理想时间。青年需要发展新的技能和知识，塑造自身的个体世界，以保持自身的独立人格和个性。网络话语空间的开放，让青年言论更加自由，一些青年推崇个体自由的自然权利，呈现出价值观念多元化的趋势，这带来了意识形态上个性发展与价值共识的矛盾。在多元价值中寻找共识是青年思想引领的重要手段。要建设具有强大凝聚力和

---

① 《邓小平文选》第3卷，人民出版社，1993，第145页。

引领力的社会主义意识形态，就要依靠国家的强制力，以确保主流意识形态的地位优先于国内各文化，并且在教育、传媒等社会领域充分体现。从中国共产党成立起，青年在社会发展中带有的政治属性就被主流意识形态所强调，青年权利意识的觉醒要求国家制度改革和社会组织化程度相应提高以与之适应。

作为社会自立过程的主体，青年积极性的发挥将对其社会化产生重要的影响。马赫列尔指出，应该把青年的社会化理解为青年适应社会的过程，而将青年的预期社会化看作促进青年的社会创造力发展及其在社会生活中发挥积极变革作用的过程。[①] 实现青年的个性发展要运用开放的方法论，这种方法论的背后蕴含着一种开放性的、可批判性的取向。具体来说，包括解放、沟通与反省三大特色。一是"解放"，是指在个体心灵与意识、制度方面以及在生活的各个被视为理所当然的结构中获取自由的空气。去除教育在青年心灵中、历史制度中以及生活结构中的包袱，重新为创新的教育在青年生活中寻求定位。二是"沟通"，是指通过一种对话式的互动方式获取共识，而非独白式的实践。单面度或是由上而下的沟通模式，都会影响沟通的效果；唯有通过互动式的交流，才能达成有效的沟通实践。三是"反省"，教育需要不断地反省与检讨，包括对教育本身、教育所处的外在环境，以及教育与外在环境的关系等，都要进行深度的反省。既要把握青年的个体差异，也要在教育中引导青年树立共识。

榜样是社会价值的标杆，青年崇尚什么样的榜样就容易成为什么样的人。榜样教育有利于青年达成价值共识。榜样教育以其具体生动的形式吸引人，易于受教者学习、理解，具有很强的说服力。要用青年英雄的故事鼓励青年人，只有在青少年时代树立榜样意识，才能在追求卓越的实践中不断进取和成长。受教者易在具体的事例中接受和效仿榜样，"我国历史上有很多少年英雄的故事，在中国共产党领导人民进行的革命、建设、改革事业中也涌现了大批少年英雄"[②]。英雄故事喜闻乐见，有很强的感召力，有利于青少年形成正确的荣辱观。先进青年是可触摸

---

① 参见〔罗马尼亚〕F. 马赫列尔《青年问题和青年学》，陆象淦译，社会科学文献出版社，1986，第93页。
② 习近平：《论党的青年工作》，中央文献出版社，2022，第84页。

的活的榜样,他们来自广大青年群体,也来自更为广大的人民群众。通过对照榜样,青年可体会成长的艰辛与坚持、成才的毅力与决心、奋斗的激情与不屈,可达到"见贤思齐"的效果。

切实发挥共青团的组织功能。人民群众是历史的创造者。共青团青年工作创新与发展的动力源自人民,把人民性作为中国青年发展的鲜明立场,符合我国青年发展的基本方向。它概括了共青团青年工作的本质属性,揭示了青年工作的理论主题,形成了工作实践的思想脉络。因此,新时代的中国青年应该相信人民、依靠人民,不断克服追梦路上的所有艰难险阻,将个人理想实现和社会价值实现相结合,为实现中国梦接续奋斗。在学习理论知识的同时应深入基层,虚心向群众求教,汲取人民群众的经验和智慧。一切发展为了人民,让人民实现更加美好的生活,使中国从富起来到强起来,在国际社会拥有更大话语权,是中国特色社会主义群团发展道路的内在主旨,实现这一目标的力量基点是一切发展依靠人民。

青年发展是国家的基础性工程,共青团青年工作应重点关注青年的切身需求和权益维护,促进青年的自我成长与发展。在坚持党管人才的根本原则下,推动实施更加积极、开放、有效的人才政策。党要避免对青年工作包办代替,把共青团作为服务青年的平台,使之为青年成长成才服务,从而在更广范围内赢得青年。"政治制度和青年组织制度的建立和完善,为每个青年的自主发展提供了更大的空间。中国共产党的成立,将青年视为重要的革命和社会发展力量,有序引导青年通过社会运动组织起来。"[①] 社会的大发展加速了青年职业结构的变化,使青年实现了由跟跑者到领跑者的地位转换。青年主体意识进一步觉醒,青年的行为、价值取向更趋多元,青年的组织化愿望增强,自发成立了青年组织、社团联合会等,借助组织平台来表达思想,青年在组织化、社会化的过程中形成了角色认知、群体规范。

(三) 把握现实教育和网络教育的统一

现代教育的发展中存在技术思维僭越和情感联结断层的问题。认识

---

① 王延隆、李姗姗:《建党以来中国青年与社会互动的历程、逻辑与启示》,《中国青年研究》2020年第12期。

网络教育技术的理性困境，实现工具理性和价值理性的有效整合，是教育引领亟须突破的瓶颈。为此，需要把握现实教育和网络教育的统一。首要任务是破除技术至上的理性思维，实现"人机对话"向"人际对话"的转换。当前，网络在教学实践中的普遍应用虽然拉近了人与人之间的空间距离，但同时也催生了技术至上的思潮。教育者对网络技术的盲目崇拜、追求和依赖，导致了他们对学生思想情感、品德素养和道德情操等方面的忽视。① 在现代化过程中，科学技术有可能成为"意识形态"新的输出形式，表现出明显的意识形态功能，深刻影响着青年和青年组织。

人的思想与现实世界的关系就如同水和容器的关系，水的形状会随容器形状的改变而变化。因此，人的思想可塑性是很强的。现实世界无疑是复杂的，而青年的思想就处于这样的"容器"之中，他们的思想观念、社会认知、价值观念深受社会的影响。在新技术条件下做人的思想工作，要顺应科学技术的发展逻辑和趋向，要适应科学技术的发展，而不是被科学技术"异化"，被动地被科学技术"牵着鼻子走"。世界是一个总体性的世界，当今世界显然是被科学技术全覆盖后的生活世界和网络世界的双重空间。马克思特别注重用总体性方法来看待现实的生活世界，重视社会变革的系统性、整体性、协调性。教育者要从整体性的角度辩证客观地剖析教育与网络技术之间相互作用、相互联结、相互弥补的关系，切实领悟到科学技术是建立在为人民服务的基础之上的，其职责使命是关注人的生命态度和价值诉求。教育不仅要有技术，更要有温度。②

开放的网络既可以为传播社会主义意识形态发挥作用，也可以为西方非社会主义意识形态提供辩护。在资本主义和社会主义的意识形态之争中，标榜"普世价值"的西方意识形态正通过网络影响渗透到我国。要科学利用网络、新媒体和信息技术，加大对网络空间的管理力度，确保意识形态安全。通过扩大主流媒体的平台优势和数据流量优势，利用

---

① 王延隆、王华华：《高等教育：现代性批判与共同体构建》，《湖北社会科学》2019年第10期。

② 参见王延隆、王华华《高等教育：现代性批判与共同体构建》，《湖北社会科学》2019年第10期。

新型传播方式逐步提升自身的传播效能,采用新型的定点投放技术进行区域性信息的定点传播,从整体上加强网络空间意识形态的凝聚力和引领力。要积极利用网络空间,运用新型的技术手段和方式方法,适应网络时代话语方式的变革,关注当前社会经济结构、生产生活方式和思维方式的变迁,开展网上思想引领。将学习到的网络思想引领方式方法运用到现实思想政治教育教学中去,改变"我说你听"的言说方式,用学生听得懂、愿意说的表达方式和表达习惯进行教学,重塑思想政治教育的话语优势。

第一,要重视提升青年网络社群领袖的审美文化素养。一个人的审美文化素养提供了其塑造自我行为的模式。文化参与不仅丰富了整个社会的思想多样性,也提高了公民对公共问题作出明智判断的能力。其结果是,个体能够更加理性地表达和思考。鉴于自媒体百万博主在青年网络社群中的先锋引导作用,在"个体化"网络场域,社群领袖实际上取代了传统权威主流话语权的作用。因此,为实现群体的社会化,亟须对其"精神领袖"作出社会化"改造"。这就要求青年网络社群领袖提升自身的文化素养和审美情趣,即在"个体化"趋势下,能够在追求个体自由表达的同时,通过文化生态的检视和审查,发挥积极作用。

青年网络社群领袖在掌握权威性话语的同时,需要肩负起社群内部舆论和价值引导的先锋职责,时刻以道德评价和法律底线为衡量尺度,将理性思辨和理性表达融入社群互动,进一步引导社群参与者的思想和行为,以社会主义核心价值观激发个体的主观能动性和创造性,为优质文化的传递、社会正能量的传播提供助力。

第二,借助情感认同为青年网络社群注入精神动力。实际上,青年网络社群既是一个对话的空间维度,又是解释这些对话的象征维度。青年个体从感知到的具有自我包容性的真实或想象的社群成员身份中,形成价值观、态度和行为意图的社会认同。在青年网络社群的建构中,纯粹的信息交换实际上只起了次要的作用,社群所提供的情感支持和社交能力,以及共享信息、工具性帮助所带来的"社会支持",成为青年聚集的主要内在因素。这种"社会支持"蕴含着归属感和陪伴感,成为青年网络社群互动的催化剂和纽带。

"吃播"和"Study with me"主题视频在青年群体中的全球性兴起,

正反映了青年群体的这种情感需求。无论是对"吃播"还是"Study with me"主题视频的关注和参与，青年群体的本意都不再仅仅是聚焦信息的获取和交互，而是通过"吃播"带来的无意义的视觉冲击和"Study with me"中静态的日常展示，实现对现实焦虑、孤独感、迷失感的排解。这也是为什么会出现网络社群中所特有的"潜伏者"，他们通常只是观看视频而不会或很少发送弹幕和评论，但这并不能否认他们在社群中的活跃度。"潜伏者"通过观看同样参与到了观察、学习和融入群体的过程，这些"潜伏者"仍会不可避免地受到社群领袖和群体行动的影响，即当社群作为一个整体行动时，个人也会是协同行动的一部分。

为规避社群参与者高流动性带来的盲目性和精神领域的缺失、现实情感寄托的错位，青年网络社群的"社会化"建构应当充分借助社群参与者对情感依赖的渴求，从青年群体的主体性出发，以贴合、满足青年发展的心理需求、精神需求为支撑，通过如"Study with me"等多样化的社群形式，为青年发展注入积极向上的价值追求和丰富的文化内涵、精神动力，强化青年参与者对中华优秀传统文化和新时代青年精神的情感共鸣，增强他们的归属感和认同感，实现青年社群参与者精神生活的富足和自我精神追求的提升。

第三，强化平台议程设置对青年网络社群建构的预设引导。议程设置作为大众传播的主要社会功能和效果之一，能够有效生成和引导网络热点和网络舆论，对网络信息进行有效过滤和筛选，并且借助传播媒介，赋予符合社会主义核心价值观、具有正能量的事件话题以显著性。为保障青年网络社群空间的健康与正能量，可通过平台的议程设置功能，在社群建构的初始阶段，以隐蔽性和渗透性的方式，在潜移默化、循序渐进、逐步深化的过程中激发青年网络社群建构发展的正向性。以解决青年问题和促进青年发展为目标，有计划、有意识地将积极能量和理想信念融入青年网络社群的文化内核、日常互动与社交实践，从而达到对青年网络社群的预设引导。

以 B 站为例，知识社群的设置在迎合市场需求的同时，其不断壮大的群体规模也展现了社交平台"议程设置"对青年网络社群建构的辅助作用。平台作为媒介通过主动设置，将可包含的话题、兴趣等框定，将对此有兴趣、有需求的青年群体纳入其中，相当于一只无形的手，推动着青年网络社群的建设。社交平台、公共网络空间对分区社群的选择性设置,事实上完成了对青年网络社群的一次提前筛查,将含有恶俗文化、不良信息的社群内容扼杀在摇篮中,实现对青年社群网络环境的有效规整和治理。

(四)把握政治引领与教育引导的统一

中国共产党成立中国共青团的初心和价值指向,主要是基于党的工作性质和政治需要的内在逻辑。中国共青团的出现合乎社会发展逻辑和现实需要,青年发展关系到政党延续和社会发展。加强对青年的引领是青年发展的内在要求,青年的正向发展是时代顺势发展的必然要求。作为相对独立的组织,共青团引领中国青年的发展必须找到正确的耦合轨道和实践方法,既要保持共青团的独立性,又要在党的领导下锻炼和培养青年干部。列宁指出:"如果青年没有充分的独立性,他们既不能把自己锻炼成为优秀的社会主义者,也不能培养自己去引导社会主义运动前进。"① 因此,他要求利用好俄国青年团培养青年,实践证明,独立青年团对在组织生活中提高工作主动性和自觉性起到了重要作用。

中国青年运动必须同时坚持中国共产党的政治引领与理论指导。坚持中国共产党的政治引领与理论指导,既是五四运动以来中国共青团引领青年运动的经验总结,也是当下中国青年运动的坚强政治保证。② 习近平总书记关于青年政治引领的重要论述是基于新时代中国青年和青年运动的发展现实及"问题意识"而形成的,是推进当代青年发展的总钥匙。中国共产党自成立之日起,就始终把青年工作作为党的一项极为重要的工作。党的十九大以来,党始终把政治建设摆在首位。将青年的政治引领放在党的政治建设的大背景下进行实践与创新,在探索我国青年发展和青年运动内在规律的过程中,把握新时代政治引领在我国青年发展和青年运动中所发挥的重要作用。青年发展在保持青年的个体发展独立性和共青团的引领性之间实现统一,只有在两者的互动发展中才能确保青年发展的正确方向和科学路径。

同时,中国共青团引领青年发展还必须坚持发挥教育的引导作用。

---

① 《列宁全集》第 28 卷,人民出版社,1990,第 288 页。
② 胡献忠:《读懂中国青年运动:概念、逻辑与模式》,《中国青年研究》2019 年第 11 期。

青年道德的养成一方面来自个体的良知，另一方面来自社会道德环境及引导行为，其中教育引导是不容忽视的重要环节。教育是道德与政治关系具体化的最佳工具。政治与教育，必然与国家的国体、政体、统治阶级意志相统一。青年的成长与国家的发展息息相关，而一代代青年也在这种环境下开始大显身手。青年社会经验不足，决定了其对自身和社会的认识存在局限性。只有在个体与集体冲突和融合的过程中，青年才能更好地认清自我、认识世界，形成正确的"三观"。历史经验表明，党的领导是中国特色社会主义青年运动的本质体现。青年的发展离不开教育指导，在我国就是要坚持在中国共产党领导下，实现中国共青团青年发展政治引领与教育引导的统一。

要以社会主义核心价值观引领青年网络社群文化。网络社群是影响新时代青年的重要场域。社群文化是社群的内核和精神属性，是社群参与者通过行为活动、互动认可凝练而成的表现形式，同时也意味着社群内部对外文化输出的可能性。

在"个体化"网络场域中，信息传播成为青年网络社群形成的重要成因之一，"传播是一个长时间段中的时刻和一个广大整体中的碎片，习惯上我们把这个整体称之为传递"。由此，网络信息"此刻"的"传播"，实际上潜藏着信息"传递"背后积累的刺激动因和需要诉求。"个体化"网络场域中的信息分享者，为迎合市场、为"人设"需要，不可避免地会进行毫无"营养"可言的内容输出。此外，网络空间为外来文化、外来社会思潮的涌入提供了渠道。异质文化与本土文化、先进文化与落后文化的相互竞争、渗透和融合，导致青年群体在多元文化思潮中的迷失以及价值取向的多样性与冲突，从而难以有效形成价值共识。

当下青年网络社群中存在的消极思想和错误思想，无不受到"个体化"网络场域中消费主义、个人主义、享乐主义等观念的误导。而社群文化对青年参与者的"驯化"和"洗脑"，加剧了青年群体被动输入和思维固化的特征，青年理想价值的精神意义在单一、快速，甚至错误的"发布—接受"过程中被逐步消解。因此，以社会主义核心价值观引领青年网络社群文化，是助力青年发展的题中应有之义。

价值观作为文化最深层的内核，其力量在于渗透式的塑造功能，而其渗透的深刻性则体现在对青年群体人格发展的影响上。社会主义核心价值观是对中华民族思想精髓、精神基因、文化血脉的继承和延续。以社会主义核心价值观引领青年网络社群文化，就是将中国精神、中国价值、中国力量注入青年网络社群文化之中，以有效建构青年群体的理性思维，指导青年群体的社交行为，为青年网络社群营造出充满活力和正能量的文化氛围。

中国共青团还需保持其群众性的属性，成为党巩固群众基础的重要抓手。青年发展是党的工作的重要部分，其主旨在于推动青年与政治、社会的有效融合。但单靠共青团自上而下的号召是无法系统有效地完成青年发展工作的。"这就需要在党的正确领导下，在政府和社会各界的支持下，充分发挥共青团的政治优势和组织优势，协调各方力量，积极回应和解决党政关注、青年关心的普遍性问题。"[①] 共青团作为中国共产党青年工作的主要承担者，应充当起青年事务的沟通者、对接者、落实者的角色。党治国理政策略要求必须坚持"党管青年"原则，保证中国共青团所彰显的政治属性与群众属性的辩证统一，实现中国共青团引领青年发展方向的政治性与群众性的统一。

三 制度保障：新时代青年工作体系的现代化转型

党的十九届四中全会强调国家治理体系和治理能力的现代化。从青年事业发展作为社会发展总体子系统的角度看，青年工作体系也面临着治理能力提升和现代化转型的必要。青年工作体系的构建意味着把青年视为一个社会总体系统下的子系统，即青年社会系统，如何保持这个系统的良性发展并对社会总体系统形成补充和发展，是国家治理体系和治理能力现代化需要解决的重要问题。青年发展的治理创新就是要在青年发展转换过程中探索存在什么样的情况、有什么样的选择，坚持走什么样的中国特色社会主义青年发展道路，使青年发展不断实现现代化转型。

（一）风险心理：青年工作中的结构和功能的耦合

耦合的原意是指物理学上两个或两个以上的电路元件的输入与输出之间存在紧密配合与相互影响的关系，进而实现良性能量传输的现象。耦合一词被应用到社会学和政治学领域，成为表征两个或两个以上的事

---

① 胡献忠：《新中国 70 年党的青年工作变迁逻辑》，《中国青年社会科学》2019 年第 2 期。

物相互依赖的一个概念。耦合指的是模因之间和系统与环境之间的沟通和联系。耦合效应体现为系统中的两个或以上主体或者要素通过相互作用来彼此影响，从而产生增力。

社会结构和文化的交错发生在三大层面。第一个层面是由人的行动创造的社会物质条件。第二个层面是人在长期的社会实践中形成的各种社会制度和社会规范。作为一种社会文化系统，社会制度与社会规范与人的心理具有密切地相互渗透的关系。第三个层面是指直接渗透到人的内心世界的内容，包括各种思想观念、道德意识和知识体系，这是由无形的和象征性的符号体系构成的。青年工作在一定意义上体现为青年文化演进的历史进程。历史地看中国的青年群体，发源于五四时期的青年精神依然能在当代青年身上找到熟悉的文化气息。中国青年成长就是一种在青年代际转化中的文化传承。从系统论的观点看，青年的行动体现了他们在反思历史经验的基础上，在其他复杂的社会关系驱动下所进行的复杂的社会活动。青年行动不是一般的运动，也不是一般的生物活动，而是作为行动主体的人在社会系统中的综合行动表达。他们的行为必然受到社会治理结构和功能的限制。或者说，社会提供了什么样的青年工作结构？社会需要青年成长成什么样，发挥什么样的功能？这两者如何实现统一？

英国生物学家道金斯（Richard Dawkins）提出了"模因"的概念，这一概念应用到社会学中，就是以生物学中的演化规则来类比文化传承的过程。模因与基因的概念类似，同样具备表达、转录和传承等多种功能。作为一种基础的社会传播单元，模因能够实现一个事物到另一个事物的传播和演化。从文化传承的意义上看，青年工作的过程就是一种在时间序列上的青年社会系统的结构分化和重组的过程。模因预设了文化内容的可能性与差异性；模因具有同化、记忆、表达、传输等特性，是文化模仿和复制的单位，具有自我再生产和自我复制的功能。模因内在的价值、制度等内容通过演化、变异、整合等方式与环境达成相对平衡。

德国社会学家鲁曼（Luhmann）认为，随着工业社会中社会分工的细致化发展，当代社会内部各系统衍生出更多功能分化的子系统，各系统彼此拥有各自的理性以独立发展和再造，社会系统伴随科学的发展走向细致分化。社会系统分化的复杂性使得社会成为一个难以被整体看待的系统，人们变得难以掌握社会现象的内涵与秩序，种种风险也由此而生。在鲁曼的社会系统理论中，复杂性总是在系统演化的动态过程中呈现出来，它指的是可能性的总体性，包括系统及其组成元素的多样性以及系统与环境关系的复杂性等不同形态。青年社会系统的分化和发展，客观上需要一个作为整体的青年工作理论来规避这种风险。

新时代中国共产党青年工作理论作为一种社会心理系统，其中风险议题是最重要的模因，也是系统内自我生产和再生产的重要载体。共青团组织发展的"机关化、行政化、贵族化、娱乐化"现状，带来系统高度分化后的疏离"风险"。青年发展和共青团改革必须树立"知之非艰，行之惟艰"的思想观念。作为一种认知心理系统，新时代中国共产党青年工作理论以"知—不知"二元对立符码展开，其重要功能是生产指导行动的意义，通过风险模因影响系统内个人和群体的价值选择行动。新时代中国共产党青年工作理论除了在文化结构上影响个人的意向性行动外，在理论结构上，它和习近平总书记关于教育、组织工作、宣传舆论等方面的重要论述在内容上发生耦合。

在风险社会，沟通是社会系统得以存在和再生产的必要载体。模因在文化演化中具有"社会、系统、时间"三种面向。沟通将治理主体视为在沟通过程中被耦合的形式，这些形式在经验性的环境中被观察，并在沟通中发挥其特定的功能，从而使得沟通具有衔接能力。青年工作的现代化，需要树立一种风险心理。在治国理政的大社会系统中，习近平总书记多次强调要树立底线思维，这种底线思维就是作为基础治理单位的风险意识在社会总体上的一种体现。青年工作的现代化就是要对青年所处的社会关系、社会结构和社会沟通方式进行重构，把沟通作为青年社会系统保持与系统内成员以及社会总体系统中的信息和行动交互的一种方式，以普遍的原则进行合作、沟通和对话，不断发现和解决社会治理中的问题和难题。

（二）共识教育：青年工作中的从个体主体到集体主体的走向

共识教育的意义在于唤起人的共情。移情性唤起最终会成为道德养成的重要中介，而这正是许多干预措施试图在青年中推广的原因。青年必须经历转型的过程，成为社会所承认、所认可的成员。青年工作是青年主体化与社会化的过程。教育的养成和社会规范的习得让青年摆脱从属的社会角色,成为独立的社会个体,成为在经济、政治、文化上有更多主体思维的人。青年社会化的过程,就是青年逐步摆脱个体主义,走向集体主义的过程。前青年时代,作为少年的个体往往将自己视为世界的中心,直到有一天,当他们意识到自己并非世界的中心时,才真正意义上开启社会化进程。青年的发展以及社会化并非线性地向前发展,青年可能经历教育、就业、失业、再教育、再就业的曲折发展过程。青年对自我的认知、对社会的认知,也并非统一和一致,多元化的认知为青年工作提供了空间。

青年最终需要由个体成长为社会集体中的一员,建立青年与社会相互影响的良性循环,对青年和社会双方意义重大。青年由不成熟走向成熟,角色定位由模糊变得清晰,由个体融入社会集体,需要经过一个重要的转变阶段——青年社会化。青年时期的社会化是人一生中重要的阶段,关乎青年正确价值观的养成、青年对社会的适应程度,以及青年未来的角色定位和发展状况等。青年的社会化是青年与社会双向作用的过程,青年通过家庭、学校、社会实践等实现与社会的互动。这个阶段需要社会加强共识教育,必须以社会主义核心价值体系为引领,构建广大青年共同的价值认知,建立起基本的价值共识,帮助青年形成科学的自我认知和正确的政治认识。

美国文化学家爱德华·霍尔(Edward T. Hall)认为:"文化中最重要的心理要素是认同作用,认同是文化与人格的桥梁。"[①] 共识一般指的是"共同体认的观念",传统文化重视和谐、避免冲突的哲学思想与西方理性、重视逻辑思维的价值观有很大不同。价值观的歧异是造成青年个体缺乏共识的重要原因,缩小彼此间的差距,让双方形成共识,应是青年教育努力的方向。爱国主义并不是简单萌发于个体对家乡故土的热爱和认同,而是科学把握国家、民族和个人三者关系的深层思考。青年正确认识个人与国家关系,实际上也就是正确认识了个人和集体的关系。个体从儿童到少年,再到青年,他们对自我的认知存在从"自己是世界的中心"到"自己仅仅是集体中的一分子"的转变。也就是说,这是从个体本位到集体本位转化的过程,在这个过程中,爱国主义是重要的载

---

① 〔美〕爱德华·霍尔:《超越文化》,何道宽译,北京大学出版社,2010,第211页。

体。爱国主义教育就是让青年突破原有对个体主义的推崇，转向对集体主义的推崇。

青年对个人与国家关系的价值认识，离不开社会实践和自身所处的时代条件。面对新的国际环境，青年需要聚焦国内、展望世界，深度理解个人与国家以及中国与世界的关系，客观分析中国的崛起以及西方国家的挑战。正确处理"国家"与"民族"的关系是从个体主义走向集体主义的必由之路。民族与国家相互依存的内在关系决定了从情感的角度去理解，"爱国主义"离不开对民族传统、民族文化和民族精神的深刻把握。爱国主义教育是从个体主义走向集体主义的重要载体，科学、理性的爱国主义必然需要正确阐释和解读国家和个人的相互关系。民族精神反映了一个民族独特的精神气质，其核心就是国民对待民族或国家利益的态度，爱国主义和民族精神之间本身相互贯通。

青年的发展具有独立性，在青年成长的过程中，这种独立性主要表现为保持自身个性的独立。正如《共产党宣言》指出："每个人的自由发展是一切人的自由发展的条件。"① 青年的自由全面发展意味着青年要保持自身的个性。青年组织是青年个体参与集体生活的重要平台，青年发展离不开集体生活。"在传统社会条件下，社会成员是以共同体方式存在着，作为生理性年龄的青年也依附于这些社会共同体之中。进入现代社会之后，社会成员开始呈现出原子化倾向，各类现代社会、经济和政治组织，按照现代社会运行的逻辑，将这些分化了的社会成员再次组织起来。青年人也在这一过程中再次被动员起来，从而成为社会意义上的相对独立的青年群体，作为社会性意义的青年开始出现。"②

网络场域的"个体化"是数字化时代个体赋权的结果，极大地释放了青年个体的影响力，在青年网络社群中表现为以自媒体为中心、"表达—吸引"式的社群建构新模式。在自媒体语境下，青年个体作为社群中的个体，一方面，其价值、审美的塑造受到网络社群多元文化、多元主义、多元话语发酵与碰撞的影响；另一方面，又能通过社群的力量作用于社群参与者的自我建构与自我呈现过程，这极易造成青年网络社群

---

① 《马克思恩格斯选集》第1卷，人民出版社，2012，第422页。
② 邹升平：《坚持新时代中国青年运动的正确方向》，《中国教育报》2019年5月9日。

结构的不稳定以及青年个体化与单向度默从的矛盾。因此,应当以"社会化"为尺度,通过个体化和社会化的功能耦合,发挥青年主体的自主性、能动性、创造性,增强网络场域青年个体的理性批判意识,推动青年群体对社会发展作出贡献。

(三)区域整体化:新时代青年工作实现单一治理到多元治理转变

随着我国推进国家治理体系和治理能力现代化建设,青年社会组织作为青年事务以及其他公共事务社会共治的主体之一,发挥着重要的作用。虽然青年社会组织和其他主要共治主体各自宗旨和使命不同,但有共同的愿景,即在社会事务的治理中形成了彼此联系又相互影响的共治网络。现代社会的治理特征是合作和开放,这决定了现代社会的治理是多元主体参与的过程,强调政府要与社会部门、公民合作。青年工作既是对全社会青年的管理,也是全社会青年共同参与的治理过程。随着社会多元化的发展,基层青年工作也日益变得复杂多元,大量社会性、公益性、事务性的治理事项需要充分发挥社会各方面力量的协同作用。在青年工作中,要充分发挥党的领导核心作用,有效整合和调动政府、社会的资源,推进构建一个社会参与、多元合作互动的青年工作格局,从而实现基层单一治理模式向多元治理模式的转变。

在市场经济快速发展、单位体制逐渐瓦解的背景下,原有体制日益丧失了其组织社会以及提供社会支持和社会服务的功能,大量的青年游离于组织体系之外,社会的组织化程度正在不断降低,社会"碎片化"问题日益突出。在这种情况下,社会面临着再组织化的挑战。对政党而言,一方面,要通过政党的整合机制实现对社会的有效整合;另一方面,又需要顺应社会多元化发展的趋势,不断吸收社会力量参与到青年工作中,从而构建一种多元合作的治理体系,激发社会各个主体的活力。因此,在新时代青年工作由社会组织化向社会再组织化转变的过程中,要通过加强党的领导,实现对社会再组织化体系的柔性整合,通过共青团的积极作为夯实党的执政基础。推进区域化团建,是加强党对社会组织的领导,实现党对社会组织整合的有效途径。要推进区域化团建工作与网络新媒体的融合,除了要注重利用信息技术外,尤其要重视和发挥如微博、微信、短视频等自媒体平台在基层青年工作中的作用,解决信息鸿沟与信息不对称问题,扩大交流平台。

此外，随着改革开放的不断深化，利益主体日益多元化，不同的利益群体具有不同的利益诉求。因此，需要畅通不同群体的利益表达渠道，整合既有体制，创新方式，使各种群体都有参与管理和表达的机制和空间。尤其对弱势群体而言，由于自身的组织化程度低、表达能力较弱，不能很好地表达自身利益诉求，基层青年工作有效吸纳这些群体的利益诉求，就需要探索多种创新机制。青年参与和以青年为中心的治理，被赋予应对日益复杂的青年工作挑战的重任，要通过参与、协商和对话，充分发挥他们的积极性和主动性，满足他们的利益诉求。倡导青年参与被认为是打破僵化的行政体系、提高青年工作满意度的有效途径。

对我国青年成才和发展国内外环境的分析，以及对当前共青团工作经验教训的梳理与总结，可以增强对新时代中国特色社会主义青年发展事业的信心，提升新时代青年事业发展能力。新时代中国共产党青年工作理论就是新时代我国青年工作和青年发展的总钥匙。这一理论不仅包含了青年发展的定位、战略，深刻分析了青年发展的本质和目标，描绘了青年发展的重点和路径，同时也对加强共青团的自身建设提出了明确要求。作为一个完整的思想体系，它为新时代的青年工作和青年发展指明了航向，为新时代共青团工作提供了强大思想武器，是新时代青年发展的根本指引。

要进一步强化共青团增强政治性的制度机制。党的十九届六中全会作出了党历史上的第三个历史决议，全面总结了党百年奋斗的重大成就和"坚持开拓创新、坚持自我革命"的历史经验。这是党史的深刻启示，也是团史的重要启示。当前，共青团既要看到百余年奋斗光辉历史，也要认识到在市场经济条件下，在复杂的国际环境、网络信息化变革和社会组织竞争中的新挑战。为应对这些风险挑战，共青团要确立正确的政治观，不断增强政治性，推进共青团迈向实现第二个百年奋斗目标的光辉前景。

共青团的历史充分证明了共青团增强政治性的重要意义。习近平总书记在庆祝中国共产主义青年团成立100周年大会上的讲话中指出："共青团作为广大青年在实践中学习中国特色社会主义和共产主义的学校，要从政治上着眼、从思想上入手、从青年特点出发，帮助他们早立志、立大志，从内心深处厚植对党的信赖、对中国特色社会主义的信心、对马克思主义的信仰。要立足党的事业后继有人这一根本大计，牢牢把握培养社会主义建设者和接班人这个根本任务。"[①] 中国特色社会主义群团发展道路和共青团增强政治性原则的确立、实践，是同一历史进程。习近平总书记从"共青团所有工作归结到一点"和"工作主线"的高度来明确共青团各项工作的重点，使其不偏离党的轨道，明确共青团在新时代的主责主业。新时代共青团要把增强政治性、先进性、群众性作为共青团改革的根本方向。各级团组织要肩负起深化改革的主体责任，拿出自我革命的精神，肩负起引导广大团员青年扣好对党忠诚的"扣子"的重任，更好地走好中国特色社会主义群团发展道路。

---

① 习近平：《论党的青年工作》，中央文献出版社，2022，第8页。

第六章　新时代中国共产党青年工作理论创新的世界意义

青年被誉为时代的弄潮儿,这是跨越国界的思想共识。中国共产党领导青年工作的理论创新既是民族的,也具有世界意义。联合国教科文组织曾提出,"青年塑造未来"。青年的发展具有重要的世界意义,青年始终是世界革命的"先锋"群体。当今世界正经历百年未有之大变局,当代青年处于全球化飞速发展的时空下,他们思想开放、价值观多元包容,在相互碰撞中更易于接受不同民族文化,对世界和平、发展有着更为深刻的认同,对推进各民族、各国家交流融通、和平发展、文明进步具有重要作用。当前,全球化、市场化、信息化交替融合,给新时代党的青年工作理论创新带来更多的挑战。新时代,中国共产党更加重视青年工作,以习近平同志为核心的党中央在实践探索中提出了许多原创性的新思想和新方法,推动青年工作取得历史性成就,不少理论内容和实践具有世界意义,可以为全世界青年运动提供借鉴和启发。

第一节　建构青年主体自觉:提供世界青年把握历史主动的中国方案

青年强则国强。强国征程必然要求青年挺膺担当。新时代党的青年工作的基点始终在于重视青年、看见青年、凝聚青年、教育青年、赋能青年、发展青年。党和国家从政治稳定的大局出发,果断判断形势,吸取历史教训,正确认识青年思想教育的重要意义。将群众的思想政治教育,尤其是青年的思想政治教育纳入国家发展的战略之中,中国共产党关于"思想工作是一切工作的生命线"的规律性认识再次凸显出来,反思青年工作的得失,总结经验,创新新时代党的青年工作理论。

一 在把握正确历史方位中教育青年坚持历史主动

青年在政治素养、劳动技能、道德水准、价值导向等方面的发展水平关系到国家未来的发展走向。建团百余年来，青年在国家发展中的角色随着国家战略发展方向不断调整。如今，中国已经由富起来走向强起来，需要在国际社会有更多"话语权"，需要由跟跑者向领跑者转变。处在"世界百年未有之大变局"的新时代青年无疑是主体，是传播中国传统文化、传递中国理念价值、开展对外交流合作的生力军。

新时代的青年承担着民族复兴的使命，需要满腔热情地关心青年一代的成长和进步，使其能够担负史无前例的中国特色社会主义伟大事业的责任，把几代中国共产党人所致力于的伟大社会主义事业不断推向前进。习近平总书记在2013年五四青年节同各界优秀青年的谈话中，明确了新时代青年运动的主题就是"为实现中华民族伟大复兴的中国梦而奋斗"。马克思主义的生命力在于它揭示了人类社会历史发展的趋势及其规律，成为中国共产党革命、改革与建设的根本指导思想。百余年来，党结合中国革命、改革、建设的实际，不断地坚持马克思主义不动摇，并不断推动其中国化，实现了马克思主义理论一次又一次的历史性飞跃。对青年工作的指导，贯穿于马克思主义青年观，并不断地丰富和发展着马克思主义青年观。新时代马克思主义青年观集中体现在习近平总书记关于青年工作的重要思想之中，是指导新时代我国青年工作的根本遵循。

把党的中心任务作为中国青年运动和青年工作的主题和方向，是党领导青年工作的一条基本经验。这一深刻认识是新时代以来习近平总书记关于青年工作的新观点和新论断。新时代中国共产党充分认识到青年事关党和国家事业发展的未来，青年群体的价值取向对社会的未来价值取向起重要决定作用。立足当代，面向未来，必须肩负实现中华民族伟大复兴的历史使命，以培育和践行社会主义核心价值观为抓手，久久为功，深入推进青年思想政治教育工作，真正提升青年工作的战略高度。

二 在信任青年支持青年中激发青年把握历史主动

新时代青年工作突出信任青年、支持青年，发挥青年创造历史的主体作用。马克思主义理论认为，历史是人民创造的，不是少数个人发展的，群众始终是历史发展的主体力量。随着时代的发展，青年群体日益成为群众中最为活跃、最具创新性的群体。而这一现象不同于古代封建社会时期对青年的"遮蔽"和"忽视"，那时青年被视为"未成年"，是没有话语权的。伴随着新的人民民主，即绝大部分人的民主和独立，青年的主体意识率先被唤醒，成为推动社会发展的重要力量。事实证明，自五四运动以来，中国青年的觉醒极大地促进了社会的发展。被实践证明正确的理论就应该被应用在实践中。党敏锐地认识到这一现象和规律，并自觉地将其应用于指导青年工作。"当代青年思想活跃、思维敏捷，观念新颖、兴趣广泛，探索未知劲头足，接受新生事物快，主体意识、参与意识强，对实现人生发展有着强烈渴望。这种青春天性赋予青年活力、激情、想象力和创造力，应该充分肯定。"① 这是青年成长的重要规律。党和国家对青年寄予厚望，这是党的历史的正确选择。正如毛泽东所指出的："世界是你们的，也是我们的，但是归根结底是你们的。你们青年人朝气蓬勃，正在兴旺时期，好像早晨八九点钟的太阳，希望寄托在你们身上。"② 党的十八大以来，以习近平同志为核心的党中央高度重视青年发展事业，把青年发展提到了前所未有的历史高度，反复强调"青年一代有理想、有担当，国家就有前途，民族就有希望"③，实现中华民族伟大复兴就有了源源不断的强大力量。认识青年才能发展青年，信任青年才能理解青年。百余年来，中国共产党的青年工作理论之所以生生不息，不断发展、开放和生成，是基于青年工作实践的深入积累和不断演进。青年在国家发展中的使命是随着国家战略发展方向而不断调整的，青年发展的实现路径也在持续变化。只有探寻青年发展的路径，才能真正总结好、发展好青年发展的中国道路。

认识青年就要信任青年。"党的队伍中始终活跃着怀抱崇高理想、充满奋斗精神的青年人，这是我们党历经百年风雨而始终充满生机活力的一个重要原因。"④ 马克思曾经指出："年轻人已经从黑格尔学校毕业了……相信现代的命运不取决于畏惧斗争的瞻前顾后，不取决于老年人

---

① 习近平：《论党的青年工作》，中央文献出版社，2022，第214页。
② 《毛泽东年谱（一九四九——一九七六）》第3卷，中央文献出版社，2013，第248页。
③ 习近平：《论党的青年工作》，中央文献出版社，2022，第17页。
④ 习近平：《论党的青年工作》，中央文献出版社，2022，第213页。

习以为常的平庸迟钝,而是取决于年轻人崇高奔放的激情。"① 马克思主义自诞生以来,其理论体系中就包含着信任青年的理论指向。中国化的马克思主义理论继承了这一认识,陈独秀创办《新青年》杂志,就代表了早期先进的马克思主义者对社会发展中青年地位的肯定和期待。陈独秀指出:"青年如初春,如朝日,如百卉之萌动,如利刃之新发,人生最可宝贵之时期也……青年之于社会,犹新鲜活泼细胞之在人身。"② 近代以来,党和国家对青年寄予的厚望证明,青年形象始终受到党和国家的殷切期待。青年也一再用实际行动证明了自身作为社会先锋的角色担当。"青年是智力机能高度发展,参与意向强烈而社会化正趋于完成的具有统计意义的群体。"③

青年作为社会的重要成员,其敏锐的感知力最容易受到社会的鼓舞,从而确立坚定不移跟党走的决心。毛泽东曾满怀希望地指出:"'五四'以来,中国青年们起了什么作用呢?起了某种先锋队的作用,就是带头作用,就是站在革命队伍的前头。"④ 青年人富有朝气,兴趣广泛,求知欲强,精力旺盛,创造力旺盛,敢于也乐于"试人所未试,渔人所未渔"。有数据显示,"20世纪诺贝尔奖获得者从事获奖研究时的平均年龄为38.7岁"⑤。这些青年特质区别于儿童,也不同于老年人,在新时代具有创新性特质的现代化社会中显得尤为重要,时代属于青年,青年与时代同频共振。近代以来,一代又一代有志青年高度关注民族兴衰和国家发展,满腔热情投身实践。正如有学者所说:"共产党先进性与青年先锋作用具有高度一致性和协调性。"⑥ 轰轰烈烈的五四运动就是青年先锋的明证,也代表爱国青年的觉醒,彰显了民族觉醒中青年的担当。

新时代强调激励青年为实现中华民族伟大复兴的中国梦而不懈奋斗。党的十九届六中全会作出了党历史上的第三个历史决议,全面总结了党百年奋斗的重大成就和"坚持开拓创新、坚持自我革命"的历史经验。

---

① 《马克思恩格斯全集》第2卷,人民出版社,2005,第305页。
② 陈独秀:《敬告青年》,《青年杂志》1915年第1期。
③ 崔建中:《论青年的本质特征》,《青年研究》1987年第5期。
④ 《毛泽东选集》第2卷,人民出版社,1991,第565页。
⑤ 李善延:《百位院士谈教育》(下),人民出版社,2018,第603页。
⑥ 潘洵、黄蓉生:《青年在中国革命、建设和改革中的作用研究》,人民出版社,2016,第167页。

这是百年党史的深刻启示,也是共青团百年团史的重要启示。当前,共青团既要看到百年的光辉奋斗历史,也要认识到在市场经济条件和复杂的国际环境下,在网络信息化变革以及社会组织竞争中面临的新挑战。应对这些风险挑战,共青团要确立正确的政治观,不断增强政治性,迈向"第二个百年"的光辉前景。

三 在委以重要使命中推进青年发扬历史主动

新时代党始终信任共青团,委以重要使命,共青团始终把围绕中心、服务大局作为工作主线。党始终将青年作为推进中国式现代化的主体力量,委以重要的历史使命。"中国式现代化是中华民族在世界历史进程中实现文明重塑的创造性探索"①,是现代化的中国经验,展现了中华民族的智慧,克服了西方式现代危机,创造了人类文明新形态。中国式现代化的理论核心是紧扣中国历史的实际,将马克思主义基本理论与中国发展实际相结合,与中国特殊的国情相结合,体现中华文明赓续的时代内涵。中国式现代化打破了世界现代化只有西方现代化这一种模式选择的成见,创造了人类文明新形态,展现了深刻的人类文明历史意义。中国式现代化体现了中华民族的"天下"情结,中华民族复兴有利于地区稳定,有助于世界和平,既符合本民族利益,又兼顾了世界和全人类的发展,这也正是"人类命运共同体"的思想魅力之所在。

推进中国式现代化需要凝聚青年力量,要在现代化发展过程中发展青年、成就青年。中国式现代化具有凝聚青年力量的感召力。事实上,青年发展诉求日益广泛、强烈且多维,这就要求社会为其创造良好的平台机制。社会发展要为个体发展提供物质基础、组织保障、制度保障和理念关怀,最终实现的是青年的"获得感"。一个人获得感越高,其内心的幸福感就越高,人的自由全面发展程度就越高,当然,"发展越全面,幸福指数就越高"②,这体现了马克思所描绘的自由全面发展的未来图景的实现。毫无疑问,中国式现代化开辟了民族复兴的道路,为新时代青年追求自由全面发展提供了良好的社会环境,体现为为青年的生存

---

① 臧峰宇:《中国式现代化的文明底蕴及其世界历史意义》,《哲学研究》2023 年第 1 期。
② 中共中央宣传部政策法规研究室:《思想政治工作新论》,上海人民出版社,2015,第 85 页。

权、发展权、话语权提供平台保障和机制保障,也必将在推动社会发展的过程中实现青年的新生。

当然,推进青年群体发扬历史主动精神是一项凝心聚力的系统工程。在明晰培育目标指向的基础上,应多措并举,使青年通过历史教育深化历史认知,在文化润泽中提升历史思维,在环境熏陶中坚定历史自信,在自我涵养中强化历史担当,从而有效地培育青年的历史主动精神。人是否具有历史主动精神,不是一个单纯的理论问题,而是一个需要接受实践检验的实践问题。对青年群体而言,不能只是坐而论道,而应起而行之,在自我教育中自觉主动地牢记使命、厚植爱国情怀、练就过硬本领,增强志气、骨气和底气,强化历史担当。青年应努力将理论知识融入实践,积极参加志愿服务活动、社会实践活动等,在实践中发现问题、解决问题,提升自身能力,实现价值追求。①

第二节 培育青年集体精神:提供世界青年有序社会化的中国方案

青年的价值观事关社会的未来。集体主义精神是中国革命、建设、发展取得胜利的共同精神支撑。文艺复兴以来,西方社会以抽象民主观、理性观为主流价值的社会演替逻辑,出现了以道德多元化、思想自由化倾向为本质的原子化社会的深度发展,社会呈现耗散结构。这一思想曾经一度促进了社会民主的发展,但是也带来了现代化过程中诸多难以解决的问题,比如人的物质丰富与精神贫瘠的悖论,社会两极化发展、环境治理危机、信任危机等,这些都验证了西方式现代化并非坦途,也并非实现现代化的唯一出路。而始终坚持培育青年集体精神,是中国共产党教育凝聚青年的优良传统和基本方法,也是区别于西方社会价值观教育的显著特点。

一 培育青年集体精神是对个体"原子化"趋势的消减

不同于西方社会萌发于"存在主义"哲学的"民主"观、"自由"

---

① 李梦茹、廖小琴:《价值·目标·路径:青年大学生历史主动精神培育的三维审视》,《青少年学刊》2023年第5期。

观,自文艺复兴以来,西方青年把奠基于存在主义的追求个性、独立"自我"作为毕生的使命,这表现为社会整体的原子化发展趋向。西方发达国家现代化道路伴随着人的原子化,即个人化。社会原子化主要是指在单位制度变迁过程中社会联结状态发生变化,主要表现为个人之间联系的弱化,个人与公共世界的疏离,以及由此衍生出来的个人与国家距离变远、道德规范失灵等一些基本的社会联结被破坏的现象。西方社会原子化发生的核心逻辑奠基于西方古典政治经济学逻辑之上,是西方社会放大个人利益的极端化趋势的必然结果。正如黑格尔深情地推崇亚当·斯密的经济学思想那样,他"深知市民社会是个人追逐私人利益的原子化社会,但他同时认识到这个社会发展了自启蒙运动以来的人格规定和社会秩序"[1]。从西方发达国家发展的历程来看,从宗教统治到"上帝死了",意味着真正的人的出场,个体摆脱枷锁,主体意识觉醒,个体独立性逐渐确立并不断加强,这是西方社会现代化发展的根本历史逻辑。

但是,一味地追求主体、宣扬个体就会走向整体的反面,这是对集体的解构。而没有了整体就无所谓个体,因为个体正是相对于整体而言的,这就脱离了辩证唯物主义的科学观念。所以说,个人主体性既是现代社会的原则,也是现代社会的破坏力量,它是"现代性的酸"[2]。"由于社会原子化,即个人化,人们可能只考虑自己,导致社会团结的建构失去了人的因素。"[3] 事实证明,西方现代化道路一味地宣扬个人主义,在应对世界难题、人类共同危机、生态问题等方面表现出了无力甚至是推脱责任的倾向,个人主义发展下的社会弊端比比皆是。相比之下,集体主义无疑对超越自私自利的极端原子化社会具有重要的意义和价值。

二 培育青年集体精神是培养青年全面人格的必然要求

西方现代化的过程伴随着人的原子化现象的发生。与西方现代化不同,中国近代以来集体主义观念的兴起有自身的历史背景。中国共产党领导的中国是一个"打破旧社会建立新社会",挽救民族危亡、争取民

---

[1] 梁树发、郝立新:《马克思主义哲学史研究:2014~2015》,人民出版社,2016,第294页。
[2] 〔美〕L. J. 宾克莱:《理想的冲突——西方社会中变化着的价值观念》,马元德等译,商务印书馆,1983,第6页。
[3] 孙其昂:《思想政治教育学前沿问题》,人民出版社,2013,第247页。

族独立的社会。马克思主义在中国的传播伴随着帝国主义国家赤裸裸的瓜分世界的图谋。消灭对资本主义道路的幻想，进行武装斗争，通过暴力革命争得被压迫人民的权利和尊严是近代中国的主题。而党领导的革命就是这一斗争中的核心。

马克思恩格斯指出："共产党人同其他无产阶级政党不同的地方只是：一方面，在无产者不同的民族的斗争中，共产党人强调和坚持整个无产阶级共同的不分民族的利益；另一方面，在无产阶级和资产阶级的斗争所经历的各个发展阶段上，共产党人始终代表整个运动的利益。"①共产党人没有自身的特殊利益，在共产主义运动中始终代表着整个运动的利益，全世界无产阶级的利益就是共产党人的利益。中国共产党领导中国革命，最终要实现的是建立一个不同于封建、殖民性质的人民当家作主的社会主义新社会。对在这一历史使命的重托之下应运而生的党来说，如何彻底打破旧中国"一盘散沙"的社会局面，是首先要思考和实践的重要议题。新中国的成立，改变了过去中国散沙般的状态。这一过程中，占人口绝大多数的农民被广泛动员，逐渐觉醒、凝聚，团结起来争取共同的利益，为共同的身份和地位而不断斗争。在外争主权、内争民主的革命历史洪流中，锻造了无产者集体至上的觉悟和心理情结。

集体抗争源自集体压迫的历史事实，集体的心理源自集体革命的社会实践。这样的心理情结不同于西方社会近代以来以资本财富积累为核心的发展逻辑。可以说，近代以来和新中国成立初期的集体主义社会心理传统，有其形成的历史原因。集体主义也在战争、革命、建设中发挥了力量优势、组织优势和制度优势。正如革命时期歌词所唱的那样，"团结就是力量，这力量是铁、这力量是钢……"被广泛动员起来的人民群众形成的磅礴集体力量，成为中国革命、建设取得胜利的重要原因。

三 培育青年集体精神是对新时代社会变革的适应

改革开放之前中国社会发展的逻辑，可以称为"单位制社会"，属于"总体性社会"。一个人从出生到工作、升学、结婚、退休、死亡，其社会关系主要以单位为节点发生、发展。个人通过单位被组织在一个

---

① 《马克思恩格斯选集》第1卷，人民出版社，2012，第413页。

体系内，不同功能的单位组织成社会，人人都是体制内的成员，单位成为个体存在的明证，没有单位的人往往被称为"游民"，一般也就失去了社会身份。改革开放以来，单位体制逐渐瓦解，社会关系或社会之网重新编织，与市场经济等相伴而来的是社会原子化倾向，这些没有组织的原子化个体在面对一系列社会问题时有可能演变为社会的解构力量。及时地认识社会发展中产生的新组织，尤其是网络社会发展以来形成的以青年为主体的新生力量，将思想政治教育力量全覆盖，对新生的社会原子化倾向、小众化团体倾向进行"组织再造"，因势利导使青年个体主动与时代同频，与党和国家意志同频，从而推动和谐社会的建设，是社会发展对思想政治教育提出的新挑战。

当前，世情、党情与国情的深刻变化对青年提出了许多新要求。对新时代青年来说，既要做到不断深化对习近平新时代中国特色社会主义思想的学习，矢志不渝传承好党的奋斗精神，更要志存高远、善于学习、勇于担责、行稳致远，同时积极培育和弘扬集体精神，与时代同向同行，形成强大合力，适应并推进新时代社会变革，担负起推动祖国发展、民族振兴、社会进步的历史使命，积极抓住社会发展提供的机遇，开拓创新，保持与时俱进的精神状态与敢作敢为的勇气和魄力，以自身发展引领社会创新发展新潮流，积极投身全面建设社会主义现代化强国的伟大事业。

第三节　建立青年交流机制：提供中国与世界超越文明冲突的窗口

文明因交流互鉴而繁荣发展。新时代大国外交既是中国取得历史性成就的重要动力，也是其具体体现。而青年外交是新时代大国外交的重要组成部分。青年外交是指青年在国家双边与多边舞台上维护国家利益的外交形态，是培育青年政治素养、展现国家软实力的重要载体。在世界百年未有之大变局加速演进之下，我国秉持和平的对外政策，采取举行"世界大学生运动会""亚洲运动会"等一系列国际性体育、文艺活动的有力举措，构建新型友好的大国关系，创造人类文明新形态，积极营造"以文明交流超越文明隔阂，以文明互鉴超越文明冲突，以文明共存超越文明优越"的文明交流新局面。秉持新的文明观和文明交流方式，方能消除文化壁垒、打破精神隔阂,让各种文明和谐共存,迈向人人享有文化的未来。

一 新时代青年在国际交流中获得自身和谐发展

青年习得的世界观对青年社会交往的健康发展,进而对社会、国家间的未来发展具有重要的价值导向意义。伟大的作家歌德就曾经说过:"个人根本的世界观是由其青年时代性格形成时期的经验所决定的。"[①] 近代以来,西方学术界有一种言论认为,未来文明国家必然面临的不是经济冲突,而是文明的冲突。其中以亨廷顿的"文明冲突论"为代表,亨廷顿还将世界文明分为七种,即中华文明、日本文明、印度文明、伊斯兰文明、西方文明、拉丁美洲文明、非洲文明。在这种理论支撑之下,一些西方国家坚持对立思维,坚持文明冲突论,甚至蓄意挑起摩擦和冲突。这一观念显著不同于我国发展的价值观导向,与"人类命运共同体"理念大相径庭。

面对世界百年未有之大变局,习近平总书记从思考人类生产发展的共同问题出发,基于一个地球的事实,创新性地提出"人类命运共同体"的文明发展理念,开辟了人类迈向未来的正确道路。鼓励引导青年心怀世界,面向未来,创造未来,是这一理念的必然诉求。奔赴未来的青年一定是选择光明而不是黑暗,选择合作而非对抗,只有这样,世界才有未来。而处于开放的工业化浪潮之下的青年力量,突破了过去社会同质化的历史局限,日益成为社会创造性发展的重要组成部分。工业革命乃至现代的信息革命,正是青年发声并发展的条件。

历史地看,社会发展客观上为青年群体的形成和发展提供了直接动力,同时也为青年一代在人类历史发展进程中扮演前所未有的重要角色创造了前提性条件。以色列著名社会学家S.N.艾森斯塔德在其著作《从世代到世代:年龄群体与社会结构》一书中,将年龄段作为核心概念,并把青年在社会结构中的整合功能作为核心议题。从年龄来划分青年,本身意味着维护对教育青年一代的权威,以保持社会的连续性。新精神分析学派的大将E.埃里克森在其著作《同一性:青年期与危机》

---

① 转引自北京青少年研究所《中国青年研究的回顾与前瞻:三代学者的视点》,人民出版社,2012,第286页。

中指出，青年时期面临着"自我同一性"的危机，社会和自我冲突风险突出。对此，新时代坚持用正确的世界观教育影响青年，是一切社会稳定发展的底层逻辑。新时代坚持运用网络新媒体教育青年，在全球视域下、国家治理的大格局中，共青团作为青年社会组织的"良师益友"，应通过孵化、联络等多种路径，搭建互利共赢的枢纽性平台。

二 新时代青年对外交流成为中国与世界交流的"窗口"

新时代注重推动青年在文化交流中的体制机制创新。不同于工业革命之前，生产力发展水平低下所决定的传统社会结构具有高度同质特征，使得社会之中世代的分化还不够显著，尤其是在现代意义上作为一个特定社会范畴的青年这一社会群体还没有诞生，或者说青年的革新内涵、先锋意蕴还不突出。而信息化时代以来，青年作为一个现实的社会实践群体，作为一个研究的范畴日益活跃起来。早在 2011 年，《国家"十二五"时期文化改革发展规划纲要》中，就提出"建立面向外国青年的文化交流机制，设立中华文化国际传播贡献奖和国际性文化奖项"[1]，鼓励青年发挥推动文化对外交流和沟通的作用，增进理解，促进和谐。

2015 年，公开报告显示，中美两个大国的青年学习和交流深度发展，奠定了中美之间友好往来的民间基础。在教育领域，中方将继续实施"三个一万"项目（公派万名学生赴美攻读博士学位、搭建"汉语桥"吸引万名来华研修生、提供一万个中美人文交流专项奖学金名额），美方也制定了"十万强计划"，促进两国青年学生彼此走近、相知相识；美国继续保持中国第二大国际学生来源国的地位，中国则是美国第一大国际学生来源国；双方探索建立两国科技人员交流合作新机制；中美双方将在音乐、舞蹈、视觉艺术等方面展开更多合作。[2] 两国青年之间通过民间友好交往是推动中美关系持久发展的不竭动力。

青年总要在一定的客观条件下谋划未来。新时代党和国家事业蓬勃发展，不断推动伟大事业向前迈进，这为青年的发展、交往、交流提供了良好机遇。2013 年提出共建"一带一路"倡议，激活了古丝绸之路的

---

[1] 《十七大以来重要文献选编》（下），中央文献出版社，2013，第 578 页。
[2] 张幼文：《中国国际地位报告（2015）》，人民出版社，2015，第 176 页。

第六章 新时代中国共产党青年工作理论创新的世界意义 225

活力,为青年参与国家间的交流与理解提供了平台和机遇。党的十九大将"一带一路"写入党章,为人类命运共同体理念提供了有力遵循。自"一带一路"倡议实施以来,每一个相关主题都会专门设置青年论坛,搭建世界各国青年交流对话的平台机制,拓宽了国内外青年干事创业的平台,增加了青年交流创新的机会。共建"一带一路"国家的相关政府部门积极引导丝路青年参与旅游双边、多边、区域合作框架,让青年旅游从业者和创业者、青年游客在"一带一路"倡议中普遍受益,尤其是支持旅游、艺术、图书文献等专业领域的青年人才、青年组织参与"一带一路"国际剧院联盟、博物馆联盟、艺术节联盟、图书馆联盟、美术馆联盟等合作平台,以及丝绸之路国际艺术节、海上丝绸之路国际艺术节、丝绸之路(敦煌)国际文化博览会、敦煌行·丝绸之路国际旅游节等主题节会,提升丝路青年的参与度、获得感和认同感。这些活动的开展,既发展了青年又服务青年的健康成长成才。建立丝路青年旅游合作双多边对话机制,推动建立更多合作平台,倡导成立丝路青年旅游推广联盟,引领国际旅游合作。同时,建立青年旅游社会组织、志愿者组织、创业组织,为丝路青年提供专属公共服务。[1]

第四节 加强构建青年发展方案:为构建人类命运共同体贡献中国青年的新智识

重视青年、引领青年、凝聚青年、发展青年是中国共产党的优良传统,是科学继承马克思主义青年观的现实诉求。党的历史贯穿着青年工作的显著线索。青年的发展具有重要的世界意义,肩负着改造世界、塑造未来的深层使命。自五四运动以后,伴随着民众的觉醒,青年日益走向历史舞台,我国青年作为社会中的先锋力量逐渐被凸显出来,青年在历史实践中,越来越被看见、被认可。青年群体逐渐地"走出了家庭,成为独立的社会力量走上历史舞台,带来了家庭结构、关系的深刻变迁"[2]。

---

[1] 于洪君、史志钦主编《2021年"一带一路"青年发展报告》,人民出版社,2022,第284页。
[2] 王延隆、李姗姗:《建党以来中国青年与社会互动的历程、逻辑与启示》,《中国青年研究》2020年第12期。

一　坚持"四个自信"原则激发青年发展的新活力

"四个自信"是中国共产党人的重大理论创新，也是实现中华民族伟大复兴的精神动力。当代青年应该用发展的眼光看中国，敢于挑起实现中国梦的重担，走出具有中国特色的青年发展道路。中国共产党要求青年把共产主义确立为远大理想。坚持道路自信，青年必然要坚持社会主义、共产主义不动摇，这是青年成长发展的根本思想基础。新中国成立以来的成就启示我们，中国特色社会主义是正确选择，青年发展的道路不应有所偏移。理论自信是对社会主义相关理论真理性的自信。青年发展道路应以马克思主义为方向，青年应主动学习马克思主义理论，了解马克思主义为什么"行"，相信马克思主义可以"行"，进而在发展中践行马克思主义。

改革开放40余年来，国家雄厚的经济基础、丰富的精神文化资源为青年发展提供了更多机会，青年社会组织也蓬勃发展。进入新时代，随着社会的发展，青年催生出新的更高水平的心理健康、创业就业、交友婚恋、休闲娱乐、职业发展等方面的需求。中共中央、国务院制定并实施《中长期青年发展规划（2016—2025年）》，更加重视青年发展。中国青年的良好形象成为彰显中国特色青年发展道路的窗口。青年对中国特色社会主义制度有足够的自信，是青年发展的制度保障。中华文化源远流长、博大精深，是青年发展的精神食粮。坚定文化自信，青年发展道路才会顺畅平坦。

当代青年处于全球化飞速发展的时代背景下，他们思想开放、价值观多元包容，在相互碰撞中更易于接受不同民族文化，对世界和平、发展有着更为深刻的认同，对推进各民族、各国家交流融通、和平发展、文明进步具有重要作用。当前，全球化、市场化、信息化交替融合，给新时代党的青年工作带来更多挑战。运用网络新媒体教育青年，是共青团未来要重点研究的领域。在全球视域下、国家治理的大格局中，共青团作为青年社会组织的"良师益友"，应通过孵化、联络等多种路径，搭建互利共赢的枢纽性平台。

新时代青年是全面建设社会主义现代化国家、全面推进中华民族伟大复兴的生力军。习近平总书记在参加十四届全国人大一次会议江苏代表团审议时明确提出:"我们的教育要善于从五千年中华传统文化中汲取优秀的东西,同时也不摒弃西方文明成果,真正把青少年培养成为拥有'四个自信'的孩子。"① 让青年群体从"四个自信"中汲取强大精神动力,即以道路自信激励新时代青年做方向明确的掌舵者、以理论自信激励新时代青年做科学思想的信仰者、以制度自信激励新时代青年做国家意志的拥护者、以文化自信激励新时代青年做智慧源泉的汲取者。特别在当下信息时代,要鼓励青年群体积极运用大数据、互联网等新兴信息传播技术,通过新渠道、新方式传播正能量,引导青年成为传播、传承和发扬中华文化的主人翁。推动青年群体积极走出国门,讲好中国故事、传播中国智慧、提升中国形象,吸引更多的中华文化爱好者,不断提升中华文化的国际影响力。

二 汇聚推进中国式现代化建设中的青年力量

现代化发展的最终落脚点是人的现代化。在发展社会现代性的同时,社会也必然在推动人的现代性发展。这是人类社会文明发展的规律。不同于以往落后时代将社会共同体抽象地束缚于人的个体自由发展之上,现代社会是要通过"物质文明和精神文明"共同发展的方式,来促进现代人的发展和社会的共同发展。社会发展为人的发展创造更好的条件和支撑,而不是相反。

正如马克思所揭示的那样,人具有社会性,社会是个体成长的基础。但在一定程度上,"人的特殊性使人成为个体"②。这种个体性不是抽象的,而是属于实践范畴。个体与社会的张力是推动个体发展的内在力量。"生产的社会化并不能被个体的特殊性取代,相反,个体的特殊性会促进生产的社会化。"③ 自由个体使人类成为具有个体性的集体生物,具有一定自治自主能力,能够通过主观努力生动表达并推动社会发展。人的存在就是其现实的生活化的过程。青年正是在社会历史性存在之中,保留

---

① 《习近平:真正把青年培养成为拥有"四个自信"的孩子》,中国政府网,www.gov.cn/xinwen/2023-03/06content_5744933.htm。
② 《马克思恩格斯文集》第1卷,人民出版社,2009,第188页。
③ 〔德〕奥斯卡·内格特:《政治的人:作为生活方式的民主》,郭力译,漓江出版社,2015,第191页。

着与社会相对应的自由王国的特质，其个体力量产生于社会之中。

当代青年的发展水平关系到国家未来的发展走向。青年具有强烈的发展诉求。建团百余年来，青年在国家发展中的角色随着国家战略发展方向而不断调整。新时代以来，中华民族迎来了从富起来到强起来的伟大飞跃，经济总量跃居世界第二，日益走近世界舞台的中央，需要而且能够在国际社会有更多"话语权"，需要由跟跑者向领跑者转变。处在"世界百年未有之大变局"加速演进时期的新时代青年，无疑是"一带一路"倡议、"人类命运共同体"理念的践行主体，是传播中国传统文化、传递中国理念价值、开展对外交流合作的生力军。新时代共青团青年发展工作的目标立足培养时代新人。人的思想形成是一个复杂工程，高等教育要打造具有专业素养的大学生，更要培养民族脊梁。青年作为时代新人登场，合乎历史发展逻辑和现实需要。青年工作的重要功能是培育一代信仰坚定、情感深厚的"时代新人"，要厚植大学生爱国主义情感，提升其对祖国的自豪感和回报祖国的使命感，使大学生不再是一个不知过去、未来的"单向度"的人。要将青年工作内容体系融入书本和"第二课堂"实践中，打造教育"组合拳"，春风化雨般浸润影响学生。

这要求当代青年明确其个体发展与群体、民族命运的关系，在时代大变局中把好"航向"，勇于肩负国家发展新使命。共青团何以存在？回答这个问题，必须从人的发展与社会发展的关系入手。个体要发展，必须紧密地建立起与社会的联系，这是作为社会组织的共青团存在的基础条件和现实需求。青年是党和国家的未来希望，只有依靠广大青年，才能使党不断从胜利走向胜利。马克思指出德国革命的主体是青年。中国的五四运动等爱国运动，都是广大青年振臂高呼的结果。青年的成长成才伴随着社会主义现代化强国建设和"两个一百年"中国梦的实现。因此，青年必须与祖国同呼吸共命运，与时代同频共振。

目前，我国已经全面建成小康社会，正走在社会主义现代化国家的新征程上。党的二十大报告擘画了中国式现代化的未来图景，同时也彰显了中国式现代化的中国特色。这一党和国家未来的中心任务赋予了青年群体新的使命和新的任务。中国式现代化是人口规模巨大的现代化，亟须发挥青年群体的中流砥柱作用。中国人口规模巨大，实现现代化的艰巨性和复杂性前所未有。因此，如何扛起如山的责任，发挥中流砥柱作用，勇立潮头、主动作为，是青年群体在推进中国式现代化进程中需要思考的重大问题。中国式现代化是全体人民共同富裕的现代化，亟须强化青年群体的人民至上理念，使青年锤炼个人本领，强化使命担当，用青春的能动力和创造力激荡起共同富裕的春潮，用青春的智慧和汗水打拼出共同富裕的中国。中国式现代化是物质文明和精神文明相协调的现代化，亟须汇聚青年群体磅礴的精神力量。青年作为最具有生机活力的群体，其精神状态、理想信念、价值观念是构成国家核心竞争力的重要因素，因此在推进中国式现代化征程中迫切需要激发青年活力，汇聚青年力量，为建设社会主义现代化国家赋能增效。中国式现代化是人与自然和谐共生的现代化，亟须青年群体践行生态使命担当。从观念上，青年要积极响应"绿水青山就是金山银山"的发展理念；从实践上，需要彰显青年在生态实践中的使命担当，争做美丽中国的建设者和捍卫者。中国式现代化是走和平发展道路的现代化，亟须拓宽青年群体的国际视野。青年作为国家发展的生力军，对国家战略规划和未来发展方向有着深远影响。为了推动实现和平发展的现代化进程，青年一代需要具备面向未来、面向科技前沿的国际视野，成为人类和平发展的促进者和维护者，更成为中国形象最闪亮的名片。

三 发挥人类命运共同体新理念传播中的青年力量

人类命运共同体理念是以习近平同志为核心的党中央面对世界之问、人类发展之问给出的中国方案，展示了应对世界难题、把握人类历史命运的中国智慧。世界百年未有之大变局加速演进，国家力量格局深刻变化，和平赤字、信任赤字与发展期待、和平主流共存。人类的命运已经是息息相关的。脱钩封闭是不符合历史发展潮流的，任何国家的发展都难以独善其身。在这样的世界历史背景之下，新时代的青年是变迁的参与者，也是未来人类命运共同体建设的主体力量。新时代青年生逢其时，责任重大。

新时代青年工作注重把人类命运共同体理念贯穿于青年教育引领。新时代青年是人类命运共同体理念的参与者和积极构建者。"从'两个大局'的视角，进一步坚持和发展好青年发展的中国道路，让青年发展的中国道路成为彰显我国制度优势的重要窗口，开创一条人类新文明道路,使其具有世界历史意义。"① 把人民性作为中国青年发展的鲜明立场,符合我国青年发展的基本方向。坚持人民性,就要求坚持青年在社会发展中发挥主体作用。

近代以来,中国在政治制度、经济体制、社会架构和教育事业等各领域发生了全面而深刻的变化,而青年则是对这些巨变感知最敏锐、意识最强烈的社会群体。尤其是全球化时代,公民的身份认同、青年的国家认同迎来了多方面的挑战。"国家特性、国民身份危机成了一个全球的现象。"② 青年意识的觉醒要求对其进行正面引领。"不仅要用先进的现代性思想指引中国,更要自觉地将党的全面领导和组织行动纳入法治化轨道,从严治党。"③ 党管青年是当代青年发展的中国道路的题中应有之义。在政党政治社会,需要加强党对青年的引领,构建以政治认同为核心的认知体系。政治认同程度对一个国家政权的合法性具有不容忽视的重要意义,强化党管青年需要加强青年的政治认同。马克思主义中国化的最新理论成果,最能够深入解答青年在发展中遇到的难题,是解决难题最管用的理论体系。青年的成长需要科学理论的指导,实现政治引领,需要用科学的理论武装青年头脑,树立青年的国家意识与民族担当,坚定青年的马克思主义信仰。

新时代青年的发展需要遵循社会第一性原理,这是马克思主义人学的基本观点,即社会发展是人的发展的基本支撑,人的全面发展必然是一个历史的过程,而非抽象的逻辑演绎。社会是个体成长的必要条件。总的来看,现代国家仍然是个体成长发展的政治单元,虽然全球化产生了"民族和国家认同的离心力",但核心的危机是"自性危机",本质上指的是新青年群体对民族和国家的"认同危机",国家认同建设是国家建设的基本方面。"没有一种强有力的国家认同感,中国就很难崛起。"④ 自我发展的中心化需要融合去中心化的环节,将社会趋势自觉融入个体

---

① 刘传雷、王延隆:《建团百余年我国青年发展的历史演变、内在逻辑及时代启示》,《北京青年研究》2023 年第 2 期。
② 〔美〕塞缪尔:《亨廷顿.我们是谁?——美国国家特性面临的挑战》,程克雄译,新华出版社,2005,第 12 页。
③ 任平、郭一丁:《论新现代性的中国道路与中国逻辑——对五四运动以来百年历史的现代性审思》,《江苏社会科学》2019 年第 2 期。
④ 马文琴:《全球化时代青年国家认同教育研究》,中华书局,2017,第 63 页。

成长之中，将理想与现实相统一，在时代发展中实现自我的发展。综观我国历史上的优秀青年群体，从五四运动中的北大青年，参与建党的青年力量，到抗美援朝中"最可爱的人"，再到雷锋群体，以至新时代抗击新冠疫情中的"00后"新人，他们无不彰显了青春之花的社会性，自我是超越了小我的社会之我。青年的成长有其文化基因和现实条件，每个个体必然受到外在环境的影响，而展现出其时空的特殊性与价值取向。构建人类命运共同体与世界发展同频共振，新时代青年大有可为。要贯彻共享的新发展理念。当代青年不仅仅是共享经济的参与者，也是共享经济、共享生活的引领者。新时代青年的发展需要将理想与现实相统一。

新时代注重构建青年人类命运共同体理念，发挥网络优势。新时代青年具有作为网络"土著民"的显著优势。随着共享经济、数字经济等新经济发展模式的出现，经济发展模式的重构也在加速，青年与社会的关系呈现为一种新状态。通过互联网，青年构建起一个"平行空间"——网络社会，与之相适应，诞生了青年交往交流的新场域和新的青年亚文化。应借助新技术为青年打造丰富多彩的文化事业和文化产业，让青年在享受发展成果的同时也能够贡献力量，助推广大青年又好又快发展。马克思提出了人的自由全面发展的目标。从人的全面自由的发展到青年的自由全面发展具有逻辑一致性。

第五节　改革青年政治组织：提供世界青年社会组织建设的中国方案

重视青年是现代化国家谋求发展的共同特点。在当代，越来越多的执政党力图把青年组织纳入政治体系，不断强化其政治认同，通过青年组织争取青年、赢得社会，同时想方设法吸纳青年党员，培养青年骨干。青年政治组织是指具有政治性和青年性的有机体，是"特定政治主体为实现其政治目的而建立的，以政治认同为纽带、以青年成员为基础、以系统结构为保障的社会群体形式"[①]。西方许多发达国家为了从青年中产

---

① 孙鹏:《青年政治组织的界定与辨析——基于类概念内涵与外延比较分析的视角》，《学术论坛》2016年第8期。

生社会领袖,尤其重视对青年的社会化培训及组织领导。有研究指出:"西方主要发达国家政党在政治上'捆绑'青年组织。"① 社会组织对青年的培训一般有多种方式。其中,举办圆桌会议、讲习班、课程学习属于小型的培训。中型的培训包括邀请各地接受培训的人参加一至三天的学术会议,由社会组织支付包括住宿、饮食和文化活动等在内的一切费用。大型的培训包括举办青年夏令营等。通过俱乐部等活动形式,邀请社会中比较活跃的青年人参加夏令营。这些培训活动的直接内容在一定阶段以前并不涉及政治。其重要目的在于通过培训建立与青年的联结,采用细水长流的方式向青年人进行潜移默化的"意识形态渗透"。

重视青年组织建设就是重视国家的未来。青年时期,人的精力充沛、头脑活跃,有追求变革的心理,有自我实现的追求,主动寻求组织是这一心理作用的反映。据此来说,青年必然有组织化的诉求,青年组织化也是青年与社会互动的外在表现。政治组织为青年的社会化诉求提供了平台。共青团是党领导下的先进青年的群团组织,是党的助手和后备军,在大学生思想政治教育中发挥着重要作用,是中国共产党组织青年、凝聚青年、发展青年的重要组织。中国特色社会主义进入新时代,青年的组织建设也面临着许多新问题。党的历史发展的实践证明,"团结有序是青年发挥作用的组织基础"②。组织化是青年有序化的保障和重要方式。共青团增强政治性的内在逻辑是在确立"政治性是第一位属性"的原则下,把握群众性特点,建设先进性组织,围绕时代性主题。

一 增强政治性原则:共青团的各级组织始终把自己置于党的领导之下

青年参与集体生活,需要组织载体。坚持党对青年工作的领导是中国特色社会主义本质的具体体现和必然要求。"我们党建立和领导共青团做党的青年工作,是我们党的一大创举。"③ 这一创举是世界意识形态多元背景下中国红色江山永续发展、薪火相传的根本保障。汲取苏联的教

---

① 胡献忠:《在政党与社会之间:国外政党青年组织运行机制透视》,《青年发展论坛》2020年第4期。
② 潘洵、黄蓉生:《青年在中国革命、建设和改革中的作用研究》,人民出版社,2016,第184页。
③ 张良驯:《马克思主义青年工作观的新境界——习近平总书记"6·26"重要讲话的新理念新论断》,《中国青年社会科学》2023年第5期。

训,失去思想引领的社会是要付出沉重代价的,我们党不能犯颠覆性错误,据此而言,政治引领是方向、是根本。我国的青年集体生活的供给者主要是家庭、学校、社团、共青团和其他青年社会组织。要坚持锻造先进的共青团组织。共青团是在党的领导下建立并发展壮大起来的,也是党的青年工作的创新实践。自建团之日起,"党就把伟大建党精神的红色基因植入了团的体内,伟大建党精神自然也应当是团的精神气质"①。

二 把握群众性特点:共青团的各项工作贯穿群团组织的根本特色

青年社会组织是作为一种新型的青年集体生活供给者角色出现的。在组织化的过程中,在与社会互动中,青年个体权利意识得以产生和发展。英国社会学家安东尼·吉登斯指出:"组织化是一个能够进行'时空定位'的社会系统,这一定位行动是通过系统复制的自我反思和对零散'历史'的叙述而形成的。"② 就青年这一社会群体而言,组织化的行为表现为青年群体在一定的社会情境下与社会的互动关系,以及规则和资源的互动和转换,实现社会的系统性复制。在这个过程中,青年群体、社会情境都处于变化之中,不是单一的复制。青年发展离不开集体生活,它是人格养成的重要保证。从集体生活的构成来说,包括班级、社团、网络群组以及其他社会组织等。

增强政治性不意味着排斥群团组织的自身特点,相反是要求共青团要在组织方式上进一步凸显群众属性。历史上曾经出现把共青团作为党的职能部门的情况,后来进行纠正的重要原因就是共青团不能走机关化道路,要体现群团组织的特点。习近平总书记指出:"群众性是群团组织的根本特点。离开了群众性,群团组织就容易走向官僚化、空壳化。"③青年是人民群众中特殊的群体,共青团开展青年工作的内在逻辑和根本目标是信任青年、代表青年、赢得青年。这里要注意把握两个重点。首先,共青团要把培养社会主义建设者和接班人作为根本任务。共青团工作归根结底是培养人,做青年群众的工作。在开展青年群众工作时要坚

---

① 《锻造为党冲锋陷阵的马克思主义青年政治组织》,《中国共青团》2021年第16期。
② 〔英〕安东尼·吉登斯:《社会理论与现代社会学》,文军、赵勇译,社会科学文献出版社,2003,第167页。
③ 《习近平关于社会主义政治建设论述摘编》,中央文献出版社,2017,第196页。

持党旗所指和团旗所向的高度统一，当好党的助手和后备军。其次，共青团要把巩固和扩大党执政的青年群众基础作为政治责任。要夯实青年群众基础，必须依靠共青团工作的改革创新，归根结底是要贴近青年群众，各项工作需扎根和服务于广大青年，把最广大青年凝聚在党的周围。要加强对青年社会组织的引领，加强对其活动开展、发展趋势、总体态势的掌握，强化对其进行引导的能力建设，扮演好同心圆和引领者的角色，发挥好引领和发展青年社会组织的作用。

以浙江的省域探索为例，近年来，浙江省以新世纪人才学院为抓手，以青年政治人才培养为核心，统筹加强青年科技人才、技能人才、经营管理人才、乡村振兴人才、公益人才等培养，形成了"1+5"青年人才全链条培养模式。这些经验的形成与浙江省倡导的全面加强高素质干部队伍、高水平创新型人才和企业家队伍、高素质劳动者队伍"三支队伍"建设密切相关，也就是把青年人才培养放在重要位置，突出共青团的群众性特点。

浙江的青年人才培养的主要做法如下。一是聚焦纵横到边，着力向更深层次、更宽领域推进。强化三级联动培养，全省90个县（市、区）实现"青马工程"全覆盖，构建起横向覆盖全省高校、机关、企事业单位、"两新"组织、少先队等领域，纵向贯穿省市县三级的"青马工程"培养体系。2023年，全省开设班次283个，培养学员24829人。建设"青马工程"数字化应用场景，实现"青马工程"学员结业后5年的跟踪培养。二是聚焦选优育强，着力向更高质量、更高标准迈进。通过组织推荐、赛事挖掘、协会推荐等方式，依托"青牛奖""青年工匠""创青春""振兴杯"等竞赛，广泛吸纳各领域优秀青年。强化政治引领，注重政治历练、思想淬炼与专业训练相融合，建立日常学习、锻炼打卡、考核评价、激励举荐、末位淘汰等机制，探索"青马工程"高校班优秀学员依程序进入选调生队伍的途径，省电力公司、省能源集团等已将青马学员纳入后备人才队伍。三是聚焦多措并举，着力向更有特色、更具实践性的模式迈进。构建"本部+分院+教学点"的组织体系，在省团校成立"青年马克思主义者培训中心"，发挥同伴教育功能，强化导师帮带机制建设。近年来，"青马学员说"开展各类宣讲2900余场。118支有青马学员参与的青年突击队主动承担应急任务，2535名学员投身世互联网大会保障、亚运会筹备、春运暖冬行动等工作。

对此,要以深化实施"青马工程+"为抓手,横纵贯通青年人才工作全链条,主要的路径有以下几个方面。

第一,构建共青团主导、多部门联动的人才培育体制机制。一是强化共青团主导作用。更好发挥共青团协调、督促作用,落实好部际联席会议制度,推进青年人才培养顶层设计。同时,发挥高校、党校、企业的作用,延伸教学点,强化育训结合,做好社会培训和学历教育对接,推动行业标准、服务规范融入人才培养全过程。二是推进多部门联动。深化"青马工程",扩大招收规模,逐步开设各级青年科技人才班、技能人才班、经营人才班、乡村振兴人才班、公益人才班等。激发基层探索创新青年人才培育路径的首创精神,创新青年培育体制机制,联合教育、科技等部门出台青年人才发展工程,纳入各地青年人才培育专项发展序列。三是形成全国示范的省级试点市县创新培养机制。坚持分类培养,设置不同培养目标,开展"青马工程+青年人才"省级试点建设工作,指导市县两级团委聚焦青年政治人才培养,结合当地产业和特色,配置整合教育资源,形成"1+N"青年人才工作格局。

第二,改革青年人才培养模式。一是突出需求导向。健全青年人才专业训练体系和评价体系,推进人力资源服务增值化改革,优化青年人才创新创业生态,建立青年人才引育管用相结合的新体系。二是建立全链条一体化的青年人才培养体系。改革培养模式,加强青年人才"产业链—创新链—人才链"衔接,做好技能人才就业服务,集聚多层次育人资源,发挥青年教师产教融合作用,突出实践环节。建议各级青年人才学院培养时间延长为3年,强化政策支持和持续赋能,打造青年人才发展的全周期供给平台。三是加强人才梯队建设。对不同层次、不同发展阶段的青年人才实施分类指导、分层培育,科学搭建人才梯队,提供导师结对、技能培训、实践实训等服务。发挥毕业学员的传帮带功能,有效调动需求供给、匹配资源,激发不同青年人才的内生动力。

第三,推进青年人才交流合作。一是加强跨地域人才交流。加强与长三角、粤港澳大湾区等地的人才交流,突出拔尖青年人才的培养,建立区域内优秀青年沟通联系机制。建立健全跨地域人才一体化评价和互认体系,强化信息共享、政策协调、制度衔接和服务贯通,共同开发和孵化创业团队。二是促进跨领域人才交流。面向不同领域建立健全多层级青年人才交流平台，形成逐级实施、届次化开展的工作格局。发挥青年科创发展基金的作用，支持青年科创研究和应用。定期举办科技峰会、青年科学家沙龙，建设青年科技创新社区（科技工作者之家），搭建青年科技工作者展示交流平台、成果转化平台与成长服务平台。三是优化跨行业人才交流。面向经济主战场和科技创新、乡村振兴等战略重点领域和行业，加强各行业青年创业者和企业家的培养和交流，举办新生代企业家健康成长研修班、"双传承"培训示范班，持续开展"振兴杯"青年技能大赛等，为更多青年技能人才脱颖而出搭建平台。同时，加强跨地域、跨领域、跨行业青年人才交流机制。

第四，加强对各类青年人才的跟踪培养。一是做好党团衔接。畅通党团政治录用的衔接渠道，推动党团育人链条相贯通，打造"星火链"青少年政治生命全周期管理集成应用，将青马工程学员纳入系统，逐步实现政治培养认定的有效衔接。建立党团联合培养机制，探索"人才学院"与业余党校培养相结合、相衔接、相贯通的有效路径。二是拓展人才举荐渠道。建设"青年科技人才储备库"，推荐其参评各类省级以上人才项目，扩大省级中青年人才规模。开展人才举荐试点，推荐省级新世纪人才学院高校班优秀学员参加选调生考录，推荐国企班优秀学员进入企业优秀人才队伍，推荐农村班优秀学员进入村"两委"班子等。三是健全激励机制。用好"青年五四奖章""两红两优""向上向善好青年"等评选手段，选树一批作用发挥突出、大局贡献度高的青年人才典型，多渠道宣传其先进事迹。加强对青年干部全周期、全链条、全覆盖的教育管理，搭建干部激励平台，拓宽干部成长通道，加大及时奖励力度，激发青年人才的主动性和创造性。

三　建设先进性组织：锻造先进的青年政治组织

青年的先锋作用首先体现为青年组织的先进性，包括组织类型、组织内涵、组织功能和组织结构。中国组织青年的传统组织就是共青团，共青团始终把"党有号召，团有行动"作为工作的一条基本指引。党的十八大以来，习近平总书记多次讲话提出要解决共青团组织存在的问题，改革青年群团工作，以增强共青团的先进性，着力"培养社会主义事业的建设者和接班人，源源不断为党输送健康有活力的新鲜血液"①。社会结构的快速变化、市场经济的纵深发展，使得共青团组织面临着全新的环境。这种不断重构的社会整体结构，驱动共青团在政治、经济、文化及价值层面进行系统化的组织功能调适。新时代的社会背景赋予了共青团新的发展使命，进而对共青团组织的结构优化和功能更新提出了行动要求。

共青团政治性的历史嬗变，一定意义上来说是围绕政治属性和社会属性如何平衡的问题展开的。在政治属性的向度上，它围绕自身政治角色的认知和作用发挥展开，致力于获得党的政治认同；在社会属性的向度上，它围绕服务和发展青年展开，通过团的工作促进党与青年群体、青年社会组织的联结，并在党的支持下，在合理的制度边界内寻求尽可能多的社会资源以发展青年，代表青年群体的整体利益。先进的青年政治组织是实现这两种功能的保障条件。抗日战争时期，共青团组织建立的青年救国会在抗日战争中发挥了重要作用，"但它的根本弱点是缺乏核心，组织松懈，缺乏持久性"②。很重要的原因是缺少先进骨干，组织的先进性未充分体现。共青团要通过先进的政治组织完成对最广泛先进青年的政治吸纳，通过青年的政治组织达成政治使命，形成基本组织—外围政治组织/统战组织—社会弱势组织—各阶层民众的四重链条关系，以及"轴心—外围"运作模式。③作为青年政治组织的共青团，是党联系青年群体、整合青年社会组织的重要载体。青年社会化的过程就是通过吸引先进青年加入共青团，对其实施影响和引领，实现政治社会化的目的的过程。这要求共青团建设必须体现先进性和群众性的统一，扩大基层组织在"两新"组织和新兴领域的覆盖面，拓宽干部来源的多元化渠道，打通社会化选人路径，破除身份、职业、级别等限制，把政治素质强、有担当的青年榜样和优秀骨干选拔进团干部队伍。

四 围绕时代性主题：为实现中华民族伟大复兴的中国梦而奋斗

从世界范围来看，青年群体、青年运动已经成为社会运动发展的主力。

---

① 习近平：《切实肩负起新时代新征程党赋予的使命任务 充分激发广大青年在中国式现代化建设中挺膺担当》，《人民日报》2023年6月27日。
② 刘进喜：《论党团关系的确立》，《中共党史研究》1995年第6期。
③ 林尚立：《轴心与外围：共产党的组织网络与中国社会整合》，《复旦政治学评论》2008年第1期。

如何赢得青年、组织青年、激励青年成为世界各国政治的重要议题，也是衡量政党组织领导力的重要方面。谁能赢得青年，谁就把握历史的主动。青年的先锋作用在于他们是解决时代问题的先锋力量。党的十八大以来，党和国家的时代任务就是实现中华民族伟大复兴的中国梦，这也是青年发展的社会使命。增强政治性不仅要求各级团组织切实加强党的政治领导，始终把自己置于党的领导之下，确立符合组织宗旨的政治指向，加强对青年的政治引领；同时，需要正确把握政治性、先进性和群众性的统一，将之贯穿于青年运动的时代主题。

共青团始终把围绕中心、服务大局作为工作主线。党的十九届五中全会提出"统筹中华民族伟大复兴战略全局和世界百年未有之大变局"①，表明当下实现中华民族伟大复兴是党和国家的战略全局，共青团要围绕这个战略全局，把"为实现中华民族伟大复兴的中国梦而奋斗"作为中国青年运动的时代主题。回顾百余年来中国青年运动的历程，共青团从民族复兴不同历史阶段出发，围绕党和国家工作大局，找准青年发展工作结合点，引领和激励青年对标时代主题。新民主主义革命时期，共青团引领青年投身社会各阶层、各岗位，与工农群众相结合，共同为中华民族独立、人民解放而斗争；社会主义革命与建设时期，紧扣培养党的事业"接班人"的青年成长目标，强化青年学习教育，以高效的政治动员激励有志青年为国民经济恢复和社会主义建设奉献青春力量；改革开放和社会主义现代化建设新时期，围绕社会主义市场经济建设的主要任务，提升生产力水平、科技创新能力，努力攻克现代化建设中的一系列难题，提升国际竞争力。党的十八大以来，习近平总书记提出"培养担当民族复兴大任的时代新人"的战略任务，共青团发挥群团组织的动员优势，加强对青年的理论武装和政治引领，坚定青年正确的政治方向，激励广大青年在新时代中国特色社会主义建设的新征程上发挥生力军作用。

政治乃是"国之大者"。组织教育青年是党的基本经验，什么时候能够赢得青年、动员青年、引领青年，什么时候党的事业就能很好地发展；反之，则会遭遇挫折。苏联由于无法赢得青年，没有用正确的思想教育引导青年，最终辉煌的历史顷刻间烟消云散，这就是深刻的教训。

---

① 《十九大以来重要文献选编》（中），中央文献出版社，2021，第663页。

始终重视组织青年，并用正确的价值观引领青年、指导青年积极参与美好社会的建设，贯穿在党的历史之中，是中国共产党的优良传统，也为世界青年的健康发展提供了借鉴。以锻造先锋的共青团为重要抓手，广泛组织青年参与社会各项事业的建设和发展，为世界各国培育有为青年提供了中国方案。

结　语

马克思的"再生产"理论蕴含着对人的"再生产"，特别是对社会中坚力量的"再生产"。如何培养社会主义新人是重大的理论问题和现实问题。青年是时代的先锋，中国未来社会的价值导向在很大程度上取决于青年的价值选择。当代青年承担着国家富强和民族复兴的伟大使命。习近平总书记是从国家和民族发展未来的视角来审视青年的历史地位和责任的。面对中华民族由"富起来"到"强起来"的伟大飞跃，在"两个一百年"历史交汇期，以习近平同志为核心的党中央围绕"青年应该实现怎样的发展，应该成为什么样的人，应该为实现'两个一百年'奋斗目标发挥什么样的作用"等问题，结合当代青年发展实践和青年工作的现实问题，形成了新时代党的青年工作理论。这一理论具有鲜明的继承性、时代性和系统性。

新的历史条件和新的问题意识，决定了新时代中国共产党青年工作理论具有党性和人民性的统一、政治性和社会性的统一、整体性和系统性的统一、民族性和世界性的统一的理论特点。作为一个开放的、发展的、实践的思想理论体系，新时代中国共产党青年工作理论既继承马克思主义青年观的理论传统，又在新的时代条件下开拓创新。当前的青年工作面临着巨大的变迁，习近平总书记提出要培养担当民族复兴大任的时代新人。时代新人的"新"体现为恢复对"总体的人"的追求，克服青年工作主客体的割裂，向着更理想的、整体性的状态跃升，使广大青年成为担当民族复兴大任的时代新人。要将科学理论转化为科学政策，通过科学理论塑造青年的良好品行，在改造客观世界和主观世界方面同时下功夫，把马克思主义哲学作为指导党的青年工作的思想武器，不断推进中国特色社会主义青年事业取得新发展。

新时代中国共产党青年工作理论是历经百年之流变而创新发展起来的，其理论内涵体现着系统观念，而培育新时代青年的实践同样体现着系统观念。党的青年工作涉及宣传、教育、就业、婚恋、社保、人才、外交等领域，是一个"多元一体"的系统整体。把握新时代中国共产党青年工作理论的系统性和整体性，能够使我们有效地运用这一理论武器指导当代青年事业的发展，也只有加强系统性和整体性研究，才能使这一理论在新时代绽放出真理光芒。回顾党的历史，对青年的重视和关爱一以贯之。新时代中国共产党高度重视青年工作，要求中国共青团进一步加强政治建设和能力建设，构建新时代中国特色社会主义青年工作机制，推进共青团与政府部门、民间力量、青年社会组织之间形成系统联动、协同运作，共同致力于青年事业的高质量发展。

参考文献

一　重要文献

《马克思恩格斯选集》第1卷，人民出版社，1995。
《马克思恩格斯选集》第1卷，人民出版社，2012。
《马克思恩格斯选集》第2卷，人民出版社，2012。
《马克思恩格斯选集》第4卷，人民出版社，1995。
《马克思恩格斯选集》第4卷，人民出版社，2012。
《马克思恩格斯文集》第1卷，人民出版社，2009。
《马克思恩格斯文集》第2卷，人民出版社，2009。
《马克思恩格斯文集》第5卷，人民出版社，2009。
《马克思恩格斯全集》第1卷，人民出版社，1995。
《马克思恩格斯全集》第2卷，人民出版社，1995。
《马克思恩格斯全集》第2卷，人民出版社，2005。
《马克思恩格斯全集》第3卷，人民出版社，1960。
《马克思恩格斯全集》第10卷，人民出版社，1962。
《马克思恩格斯全集》第21卷，人民出版社，2003。
《马克思恩格斯全集》第26卷第3册，人民出版社，1974。
《马克思恩格斯全集》第30卷，人民出版社，1995。
《马克思恩格斯全集》第32卷，人民出版社，1998。
《马克思恩格斯全集》第40卷，人民出版社，1982。
《马克思恩格斯全集》第42卷，人民出版社，1979。
《马克思恩格斯列宁斯大林论青年》，中国青年出版社，1980。
《列宁全集》第9卷，人民出版社，2017。
《列宁全集》第14卷，人民出版社，2017。
《列宁全集》第28卷，人民出版社，2017。
《列宁全集》第35卷，人民出版社，2017。

《列宁全集》第39卷，人民出版社，2017。

《列宁全集》第55卷，人民出版社，2017。

《列宁选集》第4卷，人民出版社，2012。

《毛泽东选集》第1卷，人民出版社，1991。

《毛泽东选集》第2卷，人民出版社，1991。

《毛泽东选集》第3卷，人民出版社，1991。

《毛泽东文集》第2卷，人民出版社，1993。

《毛泽东文集》第6卷，人民出版社，1999。

《毛泽东文集》第7卷，人民出版社，1999。

《毛泽东年谱（1893～1949）（修订本）》中卷，中央文献出版社，2013。

《毛泽东年谱（一九四九——一九七六）》第2卷，中央文献出版社，2013。

《毛泽东年谱（一九四九——一九七六）》第3卷，中央文献出版社，2013。

《邓小平文选》第1卷，人民出版社，1994。

《邓小平文选》第2卷，人民出版社，1994。

《邓小平文选》第3卷，人民出版社，1993。

《邓小平文集（一九四九——一九七四年）》（中），人民出版社，2014。

《江泽民文选》第1卷，人民出版社，2006。

《江泽民文选》第2卷，人民出版社，2006。

《江泽民文选》第3卷，人民出版社，2006。

《胡锦涛文选》第1卷，人民出版社，2016。

《胡锦涛文选》第3卷，人民出版社，2016。

《周恩来谈人生》，中央党史文献出版社，1995。

胡锦涛：《在庆祝中国共产党成立90周年大会上的讲话》，人民出版社，2011。

《习近平谈治国理政》，外文出版社，2014。

《习近平谈治国理政》第2卷，外文出版社，2017。

《习近平谈治国理政》第3卷，外文出版社，2020。

《习近平书信选集》第1卷，中央文献出版社，2022。

《习近平著作选读》第1卷，人民出版社，2023。

《决胜全面建成小康社会 夺取新时代中国特色社会主义伟大胜利——在中国共产党第十九次全国代表大会上的报告》，人民出版社，2017。

《习近平关于注重家庭家教家风建设论述摘编》，中央文献出版社，2021。

《习近平关于社会主义社会建设论述摘编》，中央文献出版社，2017。

《习近平关于全面从严治党论述摘编》，中央文献出版社，2016。

《习近平关于依规治党论述摘编》，中央文献出版社，2022。

《毛泽东邓小平江泽民论青少年和青少年工作（增订本）》，中国青年出版社，中央文献出版社，2003。

习近平：《论党的青年工作》，中央文献出版社，2022。

习近平：《之江新语》，浙江人民出版社，2007。

习近平：《论坚持人与自然和谐共生》，中央文献出版社，2022。

《十五大以来重要文献选编》（上），人民出版社，2000。

《十六大以来重要文献选编》（上），中央文献出版社，2005。

《十六大以来重要文献选编》（下），中央文献出版社，2008。

《十七大以来重要文献选编》（下），中央文献出版社，2013。

《十八大以来重要文献选编》（上），中央文献出版社，2014。

《十八大以来重要文献选编》（下），中央文献出版社，2018。

《十九大以来重要文献选编》（上），中央文献出版社，2019。

《十九大以来重要文献选编》（中），中央文献出版社，2021。

《建党以来重要文献选编（1921~1949）》第1册，中央文献出版社，2011。

《建党以来重要文献选编（1921~1949）》第18册，中央文献出版社，2011。

《建国以来重要文献选编》第2册，中央文献出版社，1992。

《建国以来重要文献选编》第4册，中央文献出版社，1993。

《建国以来重要文献选编》第4册，中央文献出版社，2011。

《毛泽东邓小平江泽民论青少年和青少年工作》，中国青年出版社，2003。

《青年共产国际与中国青年运动》，中国青年出版社，1985。

《中共中央文件选集（一九四九年十月～一九六六年五月）》第 10 册，人民出版社，2013。

《共青团十七大报告学习辅导读本》，中国文联出版社，2013。

（宋）朱熹：《四书集注》，张茂泽整理，三秦出版社，2005。

《陈独秀文集》第 1 卷，人民出版社，2013。

《陈独秀文集》第 2 卷，人民出版社，2013。

《陈独秀文章选编》（上），生活·读书·新知三联书店，1984。

《陈云文选》第 1 卷，人民出版社，1995。

《李大钊全集》第 1 卷，人民出版社，2013。

《瞿秋白文集（政治理论编）》第 4 卷，人民出版社，1993。

《瞿秋白文集（政治理论编）》第 7 卷，人民出版社，1991。

《任弼时选集》，人民出版社，1987。

二 中文著作

《思想政治工作新论》编委会：《思想政治工作新论》，上海人民出版社，2015。

北京青少年研究所：《中国青年研究的回顾与前瞻：三代学者的视点》，人民出版社，2012。

陈映芳：《"青年"与中国的社会变迁》，社会科学文献出版社，2007。

韩庆祥：《现实逻辑中的人：马克思的人学理论研究》，北京师范大学出版社，2017。

侯勇：《思想政治教育学前沿问题》，人民出版社，2013。

胡献忠主编《中国共青团历次全国代表大会概览》，中国青年出版社，2012。

黄蓉生主编《中国共产党代表、依靠、赢得青年研究》，人民日报出版社，2016。

李善廷：《百位院士谈教育》（下），人民出版社，2018。

梁树发、郝立新：《马克思主义哲学史研究：2014～2015》，人民出版社，2016。

马文琴:《全球化时代青年国家认同教育研究》,中华书局,2017。

潘洵主编《青年在中国革命、改革和建设中的作用研究》,人民出版社,2016。

孙景峰:《新加坡人民行动党执政形态研究》,人民出版社,2005。

王东:《辩证法科学体系的"列宁构想"》,中国社会科学出版社,1989。

萧延中:《巨人的诞生》,江西人民出版社,2005。

于洪君、史志钦主编《2021年"一带一路"青年发展报告》,人民出版社,2022。

张国焘:《我的回忆》,东方出版社,1991。

张华夏:《系统哲学三大定律:乌杰〈系统哲学〉解析》,人民出版社,2015。

张幼文、黄仁伟主编《中国国际地位报告(2015)》,人民出版社,2015。

赵鼎新:《社会与政治运动讲义》(第2版),社会科学文献出版社,2012。

郑洸、叶学丽:《中国共产党与中国共青团关系史略》,中共党史出版社,2015。

三 外文译著

〔德〕奥斯卡·内格特:《政治的人:作为生活方式的民主》,郭力译,漓江出版社,2015。

〔罗马尼亚〕F. 马赫列尔:《青年问题和青年学》,陆象淦译,社会科学文献出版社,1986。

〔美〕艾森斯塔德:《现代化:抗拒与变迁》,张旅平等译,中国人民大学出版社,1988。

〔美〕爱德华·霍尔:《超越文化》,何道宽译,北京大学出版社,2010。

〔法〕阿尔都塞,巴里巴尔:《读〈资本论〉》,李其庆等译,中央编译出版社,2017。

〔美〕本尼迪克特·安德森:《想象的共同体》,吴叡人译,上海人民出版社，2003。

〔美〕戴维·E.阿普特：《现代化的政治》，陈尧译，上海人民出版社，2011。

〔美〕弗兰西斯·福山：《信任——社会道德与繁荣的创造》，李宛蓉译，远方出版社，1998。

〔美〕弗兰克·戈布尔：《第三思潮：马斯洛心理学》，吕明等译，上海译文出版社，1987。

〔美〕J·莱夫、E·温格：《情境学习：合法的边缘性参与》，王文静译，华东师范大学出版社，2004。

〔美〕L.J.宾克莱：《理想的冲突——西方社会中变化着的价值观念》，马元德等译，商务印书馆，1983。

〔美〕拉兹洛：《系统哲学引论》，钱兆华等译，商务印书馆，1998。

〔美〕米德：《文化与承诺：一项有关代沟问题的研究》，周晓虹、周怡译，河北人民出版社，1987。

〔美〕塞缪尔：《亨廷顿．我们是谁？—美国国家特性面临的挑战》，程克雄译，新华出版社，2005。

〔苏〕B.A.苏霍姆林斯基：《帕夫雷什中学》，赵玮等译，教育科学出版社，1983。

〔英〕安东尼·吉登斯：《社会理论与现代社会学》，文军、赵勇译，社会科学文献出版社，2003。

〔匈牙利〕欧文·拉兹洛：《系统哲学引论——当代思想的新范式》，钱兆华译，商务印书馆，1998。

四 外文著作

Hamedan Iran, *Neo Pragmatism and the Stage of Education* (Procedia-Social and Behavioral Sciences, 2014).

Thomas Lickona, *Educating for Character: How our School can Teach Respect and Responsibility* (New York: Bantam Books, 1991).

Robert Putnam, *Making Democracy Work* (Princeton: Princeton University Press, 1993).

Stuart Hall, Paddy Whannel, *The Popular Arts* (Boston: Beacon Press,

1967).

Walter Carlsnaes, *The Concept of Ideology and Political Analysis*(New York: Greenwood Press, 1981).

五 中文期刊论文

《锻造为党冲锋陷阵的马克思主义青年政治组织》,《中国共青团》2021年第16期。

《全面加强党的纪律建设,确保全党目标一致、团结一致、步调一致——学习〈习近平关于全面加强党的纪律建设论述摘编〉》,《党史文汇》2024年第7期。

《中共中央关于全面深化改革若干重大问题的决定(2013年11月12日中国共产党第十八届中央委员会第三次全体会议通过)》,《求是》2013年第22期。

《中国少年先锋队章程》,《中国共青团》2020年第15期。

本刊编辑部:《精心打造党团队组织紧密衔接的红色链条》,《少先队活动》2020年第4期。

柴冬冬、金元浦:《数字时代的视觉狂欢:论短视频消费的审美逻辑及其困境》,《文艺争鸣》2020年第8期。

陈独秀:《敬告青年》,《青年杂志》1915年第1期。

陈来:《论儒家教育思想的基本理念》,《北京大学学报(哲学社会科学版)》2005年第5期。

陈思宇:《"两个一百年"的实践逻辑:从免于匮乏到实现人的自由全面发展》,《浙江学刊》2018年第7期。

陈琰娇:《重返80年代电影中的青年形象》,《中国图书评论》2015年第1期。

崔建中:《论青年的本质特征》,《青年研究》1987年第5期。

风笑天:《青少年社会化:理论探讨与经验研究述评》,《青年研究》,2005年第3期。

顾友仁:《当代中国青年成才观——基于习近平总书记关于当代中国青年成才系列重要论述的维度》,《社会科学家》2015年第4期。

郭莲:《中国公众近年价值观的变化——由"物质主义价值"向

"后物质主义价值"转变》,《学习论坛》2010年第26期。

韩喜平、周颖:《习近平关于青年成长思想研究》,《思想教育研究》2016年第3期。

贺敬垒:《列宁对马克思主义政党青年工作观的探索及其当代价值》,《中共福建省委党校(福建行政学院)学报》2021年第4期。

胡献忠:《读懂中国青年运动:概念、逻辑与模式》,《中国青年研究》2019年第11期。

胡献忠:《新中国70年党的青年工作变迁逻辑》,《中国青年社会科学》2019年第38卷总第2期。

胡献忠:《在政党与社会之间:国外政党青年组织运行机制透视》,《青年发展论坛》2020年第30卷总第4期。

胡耀邦:《青年们!把绿化祖国的任务担当起来——在陕西,甘肃,山西,内蒙古,河南五省(自治区)青年造林大会上的报告》,《新黄河》1956年第4期。

黄嘉富、郝文斌:《当代大学生思想道德状况的实证分析》,《思想教育研究》2020年第2期。

黄蓉生、石海君:《党的十八大以来习近平青年论述浅析》,《思想教育研究》2016年第8期。

黄岩、杨海莹:《新时代大学生人生观状况的调查与思考》,《社会主义核心价值观研究》2021年第5期。

巨生良:《习近平青年工作思想的逻辑体系与科学内涵》,《西北师大学报社会科学版》2018年第6期。

康晓强:《百年来中国共产党与中国共青团之间关系的逻辑主题及启示》,《中国青年研究》2021年第5期。

孔翠芳、鲍家伟:《高校毕业生就业面临三大结构性矛盾亟需加强政策供给变短期压力为长期红利》,《中国经贸导刊》2023年第6期。

李春玲:《从80后和90后的价值观转变看年轻一代的先行性》,《河北学刊》2015年第3期。

李克强:《政府工作报告——2023年3月5日在第十四届全国人民代表大会第一次会议上》,《中华人民共和国国务院公报》2023年第8期。

李梦茹、廖小琴：《价值·目标·路径：青年大学生历史主动精神培育的三维审视》，《青少年学刊》2023年第5期。

李士峰：《习近平关于青年发展的四维审视》，《中国青年社会科学》2017年第5期。

林峰：《移动短视频：视觉文化表征、意识形态图式与未来发展图景》，《海南大学学报》（人文社会科学版）2019年第6期。

林洪冰、郤海霞、温小平：《大学生思想政治状况：基于海南55027份样本的调查分析》，《中国青年研究》2019年第12期。

林尚立：《轴心与外围：共产党的组织网络与中国社会整合》，《复旦政治学评论》2008年第11期。

刘传雷、王延隆：《建团百余年我国青年发展的历史演变、内在逻辑及时代启示》，《北京青年研究》2023年第32卷总第2期。

刘建军：《论"时代新人"的科学内涵》，《思想理论教育》2019年第2期。

刘进喜：《论党团关系的确立》，《中共党史研究》1995年第6期。

刘帅、刘建华：《习近平青年思想的逻辑体系述论》，《当代青年研究》2018年第1期。

刘晓亮：《当代大学生价值观的现状分析与培育对策》，《思想理论教育》2021年第12期。

柳礼泉、陈方芳：《党的十八大以来习近平青年教育思想论析》，《学习论坛》2016年第7期。

吕鹏、张原：《青少年"饭圈文化"的社会学视角解读》，《中国青年研究》2019年第5期。

倪邦文：《科学内涵、时代价值与理论品格——论习近平总书记关于青年工作的重要思想》，《中国青年社会科学》2018年第5期。

彭冰冰、单智伟、张健琴：《习近平新时代中国特色社会主义思想的系统哲学解读》，《系统科学学报》2018年第2期。

唐樵、黄蓉生：《习近平青年干部思想及其当代价值》，《探索》2017年第1期。

任平、郭一丁：《论新现代性的中国道路与中国逻辑——对五四运动以来百年历史的现代性审思》，《江苏社会科学》2019年第2期。

施存统:《本团与中国共产党之关系——政策、工作、组织》,《先驱》1922年第23期。

孙鹏:《青年政治组织的界定与辨析——基于类概念内涵与外延比较分析的视角》,《学术论坛》2016年第8期。

孙其昂:《论思想政治教育的基本精神与实现形式》,《思想政治教育研究》2011年第3期。

陶文昭:《后物质主义及其在中国的发轫》,《毛泽东邓小平理论研究》2008年第6期。

田丰:《网络社会治理中的"饭圈"青年:一个新的变量》,《人民论坛·学术前沿》2020年第19期。

田丰:《网络时代社会治理的反思与对策——以抗击疫情的"饭圈女孩"为例》,《青年探索》2020年第2期。

田毅鹏:《转型期中国社会原子化动向及其对社会工作的挑战》,《社会科学》2009年第7期。

汪若霞:《习近平对毛泽东青年教育思想的继承与发展》,《遵义师范学院学报》2020年第2期。

王沪宁:《乘新时代东风放飞青春梦想——在中国共产主义青年团第十八次全国代表大会上的致词》,《中国共青团》2018年第7期。

王晓书、邹金红:《中国共青团产生的历史条件探究》,《中国青运史辑刊》2017年第3期。

王学俭、阿剑波:《习近平新时代青年教育思想及其价值旨归》,《思想教育研究》2018年第8期。

王义:《"赋权增能":社会组织成长路径的逻辑解析》,《行政论坛》2016年第6期。

王玉萍:《习近平新时代青年观的伦理意蕴及启示》,《学术交流》2019年第2期。

王罂:《短视频情感触发机制助推大学生主流价值观认同的基本经验与原则》,《当代中国价值观研究》2023年第3期。

王志鹏:《中国共产党建党百年来青年对外工作的发展历史和基本逻辑》,《青年发展论坛》2021年第3期。

魏莉莉:《青年群体的代际价值观转变:基于90后与80后的比较》,

《中国青年研究》2016年第10期。

魏莉莉：《现代性和后现代性的同步发展——基于代际比较的"90后"生活价值观特征分析》，《当代青年研究》2018年第6期。

魏有兴、臧雪源、李前进：《习近平青年思想政治教育思想的研究现状及趋势探讨》，《河海大学学报》（哲学社会科学版）2016年第6期。

吴端：《青年与少年：从古代文献的分析到当代研究的展望》，《当代青年研究》2007年第10期。

吴鲁平：《青年兴则国家兴 青年强则国家强》，《青年研究》2017年第6期。

吴庆：《中国共产党政党青年观和政党青年组织的发展》，《中国青年政治学院学报》2011年第5期。

伍复康：《论青年本质：从马克思主义人的本质理论出发》，《中国青年社会科学》2017年第4期。

武昌中华大学新声社：《致编辑》，《新青年》1919年第3期。

谢昌逵：《中国历史中的青年》，《中国青年研究》2010年第8期。

玄铮：《青年大学生参与网络争议的态度、归因与表现特征——基于〈后浪〉争议的新媒体时代探究》，《中国青年研究》2020年第12期。

严静峰、鲁明川：《社会主义改革内在逻辑：人的全面发展——基于党性与人民性相统一的视角》，《科学社会主义》2016年第2期。

杨林香：《中国共产党培育青年的历史经验》，《福建师范大学学报》（哲学社会科学版）2011年第3期。

杨玲：《撕：网络圈层冲突中的语言操演、认同建构与性别鸿沟》，《文化研究》2020年第1期。

杨铃、陈晓蓉、张汝立、张昆贤：《数字时代青年社会治理共同体意识的培育机制研究》，《公共管理评论》2023年第2期。

杨宜音：《个体与宏观社会的心理关系：社会心态概念的界定》，《社会学研究》2006年第4期。

杨增崟、袁凤娇：《论习近平幸福观的基本要义、特性及其对青年的启示》，《思想理论教育导刊》2018年第8期。

于民雄：《孔子金规则解析》，《贵州社会科学》2008年第10期。

臧峰宇：《中国式现代化的文明底蕴及其世界历史意义》，《哲学研究》2023 年第 1 期。

张静、郭洪水《习近平青年观的思想政治教育启示》,《中学政治教学参考》2019 年第 9 期。

张良驯:《马克思主义青年工作观的新境界——习近平总书记"6·26"重要讲话的新理念新论断》,《中国青年社会科学》2023 年第 5 期。

赵丽欣、陈春生:《"斗争思维"形成的理论根源及其认识误区——中国共产党思维方式转型的理论探源》,《学术交流》2012 年第 5 期。

郑富兴:《现代国家教育目的的世界性与民族性——浅析日本教育中"日本人"形象的变迁》,《外国教育研究》2006 年第 1 期。

钟良:《党团队"六个一体化"建设培养合格建设者和可靠接班人》,《中国共青团》2020 年第 6 期。

周宣辰:《协调、融合、共振:当代青少年"饭圈文化"的反思与引导》,《新疆社会科学》2020 年第 5 期。

朱利霞:《重申教育的保守性》,《中国教育学刊》2012 年第 6 期。

六 学位论文

陈洁:《习近平关于青年理想信念教育的重要论述研究》,硕士学位论文,西南大学,2020。

江蕴仪:《习近平关于青年思想政治教育的重要论述研究》,硕士学位论文,辽宁师范大学,2019。

雷娜:《网络爱国主义研究》,博士学位论文,北京科技大学,2018。

刘涵:《习近平生态文明思想研究》,博士学位论文,湖南师范大学,2019。

倪华强:《政策执行与利益相关者的行动策略》,博士学位论文,上海大学,2019。

史献芝:《当代中国网络意识形态安全治理研究》,博士学位论文,南京师范大学,2017。

王继全:《马克思主义利益观视阈中的思想政治教育》,博士学位论文,苏州大学,2012。

伍安春:《当代中国马克思主义青年观研究》,博士学位论文,电子科技大学,2019。

肖贵清:《陈独秀政治思想研究》,博士学位论文,东北师范大学,2004。

杨洪:《改革开放 40 年中国共产党的人才思想研究》,硕士学位论文,西华大学,2020。

杨清:《习近平关于青年教育重要论述研究》,博士学位论文,南昌大学,2020。

张春枝:《中国共产党青年思想研究》,博士学位论文,武汉大学,2013。

郑长忠:《组织资本与政党延续——中国共青团政治功能的一个考察视角》,博士学位论文,复旦大学,2005。